书院文化的现代传播

SHUYUAN WENHUA DE
XIANDAI CHUANBO

黄林燕 著

江西教育出版社
JIANGXI EDUCATION PUBLISHING HOUSE
·南昌·

赣版权登字-02-2024-371

图书在版编目（CIP）数据

书院文化的现代传播 / 黄林燕著. —— 南昌 : 江西
教育出版社,2024.8
ISBN 978-7-5705-4105-8

Ⅰ. ①书… Ⅱ. ①黄… Ⅲ. ①书院 – 传统文化 – 研究
– 中国 Ⅳ. ①G649.299

中国国家版本馆CIP数据核字（2023）第246108号

书院文化的现代传播
SHUYUAN WENHUA DE XIANDAI CHUANBO
黄林燕 著

江西教育出版社出版
（南昌市学府大道 299 号　邮编：330038）

出 品 人：熊　炽
责任编辑：田　远　樊　令
封面设计：赵抒濛
版式设计：光亚平工作室

各地新华书店经销
江西赣版印务有限公司印刷
965 毫米 ×635 毫米　16 开本　17.75 印张　200 千字
2024 年 8 月第 1 版　　2024 年 8 月第 1 次印刷

ISBN 978-7-5705-4105-8
定价：78.00 元

赣教版图书如有印装质量问题，请向我社调换　电话：0791-86710427
总编室电话：0791-86705643　　编辑部电话：0791-86705903
投稿邮箱：JXJYCBS@163.com　　网址：http://www.jxeph.com

白鹿洞书院　正门

白鹿洞书院　朱熹像

序

在当下，中华传统文化的传承与发展得到人们的广泛关注，已经成为党和国家高度重视并大力推动的一项战略工程。在中华传统文化中，书院文化具有举足轻重的地位。在时代热潮的推动下，从事书院文化活动者不断增加，打造书院文化的举措也越来越多。对专门从事书院研究的我来说，看到这一局面自然非常欣喜，也特别希望有更多的力量、更多的新秀投入这一项伟大的工程。为此面对黄林燕博士撰写的《书院文化的现代传播》一书，关注之情也就油然而生，免不了欣然命笔，抒发自己的一点感想。

数十年来，面对国际化、现代化、信息化的浪潮，没有一个国家或民族的文化能置身事外，任何一种文化都正在经历重组的过程。传统书院文化也是如此，其中有一部分已经成为历史文献、历史文物，有一部分则在"碎片化"之后进入了"重组"的流程，注入了新鲜血液，逐渐成为现代社会的文化养分。为此书院文化的研究就包括两大方面：一方面，大力挖掘整理历史文献，认真保护历史文物，以便现代人在传统文化宝库中找到更多有用的材料；另一方面，高度关注书院文化在现代的传播情况，探讨书院文化融入现代社会的各种途径，以便现代社会充分吸收传统营养，形成更加完善、更加合理的文化架构。黄林燕博士的《书院文化的现代传播》一书，就在第二个方面作出了可喜的尝试。

书院作为一种综合性文化遗产，拥有综合性文化资源，也就会产生综合性的现代传播方式，满足综合性的文化需求。在现代社会里，满足文化需求的方式是丰富多样的，而各种方式都应当具有对传统文化的开放性，都可以和相关的传统文化结合起来。同理，现代人也不应当拘泥于某一种传承书院文化的方式，既可以将传统书院建成博物馆，也可以将传统书院建成文化旅游场所或各个层级的教育场所、学术研究场所，以便书院文化全方位地融入现代社会，满足不同地方不同人群不同层次的各种各样的文化需求。

数十年来，人们为传承书院文化作出了多方面的尝试，也产生了两种不同的"本位观"。一种是以古代书院文化为"本位"，要求"复兴"古代书院文化以解决现代社会的种种问题。一种是以现代文化为"本位"，要求根据现代社会的需求来"吸纳"传统书院文化。这两种"本位观"都存在各自的问题。前者的问题是对现代社会的需求重视不够，而脱离现代土壤去谈"复兴"的问题，显然有方凿圆枘、泥古不化之病。后者的问题是过分强调传统文化对现代社会的"顺从"，在这种情况下"吸纳"传统文化，并不能让传统文化在现代社会中发挥积极的作用，显然消解了传统文化的能动性。我们认为，传统文化有其优长和短板，现代文化也是如此。发挥现代文化的优长，援引传统文化，让传统文化对现代文化形成佐证和支撑之功，这是一种合理的做法。正视现代文化的短板，从传统文中寻找有效的经验，发挥其优长乃至于让它产生导向作用，同时引用现代文化对它加以佐证和支撑，这同样是一种合理的做法。《书院文化的现代传播》一书致力于探讨传承书院文化的合理路径，这是一种可贵的尝试。

现代中小学教育中的语文教育，本应该是吸纳传统书院教育的主要领域之一。但现代语文教育体系诞生之初，正处于西化浪潮猛烈、传统经典被抛弃殆尽的时期，因此在选录古代篇章的时候，就形成了向唐诗、宋词、元曲、明清小说及古文名篇等文学作品"一边倒"的局面，"四书""五经"等传统经典很难进入语文课本。这一情况延续了上百年，迄今没有太大变化，导致现代语文教育与书院教育几乎分道扬镳，为此书院文化教育在现代教育体系中也就变得若隐若现，缺乏稳固的根基。同时，现代中小学教育中的道德教育，核心在于现代德育理论，对传统书院的德育内容极少吸收。近二三十年来"国学热"及"读经运动"的兴起，在一定程度上恰好就是这种现象的"反激"。如果能在当下语文教育课程、德育课程中大量融入书院教育的内容，则现代中小学教育的内容结构会变得更加完善，更好地承担"立德树人"的重任，从而更好地满足人们的文化需求。《书院文化的现代传播》一书提出了这方面的问题，值得我们高度重视。

优化人们的心理结构、道德素养以优化社会结构，这是中国古代书院教育最主要的功能。近二三十年来，有不少人已经意识到这一点对现代社会的积极作用，并作出了大量的尝试，但遗憾的是迄今尚未形成系统，也没有成为普遍认可的"共识"。《书院文化的现代传播》就此进行了大胆探索，提出从 20 个方面编选儒家经典，实施针对性教育，以优化现代人的心理结构、道德素养、家庭关系、职业道德，同时吸收借鉴了世界各国不少道德教育经典的成果。作者力图让书院教育深度切入现代社会生活，这一点也是很值得重视的。有志于大量推广书院教育的人们，可以从中得到不少启发。

在当下，中国古代书院教育日益得到人们的重视，但实现古代书院教育与现代社会的深度融合还有待来日。《书院文化的现代传播》提出的种种问题和方法，在目前阶段也还很难给出定论。但不管如何，中华传统文化的传承与发展乃是现代中国的必由之路，为这一目标付出的每一点努力都是值得肯定、称赞的，更何况黄林燕《书院文化的现代传播》一书，以文化遗产、文化资源、文化传播、教育转型等多重视角，讨论书院文化的传承、创新与发展，实属开辟书院研究新领域的大胆且成功的尝试，值得鼓励，因而本人乐为作序，予以推介。

邓洪波

（中国书院学会副会长　湖南大学岳麓书院教授）

2024 年 7 月 31 日

目录

概论

　　中国古代书院是在唐朝初年出现的，经历了上千年的发展，有过繁荣昌盛的时期，也有过落入低谷的时期。清朝末年对书院进行改制之后，书院的办学中断，中国的教育体系在借鉴学习西方教育的基础上进入了现代化发展时期，书院作为文化教育机构也就彻底失去了作用。近代中国，战争不断，民生多难，人们对传统文化的自信受到极大的摧残，迷茫中的人们一边从西方优秀文化中汲取营养，一边将传统儒家思想文化扔到一边，认为儒家思想是阻碍文化进步的绊脚石。在现代社会里，作为传播儒家思想之主要阵地的中国古代书院，也似乎与现代社会环境格格不入，丧失了存在的根基。那么，古老的书院在现代社会是否已经彻底失去了存在的意义？事实并非如此。书院在中国中断的时间其实并不长，而且传统的文脉强韧绵长，一有合适的水土就会蓬勃生长起来。近些年来，随着中国国力的显著增强，人们对传统文化的自信逐渐复苏，渴望建立本土的文化话语体系和道德体系，同时也感觉到传统文化在提高个人修养、培养下一代的文化道德素养方面有着重要的作用，因而对传统文化的认识和态度发生了很大的改变，复兴传统文化的呼声越来越高，而党中央也为文化自信、文化复兴制定了一系列重大的战略举措。在这种情况下，古代书院作为承载儒家精神的重要载体，作为传统文化的重要构成部分，在学界和民间都得到了重视，兴复书院的行动也在逐步推进，古代书院正在慢慢恢复生机，再次回归社会大众的视线当中，并以其丰富的文化内涵吸引了人们的注意力。鉴于此前大部分书院只是作为一种旅游观光景点而存在，在书院开展相关教学活动并未成为主流趋势。因此，思考中国古代书院在现代社会的传承发展，是必须开展的一项工作。

在当下，有许多学者都在从事书院研究，例如邓洪波先生撰写的《中国书院史》，梳理了书院从唐朝初期至今的发展状况。朱汉民先生作为《中国书院》杂志的主编，专注于四大书院之——岳麓书院的历史研究。吴国富先生专注于四大书院之——白鹿洞书院的研究，并在《儒学教育的现代转型》一书中对儒学教育的现代发展提出了自己的思考。还有很多学者围绕书院的历史脉络、地区发展、文物保护、书院建筑、文化旅游等方面展开研究，为书院的传承与发展提供了理论支持。在这些研究中，对书院的历史脉络、教育制度等方面的研究较为充分，对其商业化发展、现代化传承的问题则关注较少。也有一部分学者关注到"书院在现代社会如何发展"这个问题，但往往从单一的某个方面展开研究，例如文化旅游或者品牌塑造等，很少将书院的文化遗产保护与商业化发展综合起来进行研究。不少学者关心某一座书院的保护和发展状况，却较少站在整体的高度看待个别书院的发展。

若干年前，笔者去白鹿洞书院参观，参与了一些文化学术交流活动。书院里幽静的氛围、古色古香的建筑、参天的古树，都让人印象深刻。与游客交谈得知，他们是来庐山旅游的，顺便来看看这座传说中的千年学府，但到了书院，走马观花看了一遍，尚未产生深刻的认识和独特的体验，就匆匆离开了。也有些人在书院的苍苍柏树下徘徊沉思，想寻找一些精神上的共鸣与牵引，与千百年前的文人们来一场精神上的相遇，可是书院的整体氛围与环境并不能将人们轻松带入文人风雅的情境里，书院里也没有什么针对游人的文化体验活动，无法让人体会到独属于千年书院的魅力。之后笔者做了更多地了解，知道能存活在现代社会的古代书院已经是凤毛麟角，像白鹿洞书院这样能恢复部分原貌的古代书院，已经是非常幸运的，大部分古代书院都已经湮灭在历史的长河里。据邓洪波等《中国古代书院保护与利用现状调查》，目前现存的古代书院大约有 2021 所，其中 1347 所已经没有任何活动，尚在开展活动的有 674 所，约占总数的 33.35%。而在留存的 674 所书院中，有正式教学活动和固定学术研究机构的书院更是少之又少。

出于对传统文化的喜爱和对儒家思想的认可，书院发展一直是笔者关注的问题之一。为此笔者反复思考，书院在现代社会是否还有一席之地，它应该怎样发展下去，在复兴传统文化的时代洪流里又应该扮演什么角色，怎样做才能既实现保护书院的目的，又实现传承发展的目的？而现在关于书院的研究，大部分是从思想方面、建筑方面、旅游方面等展开的，很少将书院看作一个整体来研究，为此单打独斗，各自为政，显得比较分散，这样并不利于书院整体的发展。中国古代书院蕴含了丰富的文化因素，它们既是一种综合性文化遗产，又是一种综合型文化资源，如果仅仅作为旅游景点存在而且趣味有限，实在是太可惜了。如果能在书院文化遗产综合性保护的基础上，对其综合型文化资源进行活用，则可以将书院文化资源转化为现代文化产品，为现代文化服务。这样既可以让书院创造相应的经济价值，又能将书院文化更好地传承发展下去。

出于上述思考，笔者认为书院在现代社会中不能只作为一处处景点而存在，而应当在人文教育方面发挥更大的作用。因此，本书将中国现存的古代书院看作一个整体，分析中国古代书院的综合性文化遗产保护策略以及综合型文化资源活用策略，并对书院未来的发展方向提出自己的方案。本书将现存的中国古代书院作为研究对象，这些书院分布在各个省市，保护情况各不相同，但它们都是古代教育制度的见证载体、儒家思想的传播载体、中华文脉的传承载体。本书研究的书院文化，是指围绕书院产生的一系列文化，其内在核心是讲学、祭祀、藏书等内容，其外在形式是书院建筑群及周围的自然、人文环境。笔者按照文化遗产保护与传承的路径，围绕书院综合性文化遗产（物质文化遗产和非物质文化遗产）的属性展开分析和研究，并基于促成综合型文化资源（蕴含多种文化因素、价值）现代转换的思维，分析研究书院综合性文化遗产保护以及综合型文化资源活用的现状及未来发展。通过查阅相关文献，了解书院的历史发展过程，从资料中分析出中国传统书院文化遗产是由哪些因素构成的；搜集相关数据材料，分析书院在现代社会的发展现状，而后选取典型案例，以更好地归纳总结书院的现状；同时还对书院和其他相似的文化遗产进行比较，探讨这些文化遗产之间的异同点，突出书院文化遗产的综合性特色，并分析书院和其他文化资源间的异同点，突出其综合性文化遗产的属性。此外还通过互联网发放《中国传统书院文化产业发展问卷调查表》，以书院的认知度、吸引力、未来发展为调查项目，细分为多个指标，对网民进行调查，收集相应数据。从 2019 年 11 月 5 日到 2019 年 11 月 10 日，笔者一共收集到 482 位网民的问卷，以此作为书院现状、困境及成因分析和书院未来发展方向的数据分析基础；同时，采用分类统计和交叉分析的方法，分析书院综合性文化遗产保护和综合型文化资源商业化发展的可能性，以此探索书院未来的发展方向。

通过调查研究可以发现，现存古代书院的保存情况主要可以分成五种：（1）处于综合保护发展状态；（2）作为单纯的文物保护单位存在；（3）改造为现代教育场所；（4）作为旅游景点存在；（5）另作他用。其中处于综合保护发展状态的书院数量很少，大部分书院都存在文化遗产保护力度不够、文化资源利用不足的情况。可以认为，古代书院在现代社会正面临着生存与发展的困境，导致这种困境的原因有地区经济发展不平衡造成的保护意识不足，缺乏统一行政管理造成对书院的整体认知度不高，发展思维局限造成书院的吸引力单一和社会环境剧变导致儒家文化断层等。这些因素交织在一起，造成了当前书院建筑缺乏保护，书院文化精神难以传承的局面。

通过对文化遗产的分析，了解书院在文化遗产体系中的地位，比照联合国教科文组织对于文化遗产的认定标准，可以发现书院文化遗产所包含的物质文化遗产和非物质文化遗产很难截然分开，因此，书院是由物质文化遗产与非物质文化遗产两者共同构成的综合性文化遗产。同时，书院的文化资源既有碑刻、建筑群、文献典籍等有形文化资源，也包含教育制度、儒家文化传承等无形的文化资源，因此，可以看作是一种综合型文化资源。对于书院文化资源中有历史、文化、艺术价值的部分，可以采取各种方式加以开发利用，让它对社会产生积极的效用。总之，对于书院文化遗产，我们不仅应当加以保护，还应当将其中对社会有价值、有效用的部分转化为文化资源，让它在中国特色社会主义文化建设中发挥积极的作用。

笔者认为，从综合性文化遗产的角度来说，对书院文化遗产的保护需要从物质文化遗产的静态保护和非物质文化遗产的活态传承两方面共同推进。对书院的物质文化遗产，从建筑复原方面入手；对书院的非物质文化遗产，从传承文化精神方面入手。只有双管齐下，才能更好地保护书院综合性文化遗产。从综合型文化资源的角度来说，对书院文化资源的利用需要从文化旅游与现代儒学教育两方面同时进行，认真分析书院的"景观"以及"文化"因素，而后进行商业化的开发利用，并运用现代传播方式扩大书院的影响力。对书院文化资源的利用可以获得经济效益，能够给书院文化遗产保护以资金上的支持；对书院文化资源的利用更可以获得社会效益，能够让书院的精神与儒家教育更好地融入当代社会，实现书院文化精神的传承。

总而言之，虽然书院不再是现代教育体系的一部分，其作为文化教育机构的功能难以发挥作用，但是书院在现代社会并非没有立足之地，承载着儒家文化的书院可以作为现代教育内容的补充，成为现代社会人文教育的活动场所。通过对书院综合性文化遗产保护以及综合型文化资源活用两个方面，将现存的古代书院联合起来，用统筹发展的思维方式，促进行业协会的规范，让书院不仅仅成为古代教育制度的活化石，更能在现代社会的教育体系中寻找到自己的位置，从而焕发新的生命力。

　　书院教育形式在现代社会可以找到存在空间，这一点还可以通过对书院教育内容的研究来进行论证。从宏观上来看，历史的传承是一个永恒的话题，世界各国莫不如此。因此，总会有相当数量的古代文化成果流传下来，其中自然就包括在传统文化中占据主导地位的儒家文化。这种文化传承必然会给人带来对传统文化的自信，其中就包括对书院文化传统的自信，对书院教育内容的自信。儒家经典是古代书院教育的主要内容，而儒家经典在现代社会的传播可以为书院教育形式在现代社会的存活找到土壤。一方面，儒家经典在现代社会的传播是一个很大的概念，涉及面很广，不仅仅限于教育领域；另一方面，儒家经典在现代社会的广泛传播，必然会涉及现代教育领域。通过对现代大学、中小学教育的调研，可以发现有大量的古代文化作品一直存在于现代学校的各类教材之中，可以说这些内容已经经受了历史的考验，可以存活在现代社会之中了，而传承中国传统文化显然需要教习这些作品。

　　然而，由于现代教育体系在建立之初"外来嫁接"的痕迹太重，导致对古代优秀教育文化的传承变成了现代教育体系所面临的一个大难题。当下，全社会"弘扬优秀传统文化"的呼声变得越来越高，而现代教育体系对此却缺乏合理有效的应对之策，尤其在"如何有效地借鉴古代书院教育的合理精神，如何以教习儒家经典达到育人目标"这方面，在当下的教育系统内并未出现明显有效的实施方案。这就产生了一种"奇葩"的现象：一方面，"国学热""读经运动"成为当下的一种文化热潮，大量非专业、不正规的民间教育人士、教育机构积极参与其中，虽然在借鉴古代书院教育精神方面取得了一定的成就，然而泥沙俱下、良莠并存的现象也很严重；另一方面，正规的教育体系对这种文化热潮却显得很沉默，虽然也有一些响应及参与者，但组织化、系统化的参与却并未出现。"国学热""读经运动"的参与者往往因争议太多、负面影响较大、支持乏力而不堪承受之重，而能够承担这一重担的正规教育体系却并未挑起这副重担。这的确是有些让人难堪的。因此，在研究书院文化的现代传播之时，就不得不论述书院教育内容的现代传播。

事实上，正规教育体系对书院教育内容的传承是可以实现的，关键在于要设计合理的继承方案。我们认为，现代教育是为现代社会服务的，而继承书院的教育内容，同样是要为现代社会服务的。也就是说，无论是选择经典、解释经典，都不应当偏离为现代社会服务这一目标。在历史上，儒家经典最明显的社会作用是通过心性和道德修养起到调节社会关系的作用，进而为古代的社会制度服务。同样，现代人学习儒家经典，也应当通过心性和道德修养起到调节现代社会关系的作用，进而为现代社会的发展服务。人性是不变的，但在知识的科学化、经验的现代化、思维的理性化等方面，现代人已经和古代人不同；社会关系是永远存在的，但时至今日，它赖以存在的社会基础发生了巨大变化。因此，现代人想通过学习儒家经典提高道德修养，就必须从现代社会的实用目标出发，在现代"用经"目标的指导下去选择经典、解释经典，不能不加选择地照搬古代经典、原封不动地沿用古代注疏。

基于上述看法，本书在研究书院教育形式的现代化转型问题之后，继续研究书院教育内容的现代化转型问题。通过对大学、中小学教育内容的分析，可以发现有很多教学内容与书院是交叉的，只是教学宗旨、教学目标不够明确或存在偏差；如果有明确的指导思想，合理的教学定位，在现有大学、中小学教育的基础上进行一些整合，以对接书院教育的内容，这是没有问题的。因此，本书提出"选经""解经""用经"三合一的合理方案，将对解决这一问题起到很大的促进作用，同时，也可以加快书院教育内容现代化转型的步伐。

第一章
书院文化：综合性文化遗产、综合型文化资源

第一节　文化遗产与文化资源概论

"文化"是人类社会相对于经济、政治而言的精神活动及其产物，分为物质文化和非物质文化。文化是一种社会现象，是由人类长期创造而形成的产物，同时，它又是一种历史现象，是人类社会与历史的积淀物。确切地说，文化是凝结在物质之中又游离于物质之外的，能够被传承和传播的国家或民族的思维方式、价值观念、生活方式、行为规范、艺术文化、科学技术等，它是人类相互之间进行交流的普遍认可的一种能够传承的意识形态，是对客观世界感性上的认识与经验的升华。

一、文化遗产概论

"遗产"一词早已有之。《后汉书·郭丹传》："丹出典州郡，入为三公，而家无遗产，子孙困匮。"英文"遗产"（heritage）一词大约产生于 20 世纪 70 年代的欧洲，其含义与"继承"紧密相连，指

从祖先那里继承下来的东西。"文化遗产"是"文化"和"遗产"的综合体，最初是指具有历史、艺术、科学等文化保存价值的物品，即"有形文化遗产"，因为它们以各种"物质"形式存在，所以也被称为"物质文化遗产"。根据联合国教科文组织（United Nations Educational，Scientific and Cultural Organization，简称为UNESCO）《保护世界文化和自然遗产公约》（Convention Concerning the Protection of the World Cultural and Natural Heritage）的分类，有形文化遗产包括文物、建筑群和遗址三大类，这也是传统意义上的"文化遗产"。其中文物指从历史、艺术或科学角度看具有突出的普遍价值的建筑、碑雕和碑画，具有考古性质成份或结构，铭文、洞窟以及联合体；建筑群指的是从历史、艺术或科学角度看，在建筑式样、分布均匀或与环境景色结合方面具有突出的普遍价值的独立的或连接的建筑群；遗址指从历史、审美、人种学或人类学角度看具有突出的普遍价值的人类工程或自然与人联合的工程以及考古地址等地方。

从20世纪80年代中期开始，文化遗产的概念不断延伸、发展，地方文脉、历史人物、民族艺术、民族建筑风格等都被认作是一种文化遗产，它们以各种"精神""文化""习俗"等性质存在，属于"无形文化遗产"，所以被称为"非物质文化遗产"。2003年，联合国教科文组织在《保护非物质文化遗产公约》（Convention for the Safeguarding of the Intangible Cultural Heritage）中对"非物质文化遗产"的概念做了界定："非物质文化遗产"指被各社区、群体，有时是个人，视为其文化遗产组成部分的各种社会实践、观念表述、表现形式、知识、技能，以及相关的工具、实物、手工艺品和文化场所。这种非物质文化遗产世代相传，在各社区和群体适应周围环境以及与自然和历史的互动中，被不断地再创造，为这些社区和群体提供认同感和持续感，从而增强对文化多样性和人类创造力的尊重。[1] 非物质文化遗产的概念得到广泛认同之后，联合国教科文组织将非物质文化遗产主要分为五类：一是口头传统和表现形式，包括作为非物质文化遗产媒介的语言；二是表演艺术；三是社会实践、仪式、节庆活动；四是有关自然界和宇宙的知识和实践；五是传统手工艺。

综合起来，文化遗产既包括在历史、艺术、科学、人类学等方面有着重大意义的纪念文物、建筑物、文化遗迹，或者可移动的工艺品、文献等实物，也包括文学、表演艺术、习俗等人类精神财富。为了论述方便，本书将以实物形式存在的"有形文化遗产"统称为"物质文化遗产"，将文化精神、艺术形式等"无形文化遗产"统称为"非物质文化遗产"。

理论上对文化遗产的分类，与实际存在的文化遗产形态是不同的。各国因为文化背景和自然背景的不同，对文化遗产作出了不同的具体分类。中国将文化遗产分为物质文化遗产（文物）和非物质文化遗产两类，物质文化遗产（文物）分为不可移动文物与可移动文物两类。[2] 日本将文化遗产分为有形文化财、无形文化财、民俗文化财、纪念物、文化景观、传统建筑物群、文化财保存技术、地下埋藏文化财八类。韩国则将文化遗产分为物质文化财、非物质文化财、纪念物、民俗文化财四种类型。[3] 法国现行遗产保护体系主要包括历史建筑，景观地，历史保护区，建筑、城市、风景遗产保

---

① 参见王文章主编《中国非物质文化遗产大辞典》，崇文书局，2022，第63页。

② 参见蔡靖泉《文化遗产学》，华中师范大学出版社，2014，第104页。

③ 参见王文章主编《中国非物质文化遗产大辞典》，崇文书局，2022，第72页。

护区，历史艺术城市、特色小城镇等。①各国在文化遗产分类体系上没有统一的标准，容易造成文化遗产保护对象的不明确。例如由中国与哈萨克斯坦、吉尔吉斯斯坦三国共同申报的"丝绸之路：长安——天山廊道的路网"以及国内多省联合申报的"大运河"（ Grand Canal ），这两个项目都在 2014 年申请世界遗产成功。然而无论是"丝绸之路"还是"大运河"都很难界定它们究竟是物质文化遗产还是非物质文化遗产，两者更像是融合了多种文化遗产因素的综合性文化遗产。综合性文化遗产就是把文化遗产看作是由许多要素组成的综合体，人们应当将这个综合体的各部分、各方面和各种因素都联系起来，考察其中的共同性和规律性。有学者指出："文化线路是跨地区、历时性的，甚至是跨民族、跨国界的，通常包括物质文化遗产与非物质文化遗产，它往往是最具丰富性的综合性文化遗产。如我国的大运河、丝绸之路等。大运河的保护，除了历史遗迹、遗址，还包括沿途各地的民风民俗，只有整体的保护才是完整的、真正的保护。"②事实上，随着人们在保护文化遗产方面的不断实践，人们对文化遗产的认知也在不断加深，文化遗产保护理念正在发生重要的转变。也就是说，不同时期人们对于文化遗产的保护理念是不同的：从保护物质文化遗产到保护非物质文化遗产；从保护单一要素的单一性文化遗产到保护多种要素的综合性文化遗产，如保护自然和文化双重遗产，保护城市的历史性景观，保护古村落等。这些都体现了文化遗产保护理念的重要转变。单一性文化遗产仅包含单个或少量文化遗产要素，对其分类相对比较容易，可采用联合国教科

---

① 王珏、王立真《向法国学习文化创意产业》，广州出版社，2015，第 208 页。

② 管宁主编《文化强国：理念、经验与构想》，江苏大学出版社，2017，第 36 页。

文组织的分类方式，分为物质文化遗产和非物质文化遗产；而综合性文化遗产融合了多重文化遗产要素，很难将其分类为物质文化遗产或非物质文化遗产。因此，根据国内外的分类标准和体系，可将文化遗产分为 2 个大类，即单一性文化遗产和综合性文化遗产。

二、文化资源概论

"文化资源"（Cultural Resources）是一个涵义广泛的概念，由"文化"和"资源"这两个概念共同构成。关于"文化"的概念，众说纷纭，英国人类学家爱德华·伯内特·泰勒（Edward Burnett Tylor）在 1871 年出版的《原始文化：神话、哲学、宗教、语言、艺术和习俗发展之研究》一书中对"文化"下了一个定义，他认为文化是"包括全部的知识、信仰、艺术、道德、法律、风俗以及作为社会成员的人所掌握和接受的任何其他的才能和习惯的复合体"，[①] 其核心是作为精神产品的各种知识，其本质是传播。有了人类社会才有文化，文化是人类社会实践的产物。关于"资源"这一概念，同样有很多说法，联合国环境规划署对"资源"的定义是："所谓资源，特别是自然资源是指在一定时期、地点条件下能够产生经济价值，以提高人类当前和将来福利的自然因素和条件。""资源"既包括自然资源如土地、森林、矿藏、水域等，也包括各类社会资源。其中"文化"就是一种社会资源，它也同时体现为有形的物质载体与无形的精神资产。

文化资源并不能完全等同于文化，加了"资源"一词就意味着

---

① 泰勒：《原始文化：神话、哲学、宗教、语言、艺术和习俗发展之研究》，连树声译，广西师范大学出版社，2005，第 1 页。

它已经拥有过去时态（时间性）、可资利用（效用性）等含义。在日本东京大学文化资源学专攻网站上,关于"文化资源"的解释是:"文化资源是指为了了解某一时代社会和文化所必要的贵重资料的总称,我们把它叫做文化资料体。文化资料体包括建筑物、都市景观或传统技艺、祭祀仪式等有形和无形的东西。将文化资料体活用并资源化后可以成为文化资源。"[①]

因此,根据"文化""资源"这两个概念,本书提出:文化资源是一种社会资源,是人类社会经过长时间积累而形成的文化、知识中能够被传承下来、可资利用的那一部分内容与形式。文化资源是人类劳动创造的物质成果及其可以转化的一部分,是人类社会共同拥有的一种社会资源,能够被重新开发和利用,并且能创造出新的社会财富。

图 1-1　文化资源分类

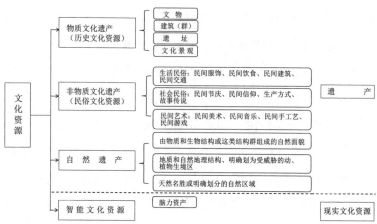

（注：此图据联合国教科文组织 1972 年《保护世界文化遗产公约》及 2003 年《保护非物质文化遗产公约》整理而成。）

[①] 转引自色音《日本的文化政策与传统民俗保护制度》,《民俗典籍文字研究》第 4 辑,商务印书馆,2007,第 86 页。

　　对文化资源进行恰当分类是进行文化资源统计、调研以及制定文化产业发展战略的重要前提。可以借用国际上得到公认、比较流行且在国内也得到认可的文化财产、文化遗产、自然遗产、水下文化遗产、非物质文化遗产等概念来构建文化资源分类体系，将文化资源分为物质文化遗产、非物质文化遗产、自然遗产和智能文化资源四个部分，其中包括历史遗迹、民俗文化、地域文化、乡土风情、文学历史、民族音乐、宗教文化、自然风光等不同类别。文化资源是人类社会生产活动的重要资源，既有物质形式，也有非物质形式。其中物质文化遗产与"历史文化资源"相对应，包括文物、建筑（群）、遗址、文化景观等。非物质文化遗产与"民俗文化资源"相对应，包括生活民俗（如民间服饰、民间饮食、民间建筑、民间交通等）、社会民俗（如民间节庆、民间信仰、生产方式、故事传说等）、民间艺术（如民间美术、民间音乐、民间手工艺、民间游戏等）。自然遗产则包括自然面貌、地理结构、天然名胜等。智能文化资源属于现实文化资源，包括脑力资产和智力成果。文化资源的基本性质是"文化性"，而其文化性可能表现在两个方面：一方面，资源本身具有文化性，是人类的文化产物，各种物质文化遗产、非物质文化遗产等均属于此类；另一方面，资源本身不具有文化性，但能满足人的文化需求，如自然遗产本身并非人类的产物，但因其可以满足人们的审美、求知等需求，因此也属于文化资源。另外，智能文化资源则具有两者的性质。

　　特别值得关注的是，文化资源的"文化性"很多时候是由多种文化因素构成的，很多文化资源并非只属于单一型文化资源，而是综合型文化资源。例如，"云南世博园"是1999年昆明世界园艺博览会的展览基地，汇集了世界各地园艺成果，另有专题园、企业展区等诸多景观。"南宁国际民歌艺术节"则是一个融文化、旅游、经贸为一体的综合性大型节庆活动。这些展览和节庆活动都属于对综合型文化资源的开发，既关注了文化产品的精神内涵和艺术精致程度，又开拓和增加了文化产品种类，满足了人们多方面的需求，进而创造了可观的经济效益。①

当下，文化资源的整合成为人们日益关注的话题，亦即在文化产业开发时将区域内的文化资源作为一个整体和系统，对系统内各种不同来源、不同层次、不同结构、不同内容的文化资源进行识别与选择、汲取与配置，使这些文化资源通过某种方式互相衔接和有机融合，最终形成资源共享和协同发展，从而实现文化资源效益的最大化和利用率的最优化。文化资源整合必须树立"大文化"的资源观，建立综合性的文化资源管理协调机制，充分发挥市场调节文化资源配置的基础性作用，通过改组、联合、兼并、收购、租赁和承包经营等多种形式，实现跨区域、跨行业、跨部门的文化资源整合。②

总结上述，本书在对文化资源进行评估时，采用"大文化"的资源观，将文化资源的种类分为单一型文化资源和综合型文化资源。单一型文化资源指的是在某一项资源价值上特别突出、又几乎没有其他方面资源价值的文化资源；综合型文化资源则是在各个方面都有一定资源价值，在某一个具体的资源价值方面较为出类拔萃的文化资源。对两者加以区别对待，采用不同的利用和开发方式，可以

---

① 参见来仪等著《西部少数民族文化资源开发走向市场》，民族出版社，2007，第118—124页。

② 参见牛淑萍编著《文化资源学》，福建人民出版社，2012，第192—193页。

更好地提升文化资源的社会价值。

如前所述，文化遗产是指具有历史、艺术、科学等文化保存价值的"物质文化遗产"和"非物质文化遗产"。文化资源是一种社会资源，是人类社会经过长时间积累的文化、知识中能够被传承下来，可资利用的那一部分内容与形式。文化遗产与文化资源是一对联系紧密的概念，在一定条件下可以相互转化。

第一，文化遗产能转换为文化资源的条件是社会经济的发展。对于物质条件匮乏的人们来说，生存权是排在第一的，如何生存，如何摆脱饥饿与贫穷，如何像发达地区的人们那样过上现代化生活是最先考虑的事情。他们一心想着的是如何摆脱传统的、已经在现代社会中失去效用的传统文化，尽早地融入更先进的文化中，而不是如何保护传统。大多数人的认识还局限于物质生活的建设和物质生产的追求上，有关文化的遗产保护和文化的资源利用，还没有得到深刻的、普遍性的理解。然而人们不应仅满足于吃饱穿暖，还需要文学与艺术，当社会的物质基础发展到一定程度之后，人们开始重视精神领域的建设。也就是在这个时候，我们才发现我们需要面对的不仅有自然资源，还有宝贵的文化资源。在经济落后时期，人们很难认为人文活动留下的遗迹和传统是一种资源，是因为经济的发展才促进了人们对文化遗产和文化资源的认识。随着社会经济的发展，社会大众会逐渐认识到文化遗产的珍贵以及文化资源的影响力，开始将这些文化遗产转换为文化资源，利用它们创造出一种新的文化，服务新的生活。

第二，文化遗产能转换为文化资源的条件是认识方式的转变。文化资源是人类的文化积累和文化创造，它不是今天才出现在我们的生活中，而是自古就有的。费孝通对人文资源的定义是："所谓的人文资源就是人工的制品，包括人类活动所产生的物质产品和精神产品，它和自然资源一样，只是自然资源是天然的，而人文资源却是人工制造的，是人类从最早的文明开始一点一点地积累、不断地延续和建造起来的。它是人类的历史、人类的文化、人类的艺术，是我们老祖宗留给我们的财富。人文资源虽然包括很广，但概括起来可以这么说：人类通过文化的创造，留下来的、可以供人类继续发展的文化基础，就叫人文资源。"①虽然文化资源一直蕴藏在我们的文化生活和经济生活之中，但是将它作为资源来认识却是今天才有的。

"所谓资源是为一定的社会活动服务的，离开社会活动的目的，资源毫无意义，甚至可以说，也就没有了资源的存在。在这个意义上资源并非完全客观的存在，当某种存在物没有同一定社会活动目标联系在一起的时候，它是远离人类活动的自在之物，并非我们所论述的资源。也就是说，如果人类一代一代流传下来的文化遗产，只是静态地存在于我们的生活中，甚至博物馆里，与我们的现实生活没有联系时，其仅仅只能称之为遗产，却不能称之为资源，只有当它们与现实生活和社会活动及社会的发展目标联系在一起后，才能称之为资源。②

第三，文化遗产能转换为文化资源的条件是对社会的有用性。文化遗产经过活用之后，成为对社会有用的文化资源。在世界范围

---

① 费孝通、方李莉：《关于西部人文资源研究的对话》，《民族艺术》2001 年第 1 期。

② 方李莉：《从"遗产到资源"的理论阐释——以费孝通"人文资源"思想研究为起点》，《江西社会科学》2010 年第 10 期。

内，许多国家及地方政府都致力于发掘该地区的历史文化遗产，从而带动地方经济发展，服务于当下的社会和文化生活。在这个过程中，文化遗产不再是静态的过去，而是可以带动地方经济和地方文化复苏的一种资源。例如日本政府一向提倡对"文化财"（即文化遗产）进行活用，让其成为重振地方文化和地方经济的一种资源，其目的是将文化传统活态地保留在社区中，借此恢复日本传统文化的活力，并在此基础上再造农村社区新生活。这就是将文化遗产从静态转化为活态的过程。

在"文化资源"的概念中，文化遗产不再只是前人遗留下来的死去的过去，而是可以用来发展未来文化和经济的基础。例如美国政府一开始就将遗产和资源的概念结合在一起，将我们定义的文化遗产，直接确定为"遗产资源"（Heritage Resources），也称"文化资源"（Cultural Resources），这是一个经常被用来指代一组范围广阔的考古遗址、历史建筑物、博物馆、历史海滩和传统文化场所的通用术语。[①] 20 世纪 90 年代以来，对文化资源的保护和再利用问题再度引起了美国高度重视，当地文化资源保护分为地方政府主导型（Government-oriented）、私有非盈利型（Private Non-profitable）和市场盈利型（Estate Market Profitable）三类。[②]

台湾学者许功明指出："近几十年来，世界各地一方面感于文化传统之易逝；另一方面，为发展观光之需而出现了普遍发掘、经

---

① 参加方李莉：《从"遗产到资源"的理论阐释——以费孝通"人文资源"思想研究为起点》，《江西社会科学》2010 年第 10 期。

② 参见张松《历史城市保护学导论——文化遗产和历史环境保护的一种整体性方法》，上海科学技术出版社 2001 年，第 164—165 页。

营文化遗产的现象，即所谓的泛'遗产化'或'泛博物馆化'。'类博物馆式'的机构纷纷被设置、到处可见。'类博物馆'式的机构，顾名思义就是有点像、但又不完全像是'博物馆'的地方，不论就形象或组织构架来说，都有十足的弹性，大致上：生态博物馆、文化园区、文化村、民俗村、主题园区、民俗村、文物馆、文化中心、科学中心、历史建筑物、一致等等都应算是，不胜其数，而且很难加以统筹。"①这些"泛博物馆""类博物馆"式机构，实际上已经在把文化遗产资源化了，包括物质的和非物质的。从这种发展趋势我们可以看到，文化遗产已不仅仅是一种被动的仅需要保护的对象，还成为可以发掘和利用的文化资源。

　　长期以来，人们一直在争论文化遗产究竟是保护更重要还是利用更重要。然而保护不是目的，利用也不是目的，那什么才是目的呢？可以说，真正的目的是时代传承。时代传承就是祖先创造的灿烂文化经历岁月的流逝后仍然能够传给子孙后代，这才是我们关注文化遗产最重要的目的。文化遗产，尤其是非物质文化遗产，想要传承发展，必须融入当今社会，和社会的发展紧密相连。将文化遗产转化为文化资源并进行活用，就是不让其成为静态的过去，而是让其活态地存在，在如今社会依然"活着"，参与社会的发展与进步。这实际上也就是将文化遗产发展为文化资源，用文化遗产中珍贵的人文价值去创造经济价值的过程。

　　第一，文化资源的活用体现文化遗产的价值。在人们的最初认知里，文化遗产是必将要过去的，或者已经过去了的东西。这是一

　　① 转引自方莉：《从"遗产到资源"的理论阐释——以费孝通"人文资源"思想研究为起点》，《江西社会科学》2010 年第 10 期。

个静态的、固化的、不可逆转的状况。面对这样的状态，我们往往
把文化遗产当成一种传统留存下来的"活化石"，或建立博物馆，
或设立民族文化生态园、原生态文化保护区将其保护起来。所以，
每个国家最早关注的都是物质层面的文物和建筑的保护，关注的是
文化遗产中的文物价值，更多体现了一种形而下的器物层面的概念。
到后来，人们才逐渐从关注物质文化遗产保护转到关注非物质文化
遗产保护，例如日本、韩国、法国、英国等，这些国家及地区保护
非物质文化遗产的成就，是在意识到文化多样性存在的重要性以后，
对自己的民族和国家传统文化反思及寻根以后的结果。新出现的非
物质文化遗产概念与以往文化遗产概念最大的不同点就是非物质文
化遗产更强调文化的意义价值，包括了世界观、价值观、生活方式
等形而上的精神层面的概念。由此一来，非物质文化遗产开始成为
一种有利于民族认同的文化资源。

　　"国际文化遗产保护的发展趋势是从单一化保护走向整体化保
护，如：从单一关注文化遗产走向关注文化遗产与自然生态的关系；
从单一关注物质文化遗产走向对非物质文化遗产的保护；从关注文
化遗产的历史价值与艺术价值到关注文化遗产的文化价值；从关注
单一的遗产保护到关注遗产的活用价值。而这种活用价值的强调，
就是对其资源价值的强调。"①

　　在传统文化被当作一种资源不断地供给人们精神需要和物质需
要的今天，以往的"遗产"概念并不能充分体现人们由于时代的发
展和需要而不断赋予"文化"的多重意义，因此需要对"传统文化

---

① 方李莉：《从"遗产到资源"的理论阐释——以费孝通"人文资源"思想研究为起点》，《江
西社会科学》2010 年第 10 期。

如何在当今社会存在"给出一个新定义。在这样的定义中，"文化资源"更多地传递并强调了"文化"的资源意义和价值，为当今时代对传统文化的开发和利用意义的阐明作了一种铺垫。

第二，文化资源的活用是对文化遗产的活态传承。文化遗产中"遗产"一词的使用，其实是在暗示祖辈遗留下来的东西，意味着它与现实中的民众生活方式具有一定程度上的区别。但是，某些被统归为"非物质文化遗产"的东西，并非纯粹的"遗留物"，而是仍旧作为民众的生活方式，仍然具有旺盛的生命力，是民众一直都拥有的东西。按照联合国教科文组织《保护非物质文化遗产公约》的解释，它不但存在于民众的生活当中，而且还要随着时代的发展得到传承与创新。因此，它不应该仅仅作为"遗产"被留存，而应该被视为一种还活着的生活方式与价值观念，而只有人才是这些文化的载体。例如欧洲和北美出现的"新博物馆"，它基本上涵括了"生态博物馆"及"社区博物馆"的思考架构，是一种以社会文化进步、发展为指标，富有生机的新博物馆类型。"新博物馆"改革了过去保守传统的经营方式，不再局限于"物"的收集、维护与展示，而是特别强调在国家，甚至在国际网络中，博物馆与地方环境、社区发展之间关系的未来性。出现这样的理念，实际上也就是将文化遗产看作是文化资源，不让文化遗产成为静态的过去，而是让其在当今社会"活着"，参与社会的发展与进步。①

文化遗产，尤其是非物质文化遗产，只有融入现代生活中才可以世世代代流传，才有可能成为一个民族文化的种子与基因长存于

---

① 参见方李莉《从"遗产到资源"的理论阐释——以费孝通"人文资源"思想研究为起点》，《江西社会科学》2010年第10期。

世。因此，对文化遗产的保护关键不在于通过行政力量去强制人们执行，而是要建立传承文化遗产的人文环境和市场需求，使文化遗产的传承成为民众的自觉行为，成为民众生活的一部分。对文化资源的活用是对文化遗产的创新，可以将其变成新的文化的一部分，新的社会肌体的一部分，使其溶解在民族的血液中，不断循环和更新。因此，文化遗产活用其实也是一种保护，是一种传承发展，而将保护与传承割裂开来的做法，并不利于文化遗产的持续发展。

第二节　中国古代书院的文化遗产与资源

中国古代书院以儒家思想文化为主要学习内容，由尊崇儒家精神的文人士子们创建。古代的文化传承离不开书院，而现代的文化传承，同样包括继承书院文化传统。作为文化遗产，其价值在当代社会得到了人们不同程度的认识。

一、书院文化及其特点

在中国古代教育制度中，书院是特有的一种以儒家思想文化为主要学习内容的文化教育组织。中国书院由尊崇儒家精神的文人士子们创建，多选择在山清水秀之地建造房屋，他们聚集学生门徒，开展一系列的文化教育活动，主要包括研读儒家经典著作、开展学术思想交流、祭祀圣贤先师、刊刻书籍等，承担着传承儒家思想、引领学术进步、教育培养学生、教化当地民众等一系列社会责任。"书"表现的是特色，所有文化活动围绕"书"展开，包括读书、收藏书籍、刊刻书籍，而后扩展到教学、学术交流等。"院"显示的是规模，所谓"院"者，"取名于周垣也"，由垣墙围绕一些房舍组成，其规模比私人书斋要大得多。综合两者，这种拥有较多书籍的文化教育组织就被称为"书院"。

书院是中国古代士人为了满足自身日益增长的文化教育需求，在新的历史条件之下，整合传统的官学、私学以及佛道宗教教育制度的长处之后，创造并日渐完善的一种全新的学校制度，它既与官学、私学相联系，又独立于官学和私学之外。官学指的是朝廷和地方负责创办、管理的官方教育系统，以科举取士为主，其管理者由朝廷及地方长官委派，经费由官方提供，教学内容由官方规定，纳入封建时代统一的国家学制系统，完全服从朝廷需要。私学则是私人学习的书斋，例如私塾、家族书院等，只对小群体或家族内部开放，以启蒙教育为主，目的也是科举考试。书院则是私学与官学之外的第三种办学形式。书院不同于书斋，它是士人的公共活动场所；书院也不同于官学，书院的创建者希望学子们在科举取士之余，进入书院独立学习，培养思辨精神。例如朱熹在白鹿洞书院担任山长（书院最高管理者）之时，就不提倡学生纯粹只为了科举而读书，而更多地要求士子们进行学术交流和探讨，他还将《礼记·中庸》提倡的"博学之、审问之、慎思之、明辨之、笃行之"这一理念写入《白鹿洞书院揭示》。这一教育理念对后世影响深远。

书院是一种理想化的文化教育组织。南宋理学家为书院设计的理想目标是：书院不以科举为目的，而以讲学为指归。其特性是书院文化与学术研究相融合，同时承担发展教育、推行教化的重任。这种学术思想体现的创造力和传播力，也正是书院长久的生命力所在。书院承担着传播儒家思想文化的重任，成为儒家思想各个学术流派的发源地和根据地。各个书院因学术流派不同，追求的学术目标不同，学习、研讨的重点也有很大差异。因此，书院和士人形成了一种双向选择，进入同一所书院者大多是志同道合之人。一方面，作为士人、学者，进什么样的书院，他心中存有一种标尺，中意则进，不合则退；而另一方面，作为书院也有一个进取去留的标准，不希望不合要求的人留在院中，以免成为害群之马。就这样，在一个共同认可的目标之下，众多的学者、士人就聚集在同一个书院，形成了学人与书院的结合。书院与教育、学术相结合的特点，形成了魅力无限的文化特征，影响着中国古代一代又一代的读书人。

唐宋以来，书院为封建国家的教育、学术、藏书、出版等文化事业的发展，对地区文化风俗的培植，对思维习惯及伦常概念的养成等都作出过重大贡献。随着中国文化的向外传播，书院制度也被移植到国外，为传播中华文明以及儒家文化的向前发展作出了自己的贡献。

书院最早出现于唐朝初期，当时大部分书院还只是私人读书的场所，少数书院开始招收学生并展开教学活动，成为文人读书学习、交流思想、探讨学问的场所。据邓洪波《中国书院史》一书的《历代书院统计表》，从唐朝初年到五代十国时期，有历史记录的书院共计 72 所。[1] 这一时期的书院发展缓慢，尚处于萌芽阶段。在此后近百年的历史进程中，推动书院发展的主力一直来自民间，这股民间力量主要由尊崇儒家精神的文人士子形成。也正因如此，书院不同于官府创办的教育机构，它追求学术自由，不以科举考试为唯

---

① 参见邓洪波《中国书院史》（增订版），武汉大学出版社，2012，第 668—669 页。以下历代书院数量均据此表。

一目的，与文人士子的文化活动及儒家思想的传播密不可分。

两宋时期，随着社会的发展，经济的繁荣，书院制度也日趋成熟。两宋时期的书院总数达到720所，是唐五代书院总和的10倍以上。这一时期是书院发展的黄金时期，出现了一大批名扬天下的书院，例如白鹿洞书院、岳麓书院、嵩阳书院、应天府书院等。书院的快速发展，除了得益于社会经济的快速发展以外，很大程度上也得益于印刷技术的创新与突破。书籍的印刷变得更加快捷方便，由此增加了社会上书籍流通的总量，为文人学子们的学术研究和学术交流打下了良好的基础，也加快了文化知识的传播。书院的性质在两宋时期也发生了巨变，从私人读书之所转变成了面向社会的教育场所，书院的教学功能也得到进一步的强化。南宋是书院发展史上最重要的一个时期。在这一时期书院作为一种文化教育制度得以完全确立，并开创了书院与学术一体化发展的传统。书院制度的形成，标志着中国古代教育事业进入了官学、书院、私学三轨并行的时代。

接续宋代的元朝虽然只有90多年的短暂统治，但有历史资料记录的书院却有406所之多。这一时期主导书院发展的力量仍然来自民间，书院之间频繁进行学术交流的风气依然存在。另外，从地域分布上看，元代书院开始从南方向北方推广发展。在中国书院发展史上，元代最大的贡献是弥补了辽金时代的缺憾，将书院和理学一起推广到北方地区，缩短了因长期分裂而形成的南北文化差距。与此同时，书院的官学化成了元代书院最显著的特征。从众多资料反映的情况来看，元代对书院的管理并不严格，但却把书院山长纳入了正规的官僚系统，统一由各级地方政府任命，学田也由官府划拨，相比南宋，私人办学色彩大为淡化。元朝的书院被视为官学，主要体现即在于此。

　　明朝时期，有历史资料记载的书院达到 1962 所，超越了唐宋元三代书院数量的总和，书院的发展进入成熟繁荣的阶段。尤其是在正德以后，文人士子们趁着书院发展的热潮，借助书院的吸引力，纷纷聚集在一起，形成了不同的学术流派，在书院中议论时政，使这一时期的书院染上了明显的政治色彩，如东林书院就是其中的代表。官与民两种力量在书院建设中所起的作用，到了明代也出现了新的变化，与宋、元时期相比最大的特点是官方力量超过了民间力量，成为推动书院发展的主要力量。在这一时期，书院的影响力进一步扩大至周边国家，书院文化开始输入朝鲜、日本等国家。例如朝鲜理学大师，有"东国朱子"之称的李滉，就是朝鲜书院发展最有力的倡导者，他提出了全面引进中国书院制度的建议并在很大程度上得到王朝统治者的采纳。

　　清朝时期，书院在继承前朝文化传统的基础上又有了长足的发展，这一时期的书院有 4365 所之多，普及率非常高。与明朝不同的是，清朝的书院大多由官方力量控制，官方成为推动书院发展的主要力量。清朝统治者的文化高压政策和将书院强力纳入科举系统的做法，使得清朝书院在思想交流、学术研讨等方面远远不如前朝自由。鸦片战争以后，西方的学术思想开始影响中国文人，许多书院引进了西方思想文化和科学技术，以积极应对时代的剧烈变化。延续至 19 世纪末，出现了戊戌书院改制风潮，全国书院被强令在短期内改制为各级新式学堂，至此书院 1300 余年的发展史戛然而止，书院文化的传承也告一段落。此后，由于社会的变迁，书院更加衰落。现代教育体系建立之后，书院的教育功能也被彻底边缘化，无法继续在文化教育领域承担主要角色，逐渐沉寂下去。

在中国古代，儒家文化是书院的主要教学内容。儒家是信奉孔子学说的哲学学派，由孔子创立，汉朝史学家司马迁在《史记·孔子世家》中写道："自天子王侯，中国言六艺者，折中于夫子。可谓至圣矣！"因此，孔子被后世尊称为"至圣先师"。战国时期，孟子发展了儒家思想，荀子又集其大成。西汉时期，汉武帝"罢黜百家，表彰六经"，创造了儒家文化传播的高潮。魏晋南北朝时期，社会动荡，战乱频仍，儒家文化的传播处于低谷，但仍然绵延不断。到了唐代，儒家文化的传播又开始强势上升，而到宋明时期，则先后出现了朱熹、陆九渊、王阳明等大儒以及由他们创立的"理学""心学"等著名的儒家学术流派。

由孔子于公元前五世纪创立的儒家学说，脱胎自周朝的礼乐传统，它以仁、恕、诚、孝为核心价值，注重君子品德的修养，强调仁与礼相辅相成，重视五伦（即君臣、父子、兄弟、夫妇、朋友五种人伦关系），抨击暴政，提倡教化和仁政，力图重建富于入世理想与人文主义精神的礼乐秩序。孔子创立并宣扬儒家学说的春秋时期是一个思想大爆发的时代。这一时期学派纷呈，有"诸子百家"之称，各种思想学术流派创造的成就，与同时期的古希腊文明交相辉映。儒家与墨子（墨翟）的"墨家"、韩非子（韩非）的"法家"、老子（李耳）的"道家"等先秦"诸子百家"学术思想并列，为中国文化发展奠定了坚实的基础。西汉时期，汉武帝采纳董仲舒的建议，"罢黜百家，表彰六经"，儒学成为官方正统思想，在此后的大部分历史时期，儒家思想文化一直作为官方正统的意识形态，居于主流思想的地位，其影响波及周边的亚洲国家，对这些国家的文化思想、哲理乃至于宗教体系都产生了影响。

书院作为古代的文化教育机构，创立以来就以儒家思想文化作为核心的传播内容。书院中所有文化活动都围绕"书"展开，包括读书、藏书、刻书等，而后扩展到教学、学术交流等。而这个"书"其实就以《论语》《孟子》《大学》《中庸》《诗经》《礼记》等儒家经典著作为主，书院师生围绕它们开展学习、交流，并不断对它们进行解释、补充，不少著名儒家学者还借助解经创立新的学说，由此形成了不同的儒家学术流派。书院的兴盛在很大程度上也得益于这些著名儒家学者的个人影响力，而与此相关的频繁的学术交流又进一步给儒家文化带来了活力。历史上儒家文化的发展高峰期，也与同时期书院的发展高峰相对应。

第一，宋代理学与书院。儒家文化发展到宋朝，出现了"理学"这一重要的学术流派，它成为当时的主流哲学。理学是"格物派"（又称客观唯心主义），主张"格物致知"。理学也是一种心性之学，即"内圣"之学。所谓"内圣"是指"内心成为圣人"，重点在于对个人内在道德品质修养提出要求，以"圣贤""君子"的标准要求自己，以求人格的圆满。理学的兴起使得出现了一批著名理学家，他们与书院的兴盛有着密切的关系，例如周敦颐、朱熹、陆九渊等。周敦颐，北宋理学家，世人称为"濂溪先生"，他在庐山脚下设立濂溪书堂，一边读书，一边教授学生。南宋时期，人们在濂溪书堂的基础上设立了濂溪书院，而后历朝历代全国多地都建有濂溪书院。朱熹，世人称其为"紫阳先生"，当时他在江西道南康军为官（南康军管辖范围大致包括今江西省庐山市、都昌县、永修县、安义县），修复白鹿洞书院并在其中讲学，确立了书院制度，这一举措对后世影响深远，世人建有多处"紫阳书院"以纪念朱熹对理学及书院的贡献。陆九渊，世人称其为"象山先生"，他在贵溪应天山创立象山精舍，他有两个著名观点即"发明本心"和"宇宙内事乃己分内事"，与当时朱熹倡导的学说大相径庭，对明代阳明心学的产生有直接的启发作用。南宋时期，人们在贵溪三峰山建象山书院以延续陆九渊的学脉，后成为全国著名的书院之一。

第二，明代心学与书院。明代的主流儒学由"理学"转为"心学"，"心学"成为儒家的一个重要学术流派。心学是"格心派"（又称主观唯心主义），主张"心外无物"，认为世间万事万物皆由"心"而发生。"心"不仅是万事万物的最高主宰，也是最普遍的伦理道德原则。当时著名的心学家王守仁、湛若水、陈献章等，都与书院有密切关系。王守仁，世人称"阳明先生"，是心学的集大成者，他与众多弟子在各处书院讲学，既扩大了自身学说的影响力，又促进了书院间的学术交流。明初因为官府禁止民间办学，书院由盛转衰，直到王阳明"心学"学说出现，才使得书院再度兴盛。现存书院中与阳明心学有直接关联的有广西南宁敷文书院、阳明书院，江西吉安阳明书院，河南浚县阳明书院，贵州修文县龙岗书院等。

如果说书院是自唐朝时期萌芽的一棵"树"，那么儒家文化就是其赖以存在的"土壤"。书院中的"书"是否兴盛繁荣，与儒家文化的发展息息相关；儒家文化主张的道德修养和政治理想，也是书院师生的人生追求。在历史上，每当某个著名儒家学者主持某一书院时，这座书院便成为相关学派集中活动的场所，成为这个书院大放异彩的时期。书院间的学术交流频繁，辩论不断，各种思想观念互相碰撞，彼此借鉴，成为书院的灵魂与文脉所在。

二、书院与文化遗产

世界遗产分为文化遗产、自然遗产、文化与自然双重遗产三类。世界遗产是一项由联合国发起、联合国教科文组织负责执行的国际公约建制，以保存对全世界人类都具有杰出普遍性价值的自然或文化处所为目的。国际文化纪念物与历史场所委员会等非政府组织作为联合国教科文组织的协力组织，参与世界遗产的甄选、管理与保护工作。世界文化遗产是文化保护与传承的最高等级。

中国于 1985 年正式加入《保护世界文化和自然遗产公约》，1986 年开始向联合国教科文组织申报世界遗产项目。截止到 2021 年，中国世界遗产总数达到 56 处，其中文化遗产 38 项。[①] 在中国的世界文化遗产中，和书院有关的有 5 个，即山东曲阜孔庙、孔林和孔府，河南登封"天地之中"建筑群中的嵩阳书院，皖南古村落西递、宏村中的南湖书院，庐山国家公园中的白鹿洞书院，武夷山风景区的书院遗址。

孔子是公元前 6 世纪至前 5 世纪最伟大的哲学家、政治家和教育家，是儒家学说的创始人，孔子的庙宇、墓地和府邸都位于山东省的曲阜市，简称孔庙、孔林、孔府，其古建筑群具有独特的艺术和历史特色。孔庙是公元前 478 年为纪念孔子而兴建的，千百年来屡毁屡建，最终成为超过 100 座殿堂的建筑群。最初的孔宅很小，经过历代的扩建，已经成为一座庞大显赫的府邸，整座宅院包括了 152 座殿堂。孔林里不仅容纳了孔子的坟墓，而且他的后裔中，有 10 多万人都葬在这里。

---

① 参见贠聿薇、郑凤阁、宁磊编《旅游线路设计》，西北大学出版社，2022，第 226 页。

嵩阳书院是中国古代著名的高等学府，四大书院之一，世界文化遗产"天地之中"历史建筑群组成部分，全国重点文物保护单位，位于河南省郑州市登封市嵩山南麓峻极峰下。嵩阳书院建制古朴雅致，中轴线上的主要建筑有五进，廊庑俱全。嵩阳书院因其独特的儒学教育建筑性质，被称为研究中国古代书院建筑、教育制度以及儒家文化的"标本"。

南湖书院位于安徽黟县宏村南湖北畔。宏村从村外自然环境到村内的水系、街道、建筑，甚至室内布置都完整地保留了古村落的原始状态，没有丝毫现代城市文明影响的迹象。造型独特并拥有绝妙田园风光的宏村，被誉为"中国画里的乡村"。明末时期的宏村人在南湖北畔修建了六所私塾，又称"依湖六院"。清嘉庆十九年（1814），此六院被合并重建为"以文家塾"，即"南湖书院"。目前，南湖书院是皖南保存最完整的宗族书院。

白鹿洞书院位于江西省九江市庐山市五老峰南麓，中国古代四大书院之一。始建于南唐升元年间（937—943），称"庐山国学"，又称"白鹿国学"，为中国历史上唯一由朝廷于京城之外设立的国学，也是中国第一座建制完备的书院。宋代理学家朱熹出任南康军知军时重建书院，亲自讲学其中，确定了书院的办学规条和宗旨，并奏请赐额及御书，由此，白鹿洞书院名声大振，成为中国教育文化的重要发祥地之一，也是宋末至清初中国文化的重镇之一。

武夷山脉是中国东南部最负盛名的生物保护区。它不仅拥有丰富的自然景观，还拥有一系列考古遗址和遗迹，包括建于公元前1世纪的汉城遗址、大量的寺庙和与朱子理学相关的书院遗址，极具考古价值。武夷山地区的书院遗址留存多达35处，该地区为理学的发展和传播提供了良好的环境，对中国东部地区的文化产生了相当深刻的影响。

在中国 56 处世界遗产中，和书院相关的仅有以上 5 项，其中山东曲阜孔庙更多的是作为儒家文化的圣地而存在，与书院关联并不直接。安徽宏村的南湖书院虽有书院之名，更多是作为家族私塾而存在。武夷山的书院遗址虽然数量众多，但仅仅只是作为书院历史的遗存物而存在。因此，上述文化遗产中与书院有直接关联的仅有两项：白鹿洞书院和嵩阳书院。这一点也反映了中国书院在世界文化遗产体系中的保护现状：虽然书院是文化遗产的重要组成部分，但它们只是以国家公园、历史建筑群、古村落等的附属品被列入世界遗产。书院没有以"儒家书院"或是"中国书院"这样一个独立的整体纳入世界文化遗产，而很多同样有历史文物价值、保护得比较好的其他书院没能纳入其中，这实在令人遗憾。

相比之下，韩国对书院的保护工作做得较好。早在 2013 年，韩国就提出要将本国的书院联合起来申请世界文化遗产，其后因种种原因未能如愿，但韩国一直没有放弃，最终于 2019 年第 43 届联合国教科文组织世界遗产委员会会议上，以"韩国新儒家书院"（Seowon, Korean Neo-Confucian Academies）之名，成功地将韩国书院列入世界遗产名录。

入选世界遗产的 9 座韩国书院是荣州绍修书院、庆州玉山书院、安东陶山书院、安东屏山书院、达城道东书院、咸阳蓝溪书院、井邑武城书院、长城笔岩书院、论山遁岩书院。这 9 座韩国书院申遗得到了世界遗产委员会的专业咨询机构——国际古迹遗址理事会（ICOMOS）的认可，该理事会认为，书院是朝鲜王朝时期的民间教育机构，主导推广"性理学"，院内一般设有祭祀先贤的祠堂和培养儒生的讲堂，被认为具有"突出的普遍价值"（Outstanding Universal Value）。拥有"突出的普遍价值"是世界遗产（包括文化遗产和自然遗产）最核心的评定标准和依据之一，在最新的2021年版的联合国教科文组织、保护世界文化与自然遗产政府间委员会、世界遗产中心制定的《实施〈世界遗产公约〉操作指南》中，对这一概念作了如下定义："突出的普遍价值指罕见的、超越了国家界限的、对全人类的现在和未来均具有普遍的重要意义的文化和/或自然价值。""韩国新儒家书院"完整保存了朝鲜王朝时代儒学私塾原貌，在今天依然是民众前往拜谒及文化活动的重要场所。

国际古迹遗址理事会（ICOMOS）的评估结论说，韩国新儒家书院"反映了来自中国的新儒家思想与韩国当地实际相适应和契合的历史过程，最终形成的书院从功能、规划和建筑等各方面杰出见证了这一变革性和本地化的过程"。这也说明"韩国新儒家书院"受到中国书院的启发和影响，见证了中国书院文化在东亚地区的广泛传播与交流。

书院源自中国，但在历史上却不仅限于中国，仅在东亚、东南亚地区，就有朝鲜、日本、越南、马来西亚等地接受了书院文化的移植，书院成为东亚儒家文明的重要载体。中国书院从明代开始移植国外，第一站即是"东国"朝鲜。在李氏朝鲜时期，有"韩国儒宗""东国朱子"之称的李滉曾上书请求全面引进中国书院制度。在李滉的大力倡导下，朝鲜全面引进中国书院制度，"正轨书院"的概念得以确立。"正轨书院"不只是单纯的教学场所，而是"负有教学与奉祀先贤的双重使命，而奉祀先贤尤为重要"。在朝鲜历史上兼有教学与祭祀功能的第一所"正轨书院"——白云洞书院就是在这种背景下诞生的。白云洞书院（后改名绍修书院），朝鲜中宗三十六年（1541），由丰基郡守周世鹏创建于属邑顺兴县（今属庆尚北道荣州郡）的文成公安裕（后改名珦）故居，祠祀安裕，并集诸生肄业其中。[①]这所集祠祀、教学、藏书于一体的书院，正体现了"正轨书院"的概念。因此，一般的研究者都将它看作是朝鲜书院的发端。

朝鲜祭祀与讲学并重的"正轨书院"基本参照了中国的书院制度，南宋的朱熹与白鹿洞书院是其重点仿效的典范。《李朝实录·明宗实录》记载："丰基白云洞书院，黄海道观察使周世鹏所创立，其基乃文成公安裕所居之洞，其制度规模，盖仿朱文公白鹿洞也。凡所以立学令，置书籍、田粮、供给之具，无不该尽，可以成就人才也。"[②]"正轨书院"概念的确立后，中国书院对朝鲜王朝的书院发展及其制度的完善都表现出相当大的影响力。学者金相根也认为："韩国书院原系模仿中国书院制度"，"类似或相同之点甚多"，"同以儒家学说为中心，同以经典为教材，同为有组织之法团所设立的学校"。[③]当然，朝鲜书院在其发展过程中，一方面受到中国书院制度的影响，一方面又与本土文化结合，形成了自身的特色。

"韩国新儒家书院"申遗成功，这一消息对于关注中国书院的各界人士来说，既高兴又遗憾。一方面，历史上的朝鲜书院拥有450余年的辉煌历史，其创立和发展主要集中在李氏朝鲜时期，带

---

① 参见邓洪波《从朝鲜书院看中国书院文化的传播》，《延边大学学报》（哲学社会科学版），1992年第3期。

② 转引自邓洪波《从朝鲜书院看中国书院文化的传播》，《延边大学学报》（哲学社会科学版），1992年第3期。

③ 转引自杨布生、彭定国编著《中国书院与传统文化》，湖南教育出版社，1992，第239页。

来了朝鲜儒学史上的黄金时代，其价值自不待言。9座韩国书院能够申遗成功，对于书院文化遗产的保护和东亚儒家文化的传播都是极为有利的。另一方面，申遗的9座韩国书院只是至今保存完好的书院中的小部分，众多具有较大历史价值的书院未能一并列入文化遗产。

当然，申遗是为了提高某种遗产的可见性，让全世界都能知道和分享。申遗不具有排他性，同类项其他国家申遗成功之后，并不代表中国就不能申报了。不同国家的申遗不冲突、不矛盾，甚至可以联合申报，以共同推动世界文化遗产的保护、抢救、利用、传承。参差多态乃是文明昌盛的本源，申遗的宗旨与使命，在于传承与保护将要失去土壤的文化形态，将更多的精力放在文化遗产的保护和传承上。

根据《世界遗产名录》，世界文化遗产项目必须符合下列一项或几项标准：（1）代表一种独特的艺术成就，一种创造性的天才杰作；（2）能在一定时期内或世界某一文化区域内，对建筑艺术、纪念物艺术、城镇规划或景观设计方面的发展产生重大影响；（3）能为一种已消逝的文明或文化传统提供一种独特的至少是特殊的见证；（4）可作为一种建筑或建筑群或景观的杰出范例，展示出人类历史上一个或几个重要阶段；（5）可作为传统的人类居住地或使用地的杰出范例，代表一种（或几种）文化，尤其在不可逆转之变化的影响下变得易于损坏；（6）与具有特殊普遍意义的事件或现行传统或思想或信仰或文学艺术作品有直接或实质的联系。①

---

① 参见王文章主编《中国非物质文化遗产大辞典》，崇文书局，2022，第61页。

中国书院有 1300 多年的历史，经历了唐、宋、元、明、清各朝代的长期发展，积累了许多宝贵的经验，是中国古代教育史上的一份珍贵的文化遗产。参照《世界遗产名录》入选的标准，中国古代书院至少符合六条标准中的四条。具体分析如下：

第一，中国书院具有浓厚的隐逸文化色彩，代表一种独特的艺术成就。浓重的隐逸色彩，是中国书院文化的重要特征。书院最初起源于民间，是士人阶层或是富甲一方的儒学人士为读书和聚友交流而专门开辟的一方净土。作为中国文化主干的儒、佛、道，对于隐逸文化有着重要的影响。隐逸文化的哲学根底是以老庄为核心的道家思想。但道家思想并不是隐逸的唯一渊源，在隐逸文化里又渗透了儒学、禅家文化的影响。禅宗的"放舍身心，令其自在"以及儒学的"达则兼济天下，穷则独善其身"等观念都深深影响了中国的隐逸文化。

第二，中国书院建筑的传统和特色展示出人类历史上的一个重要阶段。书院继承了古代私学的传统和特色，同时汲取了佛教寺庙讲经说法和官办学校的一些长处，因此，其建筑既体现了学府建筑的精髓，亦体现了传统民居的特色。同时，书院作为由儒学士大夫创办并主持的文化教育机构，成为儒家文化的标志和人文精神的象征。中国古代书院严谨的建筑群体，是社会群体意识的表现，反映了"礼乐相成"的思想。书院建筑群从每个殿堂厅房所居的位置、装饰到总体格局都遵循纲常礼教的严谨秩序，体现了一种浓厚的伦常观念。

第三，中国书院的教育特色可以为一种已消逝的文明或文化传统提供一种独特的至少是特殊的见证。书院作为中国教育史上的一种教育制度，萌芽于唐末，鼎盛于宋元，普及于明清，改制于清末，是集教育、学术、藏书为一体的文化教育机构。它在系统地综合改造传统的官学和私学的基础上，建构了一种不是官学但有官学成分，不是私学但又吸收私学长处的新的教育制度，成为官学和私学相结合的产物。自书院出现以后，我国古代教育便发生了一个很大的变化，出现了官学、私学和书院平行发展的格局，三者成鼎立之势。直到清朝末年，它们之间才开始出现排斥，但更多的是互相渗透与融合，促进了我国古代文化教育的发展和繁荣。书院在中国大地上存在了千余年，成为中国文化史和教育史上引人注目的一大奇观。

第四，书院涵育了深厚广博的文化精神。书院是中国古代教育发展到一定历史阶段产生的兼有讲学、研究、聚书、祭祀等功能的学校形式。书院自从确立以来，就以其独特的个性色彩对我国古代的人才培养和学术文化发展起到了巨大的推动作用，并在封建社会科举仕进、思想禁锢的社会环境中建立起自由灵动、崇尚思考、立德立人的教育模式，形成了独具特点的文化特色，涵育了深厚广博的文化精神。书院的文化精神，作为书院文化的深层结构与思想基础，是书院文化的精髓和灵魂，是书院学者们一以贯之的深层追求，也是书院成就其特色的内在动力和源泉。

此外，在中国已经申报成功的世界文化遗产中，与书院相关的文化遗产已经有5项，而在韩国，朝鲜王朝时代9座书院也已经申报世界文化遗产成功，朝鲜王朝时期的"正轨书院"也是从中国引入书院制度后繁荣发展起来的，中韩书院之间有一脉相承的关系。

综上所述，中国书院是中国古代独特的文化教育组织，拥有悠久的历史，积淀了深厚的书院文化，在人才培养、学术创新、思想传播、社会教化等方面发挥了重要作用，完全可以认定为文化遗产，其理由有三：其一，在已认定的中国《世界遗产名录》中，有 5 项包含着儒家文化及书院相关的子项目；其二，韩国的书院以"韩国新儒家书院"申遗成功，而韩国的书院制度是明朝时期从中国传过去的，韩国的书院有自身特色，但从源头上说，是和中国书院一脉相承的；其三，根据《世界遗产名录》的认定标准，书院至少符合其中的四项。

然而令人遗憾的是，目前中国书院尚未作为一个独立的名称出现在文化遗产名单里。书院在中国的世界文化遗产虽然是重要的组成部分，但却分别散落在别的文化遗产体系中，并没有单独列项，更没有被当作一个整体来看待。为此应该参照韩国书院申遗的方式，将现存于世、保存较完好的中国古代书院看作一个整体，单独申报为一类文化遗产，而不是作为其他文化遗产的附属品。政府部门及书院界人士应当积极推进书院文化遗产的认定，以"中国书院"或"儒家书院"这样一个整体的方式，积极参与世界文化遗产的申报，这样才能更好地体现中国古代书院珍贵的文化遗产属性，更好地开展相关的保护和传承工作。

三、书院是综合性文化遗产

如本章第一节所述，文化遗产可分为物质文化遗产和非物质文化遗产。中国古代书院遗存的珍贵文物、书院建筑群、书院遗址属于物质文化遗产范畴。此外，书院在其千余年的发展历程中，还承载着很多传统文化基因，并以精神、思想等抽象的形态存在，人们通常称之为非物质文化遗产。

当然，物质文化遗产与非物质文化遗产的区分是相对的，"非物质文化遗产中有物质的因素，物质文化遗产中也有非物质的、精神、价值的因素，只是物质文化遗产与非物质文化遗产各自强调的重点不同而已——物质文化遗产更加强调实物保护的层面，而非物质文化遗产更为强调知识技能及精神的意义和价值"。① 因此，书院的物质文化遗产属性与非物质文化遗产属性很难截然分开，例如江西的白鹿洞书院就蕴含着多种文化遗产种类：

（1）建筑物，白鹿洞书院的建筑物是按照明清时期遗留的布局修复而成的，能体现那一时期的建筑特色，因此可以列入物质文化遗产；书院是儒家士人讲学之所，跟一般的历史建筑不同，儒家"礼制"观念对建筑物的影响非常明显，这种建筑理念属于非物质文化遗产部分。

（2）纪念性景观建筑，如紫阳书院，除了作为建筑物存在，更多的是为纪念著名学者朱熹，这类纪念性建筑物既包含着物质、有形的文化遗产因素，又更多地包含了非物质、无形的文化遗产因素。

（3）文献与遗物，白鹿洞书院刊刻的书籍，属于珍贵的古旧图书资料；而书院中留下了大量的宋、元、明、清时期的露天石刻及室内碑刻，大多数属于重要文物，属于物质文化遗产；而这些书籍、碑刻又是历代学者士人精神与思想的承载物，体现了书院文化精神，是一种非物质文化遗产。

（4）书院教育制度及教育内容，如"有教无类""质疑辩难""修身养性""教化一方"等，属于非物质文化遗产；而这些思想在书

---

① 王文章主编《非物质文化遗产概论》，文化艺术出版社，2006，第50页。

院中又以碑刻、文献典籍等物质的形式留存下来，具有重要的文物价值，属于物质文化遗产。

（5）朱熹兴复白鹿洞书院、王阳明在书院讲学等一系列名人事件，属于重要的非物质文化遗产；而承载这些故事的建筑物、文物等，又属于物质文化遗产。

通过上述分析，可以发现书院是一个整体，我们很难将其中的文物、建筑、遗址等物质文化遗产和儒家精神传承、名人故事等非物质文化遗产截然区分开来。书院作为古代文化教育机构，各类建筑、碑刻、文献、历史名人等，都是围绕"书"而展开的，不应该简单地按照"物质""非物质"两类文化遗产将其生硬地剥离开来。总之，就书院的文化遗产属性而言，书院兼有非物质文化遗产属性和物质文化遗产属性，可以称为"综合性文化遗产"。

书院是一种综合性文化遗产，但文化遗产并不能完全等同于文化资源，加了"资源"一词就意味着它必须"可资利用"，即对社会有效用性。文化遗产与文化资源是一对联系紧密的概念，在一定条件下文化遗产可以转化为文化资源，条件之一是社会经济的发展，之二是认识方式的转变，之三是对社会的有用性。社会经济的发展使得人们对精神文化产品的需求增加；认知方式的转变则体现在不仅将文化遗产进行固化的保护，还对其进行合理利用，加以传承发展；对社会的有用性则体现为让文化遗产面向市场，以商业化的产品和服务的形式满足人们对精神文化产品的需求。因此，书院作为儒家文化圈共同拥有的一种文化遗产，是能够以文化资源的形式被重新认知并加以开发和利用，创造出新的社会财富的。

书院文化遗产面向市场，经过优化配置后形成文化产品和服务的过程，也是其价值增值的过程。因此，书院文化资源其实就是其文化遗产中能带来价值积累与增值的部分。所以，在以文化资源看待书院文化遗产并对其加以开发利用之前，需要对其中蕴含的"价值"进行评估分析。所谓的价值，是指事物的用途或所能发挥的积极作用。文化遗产的价值则指文化遗产的属性、性能是否能满足人类的需要以及满足的程度。

要对文化遗产的价值进行判定，首先要选择相应的标准。国内外关于文化遗产价值的判定，基于不同角度，在多个层面展开，建立有多套标准体系，其中具有"历史、科学、艺术价值"是国内外对文化遗产最基本和最普遍的认识。例如《中华人民共和国文物保护法》"总则"第三则规定："古文化遗址、古墓葬、古建筑、石窟寺、石刻、壁画、近代现代重要史迹和代表性建筑等不可移动文物，根据它们的历史、艺术、科学价值，可以分别确定为全国重点文物保护单位，省级文物保护单位，市、县级文物保护单位。"随着对文化遗产的保护与利用的认知不断完善，人们对文化遗产价值的认识也在不断深化，除传统的历史、艺术、科学三大价值外，其日益凸显的经济价值越来越受人们的关注。因此，按照文化遗产的价值判定，可以从历史价值、艺术价值、科学价值和经济价值四个方面对书院文化遗产进行价值分析。

（1）历史价值：这是文化遗产价值的核心，指文化遗产作为历史的产物，反映当时的社会政治、经济、科技、军事、文化等状况，揭示人类文化史或一个地区的发展史及其相关方面，成为帮助人们了解那些过去的社会发展、科学技术发展、文化艺术发展等的重要例证。在历史价值方面，书院分布的地区广泛，为儒学思想的传播和发展提供了丰富多样的载体，具有增强民族认同感以及凝聚力的重要作用。书院的教育制度更是中国教育制度的重要构成部分，见证了儒学的历史长流，为儒学的传承与发展作出了重大贡献。书院不仅是中国古代儒学文化的历史承载和情感记忆，更是当代开展道德教育、提升国民素质、培养社会风气、增强社会凝聚力的重要依托。

（2）艺术价值：也称审美价值，是指文化遗产通过其造型、色彩、纹饰、材质等，给观赏者以美的享受，反映一定时代的文化背景、审美趣味、美学史料等。书院建筑是宗庙建筑和民居的结合体，书院选址在山清水秀之地，是对"天人合一"哲学思想的体现。书院的布局则体现着儒家"长幼尊卑有序"以及"礼乐相成"的思想。分布在全国各地的书院更是不同时代、不同地区、不同级别、不同风格的重要实物见证，是具有独特审美的艺术创作。

（3）科学价值：是指从文化遗产中提取出的信息蕴含了过去时代的科学、技术、社会、地理、经济等方面的内容，有助于强化我们对过去人类生活与自然变迁等的了解。这些信息包括考古学、艺术史学、建筑史学等直接处理物质遗存所得到的信息，以及历史、民俗学等提取的物质文化背景等信息。历史上的科学技术成果都是通过文化遗产流传下来的，从古代文献中获取科技资料，是搜集前人科技信息资料的一条重要途径，继承前人的科技研究成果，可以为进一步的科技创新提供基础。

（4）经济价值：指文化遗产对于人和社会在经济上的意义，以及如何从文化遗产相关的产品和服务中获得利益的经济行为。经济价值有两层含义：一是指其本身的直接经济价值，大小不一；二是指被人们利用，能带来经济效益的间接经济价值。如现代修复完成的书院，大多被当作旅游景点，能够通过旅游观光的门票收入以及相关商品售卖产生直接的经济价值。除此之外，书院的碑刻文物、建筑群、教育制度、祭祀礼仪等文化遗产，可以进一步开发活用，产生更多的经济效益。

书院不仅是珍贵的文化遗产，还应成为一种重要的文化资源。但文化遗产只有走向市场，才能成为文化资源，从而创造出经济效益与社会效益。文化资源往往是使用价值越高、使用次数越多就越珍贵。所以，对书院文化遗产的充分利用，就是将其看作一种文化资源，并且对书院的历史价值、艺术价值、科学价值、经济价值进行充分的认知，并从这四个方面对书院文化资源进行开发与利用。

在上千年的历史中，文人士子在书院这一文化教育场所里，不断地传承、创新和传播书院文化，不同的学术理念和思想观点在书院里交织碰撞，由此形成了庞大而独特的书院文化体系。书院文化体系蕴含的文化资源非常丰富，包括儒家文化、理学思想、书院名人、教育制度、祭祀礼仪、书院建筑群、园林、碑刻、珍贵藏书等。文化其实就是一种社会资源，它也同时体现为有形的物质载体与无形的精神资产。当然，文化不等同于文化资源，而是其中可以被利用开发的部分，才能算是文化资源，也就是说文化资源在于它的效用性。书院文化资源的效用性主要体现在历史价值、艺术价值、科学价值、经济价值四个方面。具体而言，书院文化资源主要有以下四个部分：

（1）碑刻。以石头为媒介物，将一些文字作为主要记录内容，用雕刻的形式刻录在石头上，这就是碑刻。根据加拿大学者哈罗德·亚当斯·伊尼斯（Harold Adams Innis）提出的时空偏倚理论，石头是一种偏倚时间的媒介物质，因为石头质地厚重，耐久性强，又比较易于获得，适合在时间的不断流逝中得到较好的保存。偏倚时间的媒介是某种意义上的个人的、宗教的、商业的特权媒介，强调传播者对媒介的垄断和在传播上的权威性、等级性和神圣性，所以人们将文字刻录在石头上，希望能够长久地流传下去，给后代留下痕迹。①

通常被认为具有重要价值的文字才会以碑刻的形式保留下来。常见的碑刻有三类：一是皇家和官方的碑刻；二是专门领域，如佛教、道教的碑刻；三是私人碑刻（如墓志铭）等。相比之下，书院碑刻的价值很高，具有历史、艺术价值。书院的碑刻以文字为主，有着丰富的历史内涵和史料价值，许多碑刻是政治或文化名人所题，书法精美，具有珍贵的艺术价值。这些不同年代、不同书法艺术的碑刻，或富于天然意趣，或体量巨大、气势恢宏，或为名家手笔，为书院秀美的自然风景增加了深厚的人文内涵，与书院的整体氛围相得益彰。这些与书院并存的百年诗文，不仅承载了先人创造的精深文学和书法艺术，更是书院历史沿革的最佳见证。而且书院碑刻面向大众，面向所有领域，具有鲜明的"公共性"。例如摩崖石刻是中国古代的一种石刻艺术，是指在山崖石壁上所刻的书法、造像或岩画。湖南省石鼓书院的摩崖石刻，处于石鼓山西面的山体上，保留较为完整。据历代地方志和有关文献典籍记载，在这座约4000平方米的山体上，镌刻着自唐至清的石刻20多块，分布在石鼓山体东西北三面崖石上。由于历史的变迁和大自然的洗礼，现在只能在山的西面看到石刻的痕迹。石鼓书院摩崖石刻历经千年，许多被

---

① 参见成连虎《时空演进与观念建构：我国近代报刊业发展研究（1815—1911）》，九州出版社，2020，第9页。

风雨侵蚀，模糊不清，但它仍是祖先知识、智慧、劳动的结晶，也是石鼓书院珍贵的文化遗产。再如河南省的嵩阳书院留存有大量的碑刻，书院内有一块大唐碑，全称为"大唐嵩阳观纪圣德盛应之颂碑"，刻立于唐朝天宝三年（744），碑高9.02米，宽2.04米，厚1.05米，碑制宏大，雕刻精美，通篇碑文1078字，是唐代隶书的代表作品。书院还有一块刻立于东魏时期的石碑，也是嵩山地区保留下来历史较早的石碑之一，石碑上的造像保留有北魏时期造像"曹衣带水"的风格，可惜由于年代久远和人为的破坏，许多造像已经面目全非。石碑上面的文字是典型的魏碑体，字体刚健、笔力圆阔，也是魏碑书法的上品。除此之外，嵩阳书院现存唐至清代碑碣多达70块。

（2）文献典籍。文献典籍作为传承书院文化的重要载体，记载着书院千余年的发展历程，是珍贵且不可再生的文化遗产。书院是古代高层次的教育机构，拥有一定规模的藏书。书院留存下来大量的文献资料，忠实地记录了历代读书人的有关思想、学术、文化、教育、刻书、藏书，体现了培植民俗风情、养成国民思维习惯、形成伦常观念等各项文化事业的理性思考与实践成果。另外，由于书院的创办人或主管人所拥护的学派不同，所处的地域不同，在藏书上就有不同的风格，有的注重地方志的收藏，有的注重理学经典的收藏，各具特色。书院自行刻书，一方面促进了印刷事业的发展，一方面又保存了大量有价值的书籍版本，并通过再次刊刻，使很多弥足珍贵的书籍得以在社会重新流通起来。书院的藏书质量很高，除了专门用于科举考试的书籍之外，它们所选择的藏书，大多是历代公认程度最高的一类典籍，而且刻本质量、校勘质量都很高。例如湖北省武汉市的问津书院，始建于南宋末年，现在问津书院博物馆内收藏着道光年间出版的康熙字典，就十分珍贵。

书院藏书经久不衰，历代相沿，功不可没，直到最后成为中国近代图书馆和新式学校藏书的一部分。然而由于时代变迁以及战乱的破坏，大量书院文献随时光流逝而消失了，存留下来的损毁也比较严重。现存的书院文献典籍以清朝的为主。

（3）教育制度。中国古代书院的建设，萧规曹随，传承发展，形成了包括讲学、藏书、刻书、祭祀、学田五大事业的中国书院制度。南宋是书院管理体制形成并得以确立的重要时期，南宋理学家和书院结为一体，赋予书院更多的学术教育理念，使书院承担起研究学术、发展教育、推行教化的重任。

讲学主要体现了书院的教育教学功能，它既能够为学术研究服务，又能将各个学派的思想、理论传播推广于士人和一般民众之中。也就是说，讲学这一规制又可以分为传授一般文化知识的普通教学和涉及学术传播的传道讲学两个方面。藏书完全服务于院中师生的教学与学术研究工作，各个书院都尽可能多地收藏图书，以供院中师生阅读。院中师生凭借图书进行研究，建立新的理论，又使院藏图书成为书院学术研究的基础与保证。随着雕版印刷技术的推广，有条件的书院皆会自行刻书，因此刻书也就成了书院的基本规制之一。书院经常刊刻本学派学术大师的著作，以教授院中诸生，这一举措既能促进学术研究和讲学传道，又可以让书籍流通到社会上，扩大影响。书院祭祀是书院规制中一个极为重要的组成部分，历来受到世人重视。北宋时书院开始借用庙学之制，举行祭祀，但所祀和官学一样，都以孔子为主。南宋开始，随着书院的发展及与学术事业、地方文化的结合，院中已故的重要人物如学术大师、有名的山长、关心书院建设的乡贤与地方官等，都逐渐进入书院的祠堂，书院祭祀也就走上了独立发展的道路。学田是书院赖以生存和发展的基础。学田的来源主要有朝廷赐田、地方官府拨田、官员捐俸买田、民间家族或个人捐助学田、书院自筹学田等方式。学田为书院的持久生存和发展提供了可靠的经济保证。各项制度的完善，保证了书院教育事业得以稳定自主地发展，使书院制度成为中国传统教育制度的重要组成，在人文教化、移风易俗方面贡献巨伟，在教育、学术、藏书、出版等方面为历代输送过大量精英人才，进一步扩大了儒家文化的世俗影响力。

（4）文人建筑。书院作为由儒学士大夫创办并主持的文化教育机构，是儒家文化的标志和人文精神的象征。因此，书院建筑的形制、特征不同于一般的府邸宅院，讲求"文以载道"，追求朴实无华、质朴庄重，可称之为"文人建筑"。此外，书院建筑还受到宗庙建筑和民居风格的影响。

书院建筑以木框架结构为主，由各个单体建筑组成建筑群，布局上以中轴线堆成布局为主，在选址方面，多考虑风水问题，尽量远离闹市，选择在山水秀美之处建立。书院的空间布局也体现着儒家的人伦秩序和礼教制度，它常以中轴做左右对称，中间为主，旁边为从，主从尊卑序位分明。比较重要的建筑都安置在纵轴线上，次要房屋安置在左右两侧的横轴线上。书院以讲堂和祭祀并行的双轴为内部组织结构，讲堂、藏书楼和祭祀大殿是书院最基本的建筑实体要素，三者之中又以藏书楼为至尊，以显示对书籍的珍视。书院建筑物之外的园林设置，则依据环境形势而进行变通，从小而大，由近而远，渐层式与自然融为一体，体现出天人合一的境界。例如

　　白鹿洞书院坐北朝南，为几进几出的大四合院建筑，布局相当考究。从建筑材质结构看，书院建筑多为石木或砖木结构，屋顶均为人字形硬山顶。嵩阳书院基本保持了清代建筑布局，南北长128米，东西宽78米，占地面积9984平方米。书院的中轴建筑共分五进院落，由南向北，依次为大门、先圣殿、讲堂、道统祠和藏书楼，中轴线两侧配房相连，共有古建筑108间，多为硬山滚脊灰筒瓦房，古朴大方，雅致不俗，与中原地区众多的红墙绿瓦、雕梁画栋的寺庙建筑截然不同，具有浓厚的地方建筑特色。岳麓书院是中国现存规模最大、保存最完好的书院建筑群，其传统的古代书院建筑完整保存至今，书院地基和基本格局亦保持不变。岳麓书院的主体建筑集中在中轴线上，主轴线前延至湘江西岸，后延自岳麓山巅，配以亭台牌坊，于轴线一侧修建文庙，形成了纵深多进的院落形式。书院的主要功能分为讲学、藏书、祭祀三个部分，"教学"与"供祀"两条轴线呈南北并置，其中讲学、藏书类建筑运用灰墙青瓦。整个书院建筑群完整展现了中国古代文人建筑的儒雅气质。

　　相比于皇家园林、私人建筑以及普通民居，书院是建筑文化中特别具有"公共性"的代表，体现了跨地域、跨领域的建筑美学特征，也是兼容并包、与当时生产力相互适应的建筑形式。它既不乏皇家建筑的庄严（如礼圣殿之类），也不乏民居的平易，更不乏园林的休闲趣味。

　　文化资源在概念上可以分为有形的文化资源和无形的文化资源，这分别与物质文化遗产、非物质文化遗产相对应。两者又可以细分成多个类别，例如历史文化资源、民俗文化资源等，但因书院是一个整体，兼具物质文化遗产和非物质文化遗产的属性，是"综合性文化遗产"，所以对书院文化资源进行分类时，也不能简单地将它们归于某个具体类别，而应该以整体看待之，从"单一型文化资源"和"综合型文化资源"两方面对其进行界定。单一型文化资源指在某一项资源价值上特别突出，但几乎没有其他方面资源价值的文化资源。综合型文化资源则是指在各个方面都有一定资源价值，在某一个具体的资源价值方面显得出类拔萃的文化资源。很显然，书院由多种文化因素构成，综合了多种文化资源形式，所以属于"综合型文化资源"。此外，书院文化资源的历史价值、艺术价值、科学价值和经济价值也都是融合在一起的。例如在书院文化资源中，碑刻类文化资源既是历史文物，具有历史价值，碑刻上的书法又是一种艺术品，具有明显的艺术价值，如果将其拓印下来，作为书法临摹帖出售，则又体现了其经济价值。因此，书院是具有历史价值、艺术价值、科学价值与经济价值的综合型文化资源，其中尤其以历史和艺术价值最为突出。

在文化资源的开发过程中，人们往往会把分散的文化资源整合起来，实行综合开发。将一定区域内的文化资源作为一个整体系统进行开发利用，对系统内各种文化资源进行甄别与选择，使其通过某种方式互相衔接并有机融合，最终进行资源共享和协同发展，从而实现文化资源效益的最大化和利用率的最优化，这也是未来文化资源开发的一种趋势。然而，对于本身就具有综合性的书院文化资源来说，人们却很少把它当作一个整体来看待，没有以"综合型文化资源"的方式对其开发利用。管理者往往把它肢解为各种分散的、单一性质的文化资源，导致其得不到充分利用。关于这一点，我们将在第二章中进行具体讨论。

第二章
书院文化传播的现状及成因

基于历朝历代众多书院的书院文化，无疑是一种综合性文化遗产，也是一种综合型文化资源。然而在当下，书院文化的保护与传承状况却不容乐观。究其原因，除了文化的断层、历史的变迁、经济有待进一步发展等客观因素之外，还有缺乏综合性保护意识和综合性开发利用思维等主观因素，而后者的影响尤为重要。

第一节　书院保护与利用的现状

在唐代至清代 1000 多年的历史中，书院一直保持着持续发展的态势，文脉延绵不绝。鸦片战争以后，随着西学东渐，时代更迭，书院中的教学内容和教育模式都变得不合潮流了，不断受到批判。1901 年，清政府正式下达书院改制上谕，有着 1300 多年历史的书院结束了它的历史使命。此后大部分书院有的被完全拆除，有的部分用作新式学堂，或在新式学校里保留部分遗迹。随着岁月的流逝、历史的变迁，保留下来的书院越来越少，并有加速消亡的趋势。历代所建的 7000 多所书院，现今留存下来的约 674 所，不及总数的十分之一，而且大多数破损严重。许多书院已经变成废墟，成为历史，再也难觅踪迹，特别是散落在乡村的书院大多消失无存。在历史上，江西省一直是书院高度繁荣发展的地区，从五代十国到北宋、南宋、元朝、明朝，江西一直处于全国各省书院数量排行榜的前两位。根据邓洪波《中国书院史》一书统计，从唐代至清代，全国各地有据可查的书院共有 8802 余所，其中江西有 1114 所，居全国之首。①然而，据江西省第三次全国不可移动文物普查统计，全省书院现存者仅有 170 多所。由此可见，历经岁月变迁，能保留下来的书院是少之又少。

按照文化遗产保护状况以及文化资源发展情况，全国各地现存的古代书院大致可以分为以下几个类型：综合发展类型、文物保护单位类型、现代教育场所类型、旅游景点类型、另作他用类型。总体看来，现存古代书院大多以各级学校与文物保护单位的形式存在，现代学校事实上体现了某种形式上对书院教育的延续，而把书院列为文物保护单位（特别是近两批全国文物保护单位中，书院数量激增），说明国家和社会对书院的重视程度越来越高，投入也越来越多。但由于城市化建设的不断推进，对这些"破旧"书院建筑的拆除行为未曾停止，全国各地区古代书院的保护现状总体上不容乐观，特别是没有被列入各级文物保护单位的书院，更是面临着建筑损毁严重、逐渐荒废消失的命运。

---

① 参见邓洪波《中国书院史》（增订版），武汉大学出版社，2012，第 668—669 页。

一、保护较好、得到综合发展的现存书院

中华人民共和国将纳入保护对象的不可移动文物统称为文物保护单位，并对文物保护单位本体及周围一定范围实施重点保护。文物保护单位是指具有历史、艺术、科学价值的古文化遗址、古墓葬、古建筑、石窟寺、石刻、壁画、近代现代重要史迹和代表性建筑等。文物保护单位分为三级，即全国重点文物保护单位，省级文物保护单位和市、县级文物保护单位。从 20 世纪 60 年代开始，大量书院界人士积极开展书院保护行动，努力争取将书院文物列入各级文物保护单位。文物保护单位根据其级别分别由中华人民共和国国务院，省级政府，市、县级政府划定保护范围，设立文物保护标志及说明，建立记录档案，并按不同情况分别设置专门机构或者指定专人负责管理。

目前，全国各省市列入文物保护单位的书院遗存共有 401 处，其中列入全国重点文物保护单位的书院共 50 处，包括保护单位 14 处、保护点 38 处。省级文物保护单位 76 处，市、县级文物保护单位 275 处。总体而言，目前被正式纳入各级文物保护单位的书院总数相对较少，尤其是列入国家级保护单位的书院占比很低。详见表 2-1。

表 2-1　在全国重点文物保护单位中，书院的数量与占比

批次	时间	总数	书院数	占比
1	1961	180	3	1.67
2	1982	62	0	0.00
3	1988	258	8	3.87
4	1996	250	3	1.20

（续表）

批次	时间	总数	书院数	占比
5	2001	518	9	1.73
6	2006	1080	10	0.93
7	2013	1944	14	0.77
8	2019	762	4	0.005
总计		5058	51	0.01

（注：1961—2013 年数据见，邓洪波《中国古代书院保护与利用现状调查》所附《列为全国重点文物保护单位的古代书院遗存名单》。）

列入各级重点文物保护单位的书院，大多得到了资金支持、妥善保护以及维修重建。特别是对全国重点文物保护单位，国家均已下拨专项补助资金进行维修，例如江西省的白鹿洞书院、鹅湖书院，湖南省的岳麓书院等，均已利用国家重点文物保护专项补助资金进行了维修保护，目前保存和维护状况良好。各省级文物保护单位，则根据各省的财政状况，获得了不同规模的基层文物保护专项资金，一般也都得到了较好的修复，例如 2010 年江西省政府投入资金近1300 万元，设立书院维修项目 18 个，对部分保存状况堪忧的书院进行了及时的保护与维修。市、县级文物保护单位获得的保护则取决于该地区政府部门对书院的重视以及财政的支持力度，保护状况参差不齐。

在现存书院中，保护较好又得到综合发展的书院数量很少，其中岳麓书院、白鹿洞书院可以作为代表。两者不仅十分完好地保存了书院文化遗产，而且对文化资源也进行了合理的开发利用，实现了多方面综合发展。一是成为文物保护单位，留存了众多的书院文化遗迹；二是因其优美的自然风景和浓郁的文化氛围，在文化旅游市场也产生了一定的竞争力，成为著名的旅游景点；三是不仅与当地高校联合起来，在学术研究方面呈现极大的优势，而且文化教育活动也持续进行，书院里书声不歇，培养着各个层次的人才，实现了学术研究与文化教育的齐头并进。总体说来，这类书院集学术研究、人才培养、文物保护、旅游开放四项功能于一身，形成了互动发展的良好格局，既体现了对书院文化的传承与创新，又能很好地处理文化遗产保护与文化资源利用之间的关系，从而成为地区乃至全国的书院文化研究中心、资料中心、展示中心以及交流中心。它们是古代书院在现代社会的良好呈现，也体现了书院综合性文化遗产和综合型文化资源的明显特征。

白鹿洞书院位于江西省九江市庐山五老峰南麓，占地面积近20万平方米，建筑面积约3800平方米。书院由三山环绕，俯瞰形似山洞，因此得名。书院始建于南唐升元年间，是中国历史上第一所完备的书院，享有"天下书院之首"的美誉，是中国教育文化的重要发祥地之一。南宋时期，得益于著名理学家朱熹的重视，书院得以兴盛繁荣，不仅得到了皇帝的赐额和御书，还形成了较为完备的办学制度，一时间知名度大幅提升，享誉全国。直到明清时期，该书院在文化传承上都发挥了重要作用，成为我国古代影响深远、体制完备的千年学府。朱熹制定的《白鹿洞书院揭示》，对我国书院教育事业的发展影响深远，对东亚儒家文化圈也有巨大影响。1949年后，白鹿洞书院得到很好的保护和利用，各级政府先后拨巨款进行三次大规模的维修，促成了白鹿洞书院的再度兴盛。1959年，书院被列为省级文物保护单位，1988年被列为全国重点文物保护单位，1996年，庐山被列入《世界遗产名录》，白鹿洞书院因此成为庐山文化景观的重要组成部分。

白鹿洞书院依山傍水，植被丰富，自然景观十分优美，极具观赏价值。书院远离闹市，环境清幽，适合潜心学习、研究。基于这些原因，白鹿洞书院很早就成为庐山风景区的文化景点之一，自重新修复对外开放以来，游客人数和门票收入逐年递增，截至目前，书院共接待中外游客 500 万人次以上，年门票收入超百万元，体现了文化旅游的优势。

在学术与教育方面，白鹿洞书院与地方高校九江学院联手，开展了较为频繁的学术交流与国学教育活动，与江西省其他高校如江西师范大学、江西教育学院也有一定程度的合作。2007 年 4 月，九江学院白鹿洞文化研究所正式成立，高等学校科研力量的介入，弥补了白鹿洞书院管理委员会在学术研究上的不足。白鹿洞书院还与省内外大学和科研机构合作，联合成立"中国书院研究会""江西书院研究会"，定期举办国际和国内学术会议，出版了一批重要研究成果，不断提升书院影响力。为服务基础教育，书院还定期向中小学开放，为教师和学生提供免费参观、考察、学习的机会。综合起来，经过多年的发展，白鹿洞书院不再是单纯的文物保护单位或者旅游单位，而是集文物保护、学术研究、文化教育活动、旅游观光等多项功能于一体，得到多方面的综合发展，成为江西省乃至全国的书院文化研究、学术交流及教研基地。

岳麓书院位于湖南省长沙市湘江西岸的岳麓山下，占地面积21000 平方米，是中国现存规模最大、保存最完好的书院建筑群。从创始至今，岳麓书院已经历了上千年的历史，具有相当高的名气与地位，影响力非凡。岳麓书院经过多次战火，有过几次重修。

1979 年，湖南省政府委托湖南大学修复岳麓书院并进行管理，湖南大学在 1986 年完成了对其的修复工作。1988 年，岳麓书院建筑群被国务院批准为第三批全国重点文物保护单位。

岳麓书院处于岳麓山大学城内，周围有中南大学、湖南大学、湖南师范大学三所高等学校，这种良好的学术氛围，对于岳麓书院的发展十分有利。岳麓书院延续了古代书院的教育传统和学术研究传统，成为承继书院传统功能的典型代表，被外界誉为"千年学府"。1984 年，湖南大学岳麓书院文化研究所成立。1990 年，湖南大学岳麓书院获得学位授予权，使得岳麓书院弦歌复起。2005 年，湖南大学正式恢复岳麓书院的文化教育和学术研究活动，建立起以历史、哲学为主的人文科学体系。截止到 2023 年，岳麓书院共获得国家社科基金重大项目 17 项、重点项目 9 项、一般及青年和后期资助项目 46 项。岳麓书院为中国书院在新时代的复兴与建设提供了范本。

在文化旅游方面，岳麓书院也有突出的表现。岳麓书院是岳麓山风景区的重要组成部分。书院建筑古朴典雅，园林景色秀美，再加上书院自身名气极大，慕名而来的游客众多。首家中国书院博物馆也位于岳麓书院内，它是中国唯一一座展示中国书院史和文化教育史的专题博物馆。该博物馆建筑总面积 4768 平方米，陈列总面积 3180 平方米，通过现代化的陈列手段，展现了丰富多彩的书院文化，于 2012 年开馆。

白鹿洞书院与岳麓书院同在 1988 年被列入全国重点文物保护单位，均已利用国家重点文物保护专项补助资金进行了维修保护，目前两座书院保存状况良好。白鹿洞书院设有书院文化专题陈列室，岳麓书院则设有书院博物馆。两座书院历史文化源远流长，又具有得天独厚的清幽雅静的自然环境，由此而成为著名的文化旅游景点。就保护理念而言，人们并不只是关注这类书院某一项文化遗产或文化资源，而是将书院看作一个整体，出于综合性文化遗产保护的原则，采用综合型文化资源利用的方式，让它们在当今社会大放异彩，体现了对书院文化进行实质性传承发展的精神。

二、得到保护、改作他用的现存书院

这一类型的书院一般作为文物保护单位而存在，从文化遗产保护的角度而言做得较好，但从文化资源的角度而言，除了观光以外几乎没有什么利用价值。相较于荒废消失的书院，这部分书院又是极为幸运的，被列入各级文物保护单位就意味着能得到各级政府部门的关注、保护和资金支持，为此这类书院大多进行了修复或重建，主要以复原部分建筑以及保存文物为主。与文化旅游景点类书院不同的是，这类书院在旅游方面也没能自成一体，很难以"著名书院"的名声吸引游客，很多只是其他旅游景点的附属部分，没有太多存在感。这类书院几乎没有开展什么文化教育活动，学术研究也很少，且缺乏影响力。总而言之，这类书院只有在文物保护方面做得比较好，但仅局限于对建筑和文物的静态保护，留住了书院的"外形"，却失去书院作为文化教育机构的"灵魂"。例如江西流坑村的江都书院与贵州镇远县的紫阳书院，书院原有的教育功能都已经完全丧失，蜕变为历史遗迹。

江都书院坐落在江西省流坑村古建筑群中。流坑村有"千古第一村"的美誉，村域面积3.61平方千米，2001年被列入第五批全国重点文物保护单位，2012 年被列入首批中国传统村落。村落里现存各类建筑遗址 260 处，其中明代 19 处，重要文物 321 件。流坑村在科举仕宦、教育学术方面英才辈出，与书院相关的教育遗址也较多，有文馆、状元楼、翰林楼、理学名家宅、五桂坊等。江都书院是流坑村保存至今最大的一座书院，又是该村祭祀孔子以及文人聚会的场所，是村中最为重要的建筑和遗址景点之一。2001 至 2003 年，政府投入资金 110 万元对其进行维修，完工后于 2004 年对外开放，供游人参观。

紫阳书院位于贵州镇远城东中河山畔的青龙洞，始建于明代嘉靖年间，原称"朱文公祠"，建成不久即改称"紫阳书院"。"紫阳先生"是世人对朱熹的美誉，因此这组建筑当初是为了纪念宋代理学家朱熹及传播儒学而建的。紫阳书院建成之后，成为黔东地区传习儒家文化的教育文化中心之一。紫阳书院所处的青龙洞是道教的"洞天福地"之一，所以这座以传播儒学文化为宗旨的书院也渗入了道教文化的内容。紫阳书院几次毁于战火，现存建筑的主要部分为晚清时期重修。20 世纪 50 年代又进行了一次维修，使这一建筑群得以基本完好地保存下来。1982 年春夏之间，书院的重要建筑之一"考祠"被山洪冲毁。1988 年，青龙洞古建筑群被列为全国重点文物保护单位，紫阳书院作为其中的重要组成部分，也得到各方关注。之后，贵州省政府多次拨款修复书院古建筑群，现作为青龙洞古建筑群的一部分，供游人参观。

总体来说，以江都书院和紫阳书院为代表的这类书院，仅仅止于文物保护，完全没有开展以往书院的文化教育活动与学术研究。它们散落在古村落、古建筑群中，文化旅游活动也难以开展，如在以古村落形态保存下来的流坑村中，书院只是一个景点，又如在青龙洞古建筑群中还掺杂有道教文化，它与书院儒家文化产生了些许冲突。由于年代久远，加之书院使用的多是木制材料，抵抗风雨侵袭及自然灾害的能力较弱，需要长期投入资金来维护修缮，如何使这类书院持续存在下去也是一个巨大的问题。

在现存书院中，有相当一部分已经改为现代教育场所。这类书院坐落在现代的各级学校中，或与学校融为一体，成为校园的一部分；或地处学校附近，借助学校的力量获得保护。它们大多经过改制扩建，保护书院文化遗产的情况各不相同，取决于各个学校及当地政府、居民对其的重视程度。这类情况下，对书院文化资源的利用很少，基本上没有产生经济效益。其中有些书院修复完成后以博物馆、纪念馆的形式对公众免费开放，成为公共文化活动空间，对地方文化风气有良好影响，能产生社会效益，也算是对书院文化资源的一种利用。

根据统计，以学校形式存在的书院共有 303 所，其中大学有 25 处，中学有 188 处，小学有 82 处。①其中有的书院整体保存完好；有的旧书院已被完全拆除，今人在书院遗址上重建了新式书院或现代学校，书院原建筑不复存在，只剩原址依然可见；有的只存几间斋堂，有的只剩断壁残垣或匾额、楹联，留有过去书院的些许痕迹，让人依稀记得它曾经存在过。书院以物质或精神的形式融入现代校园中，至今书声不断，在某种程度上也算是书院文化的学脉延续。以江西地区而言，这里在历史上书院数量众多，所以现在许

---

① 参见邓洪波、郑明星、娄周阳《中国古代书院保护与利用现状调查》，《中国文化遗产》2014 年第 4 期。

多中小学的前身都可追溯至古代书院。如吉安市的白鹭洲书院，创建于南宋淳祐元年（1241），因位于赣江江心的白鹭洲之尾而得名。它和庐山的白鹿洞书院、铅山的鹅湖书院、南昌的豫章书院齐名，合称为古代江西四大书院。如今的白鹭洲书院保存完好，并与学校连为一体，成为白鹭洲中学校园的一道亮丽风景。又如位于贵溪市三峰山的象山书院，始建于南宋淳熙十四年（1187），由陆九渊在应天山创建的"象山精舍"演变而来，成为南宋时的天下四大书院之一。现在的贵溪市第一中学就建立在象山书院遗址上，书院古建筑不复存在，只在旁边的"徐岩"中残存少许书院遗迹和"象山书院"等摩崖石刻。又如赣州市的鳌峰书院，始建于清同治十年（1871），2018 年 3 月被公布为第六批江西省文物保护单位，现为高田镇中心小学，仍发挥着教书育人的功效。又如宜春市的正谊书院，始建于光绪元年（1875），书院旧址位于株潭初中校园内，由于年久失修，原有书院变成了危房，学校又缺乏维修资金，加上生源人数增加、校园面积扩建等因素，于是原有书院被完全拆除，现在只剩"正谊书院"的石碑立于学校中。再如九江市的同文书院，1870 年由传教士创办，是江西省第一所教会学校，1929 年更名为九江同文中学，现为九江市第二中学，原同文书院的教学楼仍作为学校教学楼使用。

清朝末年书院改制后，书院变成各级中、小学堂，中华人民共和国成立后又在各级中、小学堂的基础上创建各级现代学校，这是现存书院作为现代学校存在数量较多的主要原因。但现代学校教育在一百多年的发展历程中，与历史上的书院教育越走越远，因此这些建立在古代书院基础上的现代学校，也就越来越没有兴趣去主动挖掘自身的历史沿革，更谈不上对其所处的书院的文化底蕴做深入的研究。例如白鹭洲书院位于白鹭洲中学校园之内,虽然学校师生和游客可以在复原的建筑群中参观游览,但是建筑物内部是不对外开放的,人们带着对古代书院的崇敬之心前来参观,却往往因无人介绍书院的历史渊源而带着满腹疑惑离去。这类书院在文物保护方面依赖于所在学校的关注与保护,在文化旅游方面也没有更多的吸引力;又因多半处于中小学校园内,在学术研究方面几乎形同空白。这些学校因为历史原因,沿用了书院的名字、建筑或书院旧址,但实际上已经完全抛弃了传统书院的制度与精神,古代书院与现代学校只能构成一种形式上的传承。名义上是继续发挥了书院的文化教育功能,实际上现代教育与古代书院很少有可比性。现代学校教育是针对现代社会分工、注重行业技术的综合性教育,只有其中的人文教育、德育与书院教育有少量的类似性,此外绝大部分与书院教育迥然不同。因此,现代学校教育借用书院的场所,却很难达到继承传统书院教育的效果。

另作他用的现存书院,还有一类是以革命纪念馆或以名人故居等其他形式的保护单位形式而存在的,大都演变成和书院文化无关的场所。从对文化遗产保护的角度看,这一类书院虽保存较为完好,却失去了书院原有的性质与结构。从对文化资源利用的角度看,这类纪念馆、名人故居也只作为参观游览的场所存在。例如江西省的龙江书院、激江书院,湖南省的天岳书院,浙江省的立志书院等。

龙江书院位于江西省井冈山,始建于清道光二十年(1840),由原宁冈、茶陵等县的士绅民众捐款集资修建而成,因书院面对龙江河,故而取名龙江书院。整座书院分前、中、后三进院落,面积2000余平方米,大小合计100多间,现存42间,砖木结构。中华人民共和国成立后，政府多次拨款按原貌维修。井冈山是红色革命的摇篮，也是朱德与毛泽东"井冈山会师"的所在地，红四军的第一次党代表大会也是在龙江书院的中厅"明道堂"召开的，因此在1961年，龙江书院便作为"井冈山革命遗址"的一部分，被列入全国重点文物保护单位。现在的龙江书院更多的是作为"井冈山会师纪念馆"而存在，其意义在于纪念红色文化。

潋江书院位于江西省赣州市，始建于清朝乾隆三年（1738），由讲堂、魁星阁、文昌阁、崇圣祠等建筑组成，占地面积4903.8平方米，院内雕栏画栋，诗画众多，所画山水花草，栩栩如生。潋江书院是土地革命时期的干部训练班，毛泽东同志曾在这里办公、居住。2006年，它与兴国其它革命遗址一起被列入第六批全国重点文物保护单位。

天岳书院位于湖南省平江县，始建于清朝康熙五十九年（1720），现今书院主体建筑保存完好，为纪念彭德怀1928年率部在此誓师起义，在书院中设立了平江起义纪念馆。1988年，平江起义旧址被列为全国重点文物保护单位。

立志书院位于浙江省桐乡市乌镇，始建于清朝同治四年（1865），现在是著名文学家茅盾的纪念馆。立志书院位于茅盾故居之东，与故居仅一墙之隔，是茅盾童年就读的一所小学。现今的书院按原样修缮一新，作为茅盾生平事迹陈列室对外开放。

纪念馆是为纪念有卓越贡献的人或重大历史事件而建立的纪念地，用声音、图片、影像等实物多方面来表现人或事件的精神。上述这类在书院原址上设立的纪念馆体现了保护书院与纪念书院历史上重要事件、重要人物相结合的形式。这类书院虽然被列入各级保护单位，但实际上已完全没有了古代书院组织文化教育的功能，甚至其儒家文化的内核也被其他文化的内容掩盖了。

三、作为旅游观光景点的现存书院

这类书院一般作为文化旅游景点而存在，文化遗产保存较好，其文化资源在文化旅游方面的利用较为充分。历史上的书院是与"书"联系在一起的，古代士人围绕着"书"开展了读书、教书、藏书、刻书等一系列文化活动。书院遗留下来的建筑、碑刻、牌匾、古籍等都蕴含着厚重的文化气息。如今，这类书院以其独特的历史文化、艺术价值而产生吸引力，作为文化旅游胜地而存在。例如河南省的嵩阳书院、应天书院，湖南省石鼓书院等，是这类书院的典型代表，这几个书院都因其自身的名气成为著名的旅游景点。

嵩阳书院位于河南省登封市嵩山南麓峻极峰下，与大名鼎鼎的少林寺毗邻。书院始建于北魏太和八年（484），占地面积9000多平方米，依山傍水，环境清幽。1961年，书院被列为全国重点文物保护单位，得到比较全面的修复。2010年，书院成为世界文化遗产"'天地之中'历史建筑群"的重要组成部分，也有幸借着申遗工程进行了更大规模的整修，还将古树名木纳入了保护之列。嵩阳书院在文化旅游方面具有独到的优势，书院里文物古迹众多，有浓厚的人文气息以及历史厚重感，因此成为人们了解儒家讲学、祭祀、藏书的重要文物景点，被列入国家AAAA级旅游景区。嵩阳书院现存唐至清代碑碣70多块，书院门口有一座唐朝的石碑，高达九米，有嵩山碑王之称，历经千年风雨依旧保存完好。书院里还有一块刻立于东魏时期的石碑，也是嵩山地区保留下来历史较早的石碑之一,是现存魏碑中的上品。嵩阳书院内原有三株古老的柏树,被称为"将军柏",相传是西汉元封六年(前105)由汉武帝刘彻所封,三将军柏毁于明末,现存大将军柏和二将军柏。大将军柏高12米,围粗5.4米。二将军柏高18.2米,围粗12.54米。经林学专家鉴定,将军柏为原始柏,树龄有4500年,是中国现存最古最大的柏树。嵩阳书院基本保持了清代建筑布局,南北长128.3米,东西宽78.6米,占地面积9984.4平方米。中轴建筑共分五进院落,由南向北,依次为大门、先圣殿、讲堂、道统祠和藏书楼,中轴线两侧配房相连,共有清代建筑26座,108间,多为硬山滚脊灰筒瓦房,古朴大方,高雅别致,与中原地区众多的红墙绿瓦、雕梁画栋的寺庙建筑截然不同,具有浓郁的地方建筑特色。

与文化旅游方面的优势相对的,是嵩阳书院在学术及教育方面存在明显不足。嵩阳书院的学术研究起步较晚,在影响力与知名度上难以与岳麓书院和白鹿洞书院相媲美。历史上的嵩阳书院曾是佛教和道教场所,又因地处嵩山,在少林寺佛家文化的强势影响下,书院儒家文化传统的影响力无疑受到很大程度的削弱。

应天府书院位于河南省商丘市商丘古城南湖畔,始建于唐五代时期,北宋大中祥符二年(1009)改名为"应天府书院"。书院历史悠久,颇具影响力。现在的书院重建于2003年,由河南大学按历史文献记载的原貌进行设计施工,总建筑面积4116.8平方米,占地52亩。2007年,书院一期工程修复完成,而后开始对游客开放,现在是国家AAAA级旅游景区。

应天府书院在文化旅游方面有优势也有劣势。书院的优势是其选址。古代大部分书院在选址时都有意远离闹市,设在山林之间,希望给文人士子提供一个幽静的读书研习之所。这一选址理念对于如今的旅游者来说会带来远离闹市、交通、食宿不便的问题，可能会成为游览者前往书院的障碍之一。而应天府书院却反其道而行之，将书院设立在商丘古城的繁华闹市之中，对于游客来说，在食宿、交通、购物等方面都具有很大的便利性，这种便利性会成为游客愿意前往参观的理由之一。书院的劣势则是缺乏文化氛围，因为书院兴复修建的时间较晚，虽然书院建筑群规模庞大，但建筑物却是现代仿古建筑，缺少岁月洗礼的沧桑感，外形崭新，颜色亮丽，缺乏书院古朴典雅的文化氛围。再加上旧书院已经不存片瓦寸木，书院文物古迹的陈列品也很少。很多游客去应天府书院时满怀着对书院的崇敬之情和敬仰之心，因为它曾是古代名声显赫的"四大书院"之一，但缺乏历史厚重感的新应天府书院，却很难满足游客的这一期待，自然也难以给人带来深刻印象。因此，作为文化旅游景点的应天府书院，与其他四大书院相比显得比较冷清。

在学术研究方面，应天府书院则乏善可陈。书院的学术研究非常薄弱，起步也晚，2016年才在商丘师范学院成立"应天书院研究中心"。虽然古代的应天府书院具有很大的影响力，但现在它在书院界的学术影响力还不足以支撑它的名气。书院也几乎没有开展什么文化教育活动，既没有长期与地方学校合作培养人才的举措，也很少举办短期的教学活动吸引大众。总之，应天书院还需要一定的时间去恢复它的历史地位和影响力。

石鼓书院位于湖南省衡阳市石鼓山，始建于唐代元和五年（810），在宋朝已有相当的知名度与影响力，曾与白鹿洞书院、岳麓书院、应天府书院齐名，迄今已经有1200余年的历史。1944年，侵华日军派战机轰炸衡阳，书院尽毁，而后受制于各种历史原因未能重建。1998 年，国家邮政部发行"古代书院"即宋代四大书院邮票时，事先曾来石鼓书院实地考察，终因只见山石、不见书院而以河南省的嵩阳书院取代之。2006 年，书院按清代建筑格局进行修复重建，占地面积约 4000 平方米，另立有高约两米的石鼓与书院名称相呼应。迄今为止，石鼓书院已历经了 11 次大修葺。

石鼓书院目前主要作为旅游参观的景点，是国家 AAAA 级旅游景区。在文化旅游方面，书院颇具有优势。一是地理位置独特，书院位于蒸水、湘江、耒水三江汇流的石鼓山，三面环水、四面凭虚，风光秀丽，绿树成荫，亭台楼阁，飞檐翘角，江面帆影点点，渔歌唱晚，自然风景绝佳；二是书院在重修时，遵循"修旧如旧"的原则，按照书院讲学、藏书、祭祀三大功能恢复其建筑，整个建筑群布局中轴对称，白墙黛瓦，深色廊柱，庄重、古朴、典雅，院内还布置了禹碑亭、大观楼、合江亭等观赏性建筑，与优美的自然景色融为一体，更增添了书院的人文韵味；三是碑刻，石鼓书院内还留有多处唐、明、清时期的碑刻，此外，在石鼓山西面的山体上，保留了较为完整的摩崖石刻。

在学术研究以及文化教育活动方面，石鼓书院也几乎没有任何亮点，虽然书院举办了各种陈列展览，用以展示其历史风貌、文化积淀，也作为当地的传统文化教育基地，偶尔组织举行研学、表演、祭祀等活动。但如今的石鼓书院在人才培养和学术研究方面终究缺乏社会影响力，只能在过往的岁月中追忆它的历史地位。

总结起来，作为旅游观光景点的现存书院在文物保护方面做得较好，对书院建筑大多进行了修复或重建，对遗存文物进行了很好的修缮保存，较好地留住了书院的"外形"。虽不能完全恢复书院作为文化教育机构的"灵魂"，但其悠久的历史和优美的风景，能给人留下深刻的印象。相比单纯作为文物保护单位的书院，这类书院有其不同之处，它们在旅游方面能自成一体，有的是独立景区，以"著名书院"的名声吸引游客；有的处于其他景区中，却并未沦为其他旅游景点可有可无的附属品，存在感较强。但这类书院原有的教育功能也基本丧失，开展的文化教育活动很少，偶尔会举办一些短期国学班、传统文化培训班之类的活动；在学术研究方面因为书院历史断层已久，起步较晚，推出的学术成果较少，在学界也缺乏重大影响力。书院发展旅游观光虽然可以产生经济效益，但对于书院教育本身而言没有实质性的促进作用。现代社会的旅游观光基本上限定于休闲，而旅游观光对象主要以"陌生化"的效果取胜，并没有把古代的"游学"功能纳入其中，导致书院的角色定位不断向"珍稀文物""奇异风景"靠拢，越来越背离教育的轨道。

第二节　传统书院面临的困境

通过对全国各地区的书院文化遗产现状的了解，可以发现中国拥有数量众多的书院，历经时代变迁，仍有不少古代书院被保存下来。这些书院中的一部分被列为各级文物保护单位，得到妥善地修复以及保护，并且各有侧重地开展了学术研究、文化旅游、文化教育活动,甚至还有些书院实现了综合性发展。然而我们不得不承认，各处书院保护不力甚至遭到破坏的现象还是很普遍的，这不仅包括未被列入各级文物保护单位的书院或书院遗址，还包括一部分已经被列为文物保护单位的书院或书院遗址。由于各种原因而导致的保护不力的情况，或因不能充分认识书院文化遗产的价值，大多数书院在文化资源利用方面明显不足，这些都造成了书院在现代社会面临的困境。

一、书院面临的具体困境

综合起来，书院面临的具体困境为保护意识不足、缺乏整体认知度、吸引力单一以及儒家文化断层四个方面。

第一，保护意识不足。现存书院所面临的主要困境就是保护意识不足导致书院建筑损毁严重，书院文化遗产保存状况堪忧。这包含两个方面：

一方面，各级政府对书院文化遗产的价值认识普遍不足，并未将书院看作单独的一类文化遗产，书院保护相关法律和法规上有所欠缺，投入书院用于修建的资金十分不足。许多地区书院建筑面临着损毁严重、仅剩遗址或是被彻底拆除的命运，既没有被列为文化遗产，采取保护措施，更没能给予专项资金支持书院修复。这既有历史上的原因，也有经济发展上的原因。1901年书院改制之后，多数地方"争毁书院"，使得书院不仅在制度上迅速消亡，而且建筑也遭到诸多破坏，诸如被占用、拆除、荒废等等。改革开放之后，注重经济发展，城镇化建设如火如荼，各地面貌发生了巨大变化，而这种变化，往往对文物遗址造成了破坏。大量书院遗址因为建设新区、新城的需要而被拆除，大量未被拆除者也是无人管理，风吹雨打，颓败倾倒。存在于学校中的书院也面临同样的命运，一些学校为了扩建校园，大兴土木，把书院遗址当作学校发展的障碍予以清除。

　　书院多为木结构建筑，容易被腐蚀和损坏，保护和修复需要持续的经费投入作为保障，这就更加依赖政府部门的重视以及资金扶持。例如世界文化遗产河南登封"'天地之中'历史建筑群"项目，申请世界遗产的过程十分艰辛，工程浩大，没有地方政府部门的重视以及提供巨大的资金支撑，仅靠专业人士的努力是不可能完成的。嵩阳书院作为这个建筑群中的历史古迹之一，得以借助申遗工程进行大规模整修，恢复了许多已受损毁的重要建筑，在保护原有清代书院建筑群的基础上，又对古建筑周围的环境进行大规模治理整顿，还将古树名木纳入保护之列，由此使嵩阳书院基本恢复了原貌，重新焕发生机。

　　然而相比嵩阳书院，很多书院却没有这样幸运。因为重视程度不够，书院文化遗产保护普遍面临经费紧张的问题，例如江西遂川燕山书院是砖瓦结构土木建筑，2008年全面维修之后，历时已久，又出现了屋顶瓦片破碎、地面积水严重的情况，迫切需要进行新一轮的维修，但资金问题一直没有得到解决。

　　目前，已经得到较好修复的书院仍属少数，大部分书院资源还没有被纳入规划，被列入全国重点文物保护单位的书院仅有50处，省级文物保护单位76处，市、县级文物保护单位275处。其中还包括不以书院冠名但含有书院建筑或前身是书院的保护点，直接以书院命名的保护单位数量更少。

　　另一方面，书院所在地的民众缺乏对书院文化遗产的保护意识。书院文化遗产的现有使用功能主要为景点（多为文保单位）、各级学校、博物馆及纪念馆、居民区其他用途的场所等。人们对这些遗存书院建筑或遗迹的历史价值和教育意义缺乏重视，往往简单地认为它们是没有价值的残砖断瓦，或遗弃之，或拆除之，从而造成无可挽回的损失。即便是被列为各级文物保护单位的书院，有的也因当地居民的文化遗产保护意识淡漠而遭损毁。例如河南省的伊川书院，2008 年被列入河南省文物保护单位，2011 年却是一片破败荒芜的景象，"放眼望去，没膝的蒿草中点缀着几座破败的砖瓦房。房屋黄泥裸露，门窗洞开，藤葛肆无忌惮地爬上窗棂。院子里，村民们见缝插针地种上玉米、辣椒等农作物，一幅残破凋零景象。有村民向记者回忆，几年前这里来了批工人，对书院正殿进行危房加固。除此以外，这里一直处于无人看管、自生自灭的状态。"[①] 又如前文所说，江西地区很多中小学校在书院遗址上办学，这就使文物保护、景区规划、学校发展之间产生了矛盾。例如吉安白鹭洲中学因学校规模扩大、用地面积不足，同时文化旅游活动对学校教学产生干扰，正在筹划搬迁；南昌市的豫章书院在清代被誉为江西四大书院之首，南昌十八中就是在其旧址上创办的，目前这里仅存留"豫章书院"石碑一块；宜春市万载县的正谊书院，也在学校建设时被彻底拆除，仅立了一块石碑，作为书院曾经存在的印证。

　　第二，整体认知度不高。现存书院面临的困境之二就是大众对书院缺乏整体认知度，对书院文化资源的利用方式过于单一，无法给大众带来更深刻的印象，虽然个别书院认知度很高，但对"书院文化遗产"的整体认知度仍然十分缺乏。

　　认知度是指群众对某一事物的整体印象。在现存的古代书院中，

---

① 贾宇：《谁遗弃了伊川书院？》，《光明日报》2011 年 8 月 29 日。

少部分以"书院"的名字得到大众认可，大部分书院则形象十分模糊，定位也不够清晰，由此导致认知度明显不足。在笔者进行的问卷调查中，设置了与书院"认知度"相关的问题。问卷的第5题："您是否了解书院以及书院文化？"设置了从"非常了解"到"完全不了解"五个程度的选项，回收答卷的平均得分仅有2.58分，说明大部分人对书院的了解仅限于略有所闻的程度，问卷的参与者似乎在哪里听过书院的名字，但仔细回想又不清楚书院的具体情况。详见图2-1。第6题："您知道以下哪些书院？"题目下面列举了一些全国知名的书院，其中岳麓书院和白鹿洞书院的知名度较高，在回收的483份问卷中，选择"知道"的人数分别是370人和344人，认知比例为76.60%和71.22%，说明两者的名声非常响亮，堪当"全国著名的古代书院"的名头。而同为四大书院的嵩阳书院和应天府书院则明显不如前两者，选择"知道"的人数分别为160人和121人，认知比例为33.13%和25.05%。详见图2-2。在第9题"您一般是出于什么原因参观书院？"中，62.86%的人选择了"旅游观光"，而"参加文化活动""学校组织学习"和"学术研究"等与文化教育活动有关的选项占比不高，三者加在一起也未超过"旅游观光"。①详见图2-3。由此说明，在对书院的认知度方面，大众对"文化旅游景点"的认知明显高于对"文化教育机构"的认知。

---

① 问卷全部题目见本书附录《中国传统书院文化产业发展问卷调查表》。

图 2-1　第 5 题：您是否了解书院以及书院文化？（量表题）

本题平均分：2.58

选项 ⇅	小计 ⇅	比例
完全不了解	85	17.60%
不太了解	141	29.19%
一般	168	34.78%
有些了解	72	14.91%
非常了解	17	3.52%
本题有效填写人次	483	

图 2-2　第 6 题：您知道以下哪些书院？（多选题）

选项 ⇅	小计 ⇅	比例
岳麓书院	370	76.60%
白鹿洞书院	344	71.22%
嵩阳书院	160	33.13%
应天书院	121	25.05%
石鼓书院	75	15.53%
东林书院	178	36.85%
鹅湖书院	62	12.84%
其他书院 [详细]	33	6.83%
都不了解	33	6.83%
本题有效填写人次	483	

（注：比例说明：在具体书院的认知度方面，用表格的方式罗列多个书院，而后采用多选题的方式，即一个受访者可以选择多个知道名字的书院，据此分析书院认知度的排名。本题属于多选题，一个人可以选择多个选项，因此百分比相加会超过百分之百。多选题选项百分比＝该选项被选择次数 ÷ 有效答卷份数；百分比的含义为选择该选项的人次在所有填写人数中所占的比例。所以对于多选题百分比相加可能超过百分之一百。）

图 2-3 第 9 题：您一般是出于什么原因参观书院？（单选题）

X\Y	旅游观光	学校组织学习	学术研究	参加文化活动	其他	小计
去过	154(62.86%)	33(13.47%)	18(7.35%)	32(13.06%)	8(3.27%)	245
想去，还没有机会去	62(56.88%)	12(11.01%)	6(5.50%)	19(17.43%)	10(9.17%)	109

（补充：在 483 名受访者中，就"是否去过书院"这一因素，有 245 名表示有去过书院的经历，因为"旅游观光"这一项原因前往书院的人数最多，共计 154 名，占总数的 62.86%，远高于其他选项。）

调查结果令人颇为尴尬。在历史上，书院是一个文化教育机构，从唐朝开始到清末改制，文化教育活动在书院延续了约 1300 年，而在现在的社会，它的这项功能却被文化旅游替代了。不仅如此，各地区书院间还存在着明显的"马太效应"，认知度两极分化的情况比较严重。马太效应（Matthew Effect）是社会学和经济学领域常用的概念，泛指"强者愈强、弱者愈弱"的两极分化现象。1968 年，美国科学史研究者罗伯特·莫顿（Robert K. Merton）将"马太效应"归纳为："任何个体、群体或地区，一旦在某一个方面（如金钱、名誉、地位等）获得成功和进步，就会产生一种积累优势，就会有更多的机会取得更大的成功和进步。"[1] 前文对全国各地区古代书院现状的分析结果同样反映了一种"马太效应"，各类书院在文化遗产保护与文化资源利用的实践方面差别很大，甚至有天壤之别。

如前所述，在现代社会里，传统书院大致以这几种情形存在：其一，多方面综合发展，真正实现了古代书院在现代社会的传承，例如岳麓书院、白鹿洞书院等；其二，作为文物保护单位存在，成为凝固的文物而失去了活力，例如江西流坑村的江都书院与贵州镇

---

[1] 参见王闰编著《心理学常识》，中国纺织出版社有限公司，2020，第 74 页。

远县的紫阳书院等；其三，被改为现代教育场所，因为现代教育与书院缺乏类似性而徒存虚名，例如白鹭洲书院、象山书院等；其四，成为旅游观光景点，在文化旅游这一单项上表现突出；其五，另作他用，演变成与书院无关的场所。此外，还有大量书院损毁坍塌，被简单遗弃。

在上述五种状况中，只有多方面综合发展的书院，才是对书院真正的传承发展。这类书院不只看到书院某一项文化遗产或文化资源，而是将书院看作一个整体，用综合性文化遗产保护的方式使书院的"外形"与"灵魂"都得到了保存，用综合型文化资源利用的方式，让书院在当今社会大放异彩。这类书院既恢复了书院建筑群，又恢复了书院作为文化教育机构的学术研究与文化教育活动，还因地理环境优越、文化氛围浓厚，吸引大量的游客前往游览，从而使得书院在学术研究、文化教育活动、文物保护、文化旅游四个方面都取得成功，逐渐产生一种积累优势，从而获得更多的外界关注与资金支持。

然而令人遗憾的是，这类书院的数量极为稀少，从数量上来说，只能算"一个半"。岳麓书院算"一个"，因为它在全国书院中堪称"一枝独秀"，无论是教学活动、学术研究，还是文物保护、文化旅游，皆有良好的发展势头，没有明显的短板与不足。白鹿洞书院则只能算"半个"，它总体实现了综合发展，但又明显存在不足。白鹿洞书院在文化旅游方面尤为突出，因为书院地处世界文化遗产庐山国家公园南麓，风景十分迷人，让人流连忘返，慕名而来的游客众多。但因书院远离市区，难以和地方高校形成长期的合作，很难借力于高校的学术人才，仅靠书院自身进行学术研究又明显力不从心，所以书院在学术研究方面存在一定不足。又因书院属于庐山风景名胜管理局下属单位，难以彻底独立出来进行发展，所以也难以像岳麓书院一样交给地方高校托管，成为现代高校的一部分，因而其教学活动只以短期培训班为主，没有高校全日制常规教学活动。在文物保护方面做得比较好，书院收集的文献典籍较多，但作为文化资源利用得较少，只放在陈列室里进行保存和展览。除此之外，像岳麓书院、白鹿洞书院这些实现了综合发展的书院，都自成体系，独自发展，但并没有成为书院界的"领头羊"去引领其他书院的前进方向，更没有成为各地书院广泛借鉴的"样板"。由此造成了各地书院"强者愈强，弱者愈弱"的局面，除了个别书院大放光彩之外，大部分书院都黯淡无光，群众对它们的整体认知度不足。

　　书院虽然是传承了千年的教育机构，但现在的人们习惯于按照现代教育系统的标准去认识一个学校：在高等教育系统中，对于西方的剑桥、哈佛等极度认可，赞许其百年名校的历史；对于中学一级的，则以高考升学率为衡量标准，形成了"高分——名校——良好职业"的认知模式。对于贯穿一生、涵盖面极广的素质教育认识不足，而传统书院教育在这种认知模式中更是无足轻重。"长期以来，我们持有一种'高分''名校''好工作'主导的传统的生涯管理观念。这种观念在我们进入大学之前便已形成并不断固化，以至于在大学阶段依然无法拆掉这种思维定式造成的樊篱。在旧思维的主导下，我们的高中教育、高等教育问题颇多，大学在'就业''高分'的指挥棒下逐渐异化。"① 因此，书院既无法以"名校光环"取得更

---

① 黄文军主编《从"完整的人"到行业精英：知行合一的大学生职业生涯规划手册》，苏州大学出版社，2015，第6页。

高的认知度，又因为现代教育体系中没有给传统书院教育留有容身之地而远离了"教育机构"这一重要角色，绝大部分书院就只能以古建筑、历史文物这些标签来获得认知度了。而就历史文物这方面，书院显然又比不过各大博物馆，由此，古建筑、历史文物也不能成为其优势竞争力。

第三，吸引力单一。现存书院面临的困境之三就是书院吸引力单一，多数时候仅靠文化旅游这一项吸引游客，书院作为文化教育机构的功能基本上没有发挥作用，书院文化资源的利用情况有待加强。

吸引力是一个源于心理学的术语，是指能引导人们沿着一定方向前进的力量。当人们对某个目标或可能得到的东西有相当的兴趣和爱好时，这些东西就会对人们形成吸引力。这种力量一旦形成就会吸引人们不断地向目标推进。然而如上文所述，书院很多时候仅作为一个旅游景点被大众认知，而作为文化教育机构的认知度严重不足。作为文化旅游景点，如果只停留在单纯的观光上面，游客也就满足于走马观花，不会对书院产生什么深刻的印象。况且很多书院并没有特别吸引人的文化教育类活动，导致其作为文化教育机构的功能无法发挥作用，这就更难吸引大众了。

书院的吸引力可以从两个方面去考量：

一是作为文化旅游景点，考量书院"景观"的吸引力。"景观"的吸引力是旅游的本质意义，不同地区展现的新奇的自然景观和人文景观，给人们带来全新的体验。这既是古代旅行的传统，也是观光旅游的核心，更是当下和未来休闲旅游永远不可替代的吸引物之一。书院多选址在依山傍水的地方，地理位置非常优越，景色优美，有作为"景观"的吸引力,例如江西白鹿洞书院坐落在庐山南麓,河南嵩阳书院坐落在嵩山峻极峰下,湖南岳麓书院坐落在岳麓山下,石鼓书院坐落在石鼓山,等等。再加上书院建筑往往融合庙宇建筑、民居建筑以及园林等因素,形成独特的文人建筑风格,与优美的自然风光相得益彰,书院"景观"的吸引力由此也大为增强。

二是作为文化教育机构,考量书院"文化"的吸引力。文化是旅游的灵魂,现在无论是旅游市场还是相关管理部门都已认识到了这个内在规律。2018 年 3 月,中央政府将文化部、国家旅游局的职责整合起来,组建文化和旅游部,希望借此统筹文化事业、文化产业发展和旅游资源开发,推动文化事业、文化产业和旅游业融合发展。随着物质生活水平的提高,人们的精神需求也进一步提高,需要在旅游中感受到更多的文化意蕴,单纯观光的景区已经很难吸引游客,得到青睐了。书院作为古代的文化教育机构,经历了上千年的发展,文化遗产丰厚,有着独特的历史文化价值。它遗留下来的建筑、碑刻、牌匾、古籍等等都浸润着厚重的文化气息,就"文化吸引力"而言是没有问题的。

在笔者设计的问卷中,也设置了与书院"吸引力"相关的问题。在第 8 题"您是否去过书院?"中,选择"去过"的有 245 人,占比 50.72%;"没去过"的有 129 人,占比 26.71%;"想去,还没有机会去"的有 109 人,占比 22.57%。在第 10 题"您觉得书院的文化氛围是否符合您的预期?"中,设置了"非常不满意"到"非常满意"10 个阶段的选项,答卷平均值为 6.48。在选择"去过"书院的 245 人中，通过 NPS[①] 进行测算，批评型（0-6）占比 51.43%，被动型（7-8）占比 34.28%，推荐型（9-10）占比 14.29%。

从数据分析中可以发现，书院对人们比较有吸引力，在收集的 483 份问卷中，有半数以上的人因为各种原因去过书院。但对这部分去过的人进行"NPS 测算"后显示，如果将书院看作一个产品，大部分人处于"并不太满意"的"批评型"，以及"总体满意但并不狂热"的"被动型"，对其拥护和推荐的仅是少部分，"愿意再次前往并向他人推荐"的"推荐型"占比最低。再结合问卷第 9 题"您一般是出于什么原因参观书院？"，62.86% 的人选择了"旅游观光"，由此推断出书院的吸引力主要集中在"景点"这一点，但是在参观过程中，缺乏"文化"方面的吸引力，导致书院并没有给大众留下太过深刻的印象，因此在"NPS 测算"中很难成为"推荐型"，即成为书院坚定的拥护者，并将其推荐给其他人。

书院作为综合型文化资源，其吸引力不仅仅只有"景观"这一点，还有各种"文化"因素。对于现代人来说，单纯的观光景区已经很难吸引人们的关注。人们越来越注重"游玩"中的参与感和互动体验，并希望能在"游玩"中借助各种"文化"因素获得精神上的满足。

---

① NPS（Net Promoter Score），净推荐值，又称净促进者得分，亦可称口碑，是一种计量某个客户将会向其他人推荐某个企业或服务可能性的指数。净推荐值等于推荐者所占的百分比减去批评者所占的百分比。净推荐值（NPS）=（推荐者数 / 总样本数）×100%-（贬损者数 / 总样本数）×100%。根据愿意推荐的程度让客户在 0 - 10 之间来打分，然后你根据得分情况来建立客户忠诚度的 3 个范畴：推荐者（得分在 9 - 10 之间），是具有狂热忠诚度的人，他们会继续购买并引荐给其他人；被动者（得分在 7 - 8 之间），总体满意但并不狂热，将会考虑其他竞争对手的产品；贬损者（得分在 0 - 6 之间），使用并不满意或者对你的公司没有忠诚度。

书院本可以充分利用"景观"与"文化"的双重吸引力,但实际上,大多数书院都没有开发合适的文化教育活动,"文化"方面的吸引力相当缺乏;又因为书院各自分散,认知度两极分化,整体形象非常模糊,对外宣传形象也难以确定,人们很难确认现在的书院究竟是个"旅游景点"还是"文化教育场所"。总而言之,书院对大众缺乏足够的吸引力,几乎没有作为文化教育机构的"文化"吸引力,只有作为文化旅游景点的"景观"的吸引力。而像书院这样的综合性文化遗产,如果不能以其深厚的"文化"魅力吸引人,仅仅作为一处"景观",是对书院综合型文化资源的极大浪费。

第四,儒家文化的断层。现存书院所面临的困境之四就是现代社会在思想文化领域的转变所带来的儒家文化断层。事实上,政府及民众"保护意识不足",书院的"认知度不足""吸引力单一"这三个困境还只是导致书院在现代社会生存空间狭小;更重要的还是儒家文化的传承出现了断层,导致书院赖以生存的"土壤"被严重破坏。

儒家思想诞生于春秋战国时期,以孔子、孟子为代表,汉武帝时期"罢黜百家,表彰六经",儒家思想成为当时的官方哲学,也自此确立了孔子"孔圣人"与孟子"亚圣"在儒家文化体系中的至高地位。在漫长的历史发展时期中,儒家文化一直是中华文明的主流文化,早已成为中华民族的精神底色,"仁爱""礼义""格物致知""知行合一"这些概念深深地融入了人们的思想中。然而不可否认的是,历经几千年的发展演变,儒学已经成为一个十分庞杂的体系,体态臃肿,步履蹒跚,精华与糟粕纠结缠绕,难分彼此,而且有些内容在发展演变的过程中产生了异化。儒家文化本应该随着社会环境的改变而逐渐进步发展，却因为历史原因骤然中断了向前迈进的步伐，这与中国社会的巨大变化有关，也与儒学自身的问题有关。

公元 1840 年，一场战争深刻改变了中国传统社会，也对儒家文化造成巨大冲击。1840 年 6 月第一次鸦片战争爆发，英国为了倾销其鸦片，对中国发动了侵略战争。1842 年，第一次鸦片战争结束，古老而封闭的清王朝并未跟上时代的发展，在英国人坚船利炮的攻击下毫无抵抗能力，鸦片战争以中国失败并赔款割地而告终。清政府与英国签订了严重危害中国主权的《南京条约》，从此开始向外国割地、赔款、商定关税，成为中国近代半殖民地半封建社会的开端。在这之后的一百多年里，战争频繁，中国的国土被西方列强瓜分，社会动荡不安，中央政权更迭频繁，中国人民被肆意凌辱。在战争、屈辱、苦难中挣扎的人们，开始寻求救亡图存的道路，中华大地上爆发了一系列革命运动，这其中包括精神世界的大地震——新文化运动和思想革命。引领思想、文化前进的学者、知识分子开始将目光投向西方，"是什么导致他们的强大和我们的衰落？"这就引起了思想文化领域的深刻反思，并催生了文化上"救亡图存"的方案。一种方案是"改造"，许多学者、知识分子围绕"中学"如何应对"西学"、两者如何结合进行了激烈的争吵和讨论，试图将西方文明与以儒家文化为核心的东方文明融合起来，半个世纪里先后设计的"中学为本、西学为末""中学为体、西学为用"等方略，都试图守住以儒家文化为主体地位的东方文明。然而，这种种应对方略均以失败而告终。另一种方案则是"革命"，持有这些观念的学者们、知识分子们认为古老的儒家文化束缚了民族前进的步伐，错过了重要的工业革命，从而导致了落后挨打的局面。儒家文化早已经不再具备现代的价值，应该被彻底抛弃。1915 年发端的新文化运动，是近代史上在思想文化领域发生的一场前所未有的巨变。"新文化运动"喊出了"打倒孔家店"的极端口号，革命者矛头所向的主体，不仅仅是清王朝政权，而是一个被称为"两千年封建帝制"的东西，儒家文化则被视为是它的维护者，因此必须一起打倒、粉碎。以当时中国所面临的重大困境来说，实在没有时间再做更多的发明尝试了，彻底推倒是最合理的方式。面对强大的西方文明，以儒家文化为核心的中华文明陷入空前的危机中，儒家文化在时代巨变面前开始急剧衰落。从此以后，儒家文化不再居于中华文明的核心地位。

书院作为古代的文化教育机构，从唐初创立以来，就以儒家思想文化为传播的核心内容。在历史巨变面前，书院也不能独善其身。在清末的书院改制中，各地书院都被改成各级学堂或是图书馆、陈列馆、纪念馆等，还有许多书院被废而不用。书院曾经的教学理念和教育制度也被彻底抛弃，作为古代教育机构的书院就在这样的历史浪潮中，彻底结束了它一千多年的历史。如果说书院像是一棵存在了上千年的"老树"，那儒家文化就是它赖以生存的"土壤"。受到西方现代文明的冲击后，儒家文化这块"土壤"被彻底破坏后，书院这棵"老树"又该如何生存？

近现代以来，人们习惯于把以儒家文化为核心的人文教育和西方的科学技术教育相提并论，这本该像人的双腿一样，一起向一个目标前进，然而人们往往强行将两者对立起来。"纵观各世界一流大学，无不以学生的充分发展为出发点，重视专业教育但不过度专业化，重视科技教育但不偏废人文教育……科技教育和人文教育各有其合理的内核与现实价值。"① 近些年来，中国教育界呼吁改革教育制度，在现代教育中增加更多道德修养以及人文教育等内容。书院作为延续了千年的教育机构，这才得以再次回到人们的视线中。然而，因为历史巨变造成的儒家文化受众断层，导致书院作为传播儒家文化的教育机构这一功能丧失，现代教育体系中似乎也不需要书院这一文化教育组织的存在，这些都使书院在如今社会显得有些无所适从，成为书院面临的最大困境。

二、书院困境的成因

地区经济发展不平衡。中国幅员辽阔，地区间经济发展非常不平衡，由此造成了文化遗产保护意识上的巨大认知差异。例如在2019 年全国 31 个省（自治区、直辖市）生产总值总量排名中，排名第一的广东省 GDP 共计 107671.07 亿元，排名第 31 位的西藏自治区则共计 1697.82 亿元，前者是后者的 63 倍多，差异巨大。这种地区经济发展上的不平衡，使得各地方政府在对文化遗产的保护意识以及投入资金方面存在巨大差异。在北京、上海、广州这样的大城市，地方政府既有文化遗产保护的意识，也有能力给予充足的资金支持，城市人群受教育程度普遍较高。整体而言，这些地区对文化遗产保护的力度很大。但在一些偏远的地区，地方政府既缺乏文化遗产保护的意识，也没有能力给予充足的资金支持，加之当地人群还生活在农业文明环境中，对于他们来说最重要的问题还是如

---

① 别敦荣等：《世界一流大学教育理念》，厦门大学出版社，2016，第 47—48 页。

何生存以及摆脱贫穷、摆脱传统，如何像发达地区人们那样过上现代化生活，而文化遗产保护的概念，实在是离他们的生活太过遥远。因此，对书院文化遗产的保护同样也受地区经济发展状况的影响。经济发展状况更好的地区，书院文化遗产保护意识更高，书院保护状况也更好；经济发展状况不太好的地区，书院文化遗产保护意识偏低，书院损毁情况更严重。具体来说，有两方面原因：

一是地方政府与当地居民对书院文化遗产的价值认可程度不一。当书院文化遗产保护与地区经济发展之间出现矛盾时，认可书院文化遗产者会选择保护，不认可者则会选择拆除。经济发展状况更好的地区，地方政府虽然也非常注重经济建设，却不把它当作唯一指标，较少出现文化遗产为现代化建设让路的情况，而是用各种方式将其保护起来，当地居民的文化遗产保护意识也较高，比较配合书院文化遗产保护工作，因而该地区的书院更多得以幸存。例如江苏省南京市的崇正书院遗址，创建于明代嘉靖四十一年（1562），而后数次毁于战火。早在1980年，南京市政府就开始拨款重修崇正书院，并由东南大学著名建筑专家杨廷宝教授亲自指导重建，历时两年竣工。"崇正书院遗址"在2006年6月10日被列入南京市文物保护单位，并对外开放。而在经济状况不太好的地区，地方政府以经济发展作为最重要的任务，以建设现代化都市为首要目标，因地区经济发展和城市建设规划而拆除书院建筑的事件时有发生。例如河南省南阳市宛南书院，建于清朝乾隆年间，一百年间一直作为南阳市最高学府而存在，2008年被列为省级文物保护单位。然而，就是这样一座具有极高历史文化价值的书院，在2013年被施工单位强行拆除，清朝时期所建的讲堂不复存在。此外，很多书院当初选址时有意远离闹市，散落在山野间，在当地居民看来，这些书院是一种已经在现代社会中失去效用的传统文化遗址，看起来似乎并没有很大价值，既不能带来直接的经济利益，还要和现代人"抢地盘"，也就没有保护的必要。

二是书院文化遗产的维护、重建需要大量资金，这很大程度上依赖于地方政府给予的资金支持。而地方政府能否给书院文化遗产以更多的保护，一方面是保护意识的问题，另一方面则是"巧妇难为无米之炊"，地方财政的经济状况在很大程度上限制了地方政府在文化遗产保护方面的投入。中国建筑史学家梁思成在《中国建筑史》中说道："盖中国自始即未有如古埃及刻意求永久不灭之工程，欲以人工与自然物体竟久存之实，且既安于新陈代谢之理，以自然生灭为定律；视建筑且如被服舆马，时得而更换之；未尝患原物之久暂，无使其永不残破之野心。"[①] 对木结构建筑的喜爱契合了中国人的性情，但对后人来说，则在对古建筑的研究和保护方面造成了很大的困难。书院建筑也是典型的以木结构为主的建筑，不如石头结构建筑那般能经历岁月的洗礼，因地方政府保护意识薄弱，加上资金匮乏，使得历代所建的数以千计的书院，现今留存下来的不足十分之一。有些书院虽然尚存遗址，却也仅剩些断壁残垣，令人唏嘘。倘若没有地方政府给予的资金支持，仅靠书院自身或当地居民的自发保护，这些书院的消失将是迟早的事。

现存的书院缺乏整体认知度，主要是因为没有把"书院文化遗产"看作一个整体，从而缺乏统一的行政管理，在对书院文化遗产

---

① 梁思成:《中国建筑史》，百花文艺出版社，1998，第18页。

的保护和文化资源的利用方面都缺乏总体规划，书院发展各自为政，导致书院间发展极不平衡，进而形成"马太效应"，强者愈强，弱者愈弱。具体原因有二：

其一，书院的管理机构纷杂，大多数书院都没能成为独立的文化遗产保护单位，也没有单独的全国书院管理机构。由于书院分布在各处，保护单位极不一致，保护级别也不相同，有全国重点文物保护单位、省级文物保护单位、市、县级文物保护单位三种；各地区书院的产权归属也较为混乱，分别属于规划部门、建设部门、文化部门、教育部门、旅游部门、村委会、个人等多种主体所有。书院缺乏行政部门的统一管理，导致书院文化遗产保护的责任主体不明确，例如很多书院坐落在学校里，对这一类书院的保护，有的学校会因资金不足而推给文物部门，而文物部门又会以书院在学校里为理由，将保护任务推回给学校。各地书院没有成立统筹全局的行业协会，导致书院间的交流合作不畅，难以互相协助，既难以"强强联合"，又难以"以强扶弱"。

其二，历史上的书院多半由地方教育部门进行管理，而现在书院则属于旅游部门或文物部门管理，其导致的结果是书院在文物保护和文化旅游部分相对发展较好，在文化教育活动方面则存在明显不足。因为书院缺乏教育部门的统一管理，无法在人才输送及教育活动方面得到更多的支持。例如在学术研究与教育教学方面，白鹿洞书院与岳麓书院相比存在很多不足，这在很大程度上也是行政管理带来的问题。白鹿洞书院最初归属于林业部门，1959年列为省级文物保护单位，1988年列为全国重点文物保护单位。改革开放以来，白鹿洞书院得到重建，归属于庐山风景名胜区管理局。白鹿洞书院名声在外，是举办各类学术会议的重要场所；书院的文化教育功能也比较突出，各类国学班、国学活动在书院频繁开展。然而，书院归属于庐山风景名胜区管理局管理，侧重于旅游功能以及文物保护，书院中 30 多个员工，负责文物管理、旅游接待、林园建设、山林保护等，却没有专门的研究人员和文化工作者。2015 年，九江学院通过江西省政协提出议案，希望调整江西省书院管理制度，将白鹿洞书院交给教育行政部门管理，或效仿岳麓书院交由湖南大学管理的做法，交给地方高校管理。作为地方综合性大学的九江学院，如果对白鹿洞书院进行管理，必然可以汇聚高校人才优势，弥补白鹿洞书院在学术研究和文化教育活动方面的短板。然而可惜的是，出于种种原因，这一提案并未被采纳。时至今日，白鹿洞书院的行政管理已经制约其更进一步的发展，从而导致书院在文化教育以及学术研究方面无法和岳麓书院媲美。

现代社会分工的细化、管理领域的专门化，导致书院缺乏统一的行政管理。在这种情况下，综合性文化遗产以及综合型文化资源的属性反而成了书院的劣势，论文物保护比不上博物馆、古村落，论教育比不上专门的现代学校，论旅游比不上各个风景区的核心景点，专门的文献整理、碑刻研究、国学教育、旅游开发、建筑艺术开发等等，却又常常把书院排斥在外。在文化遗产保护方面，社会往往只将书院当作物质文化遗产，通常来说都做不到以综合性文化遗产的意识来对其进行保护，更做不到以综合型文化资源的利用方式来开发书院文化资源。这些原因共同造成了公众对书院文化遗产的整体认知度不高。

其一，在书院文化遗产认知方面，仅仅把书院看作物质文化遗产，没有认识到书院是一种综合性文化遗产。书院在被列入各级文物保护单位时，常以"古建筑"的形式被保护。因此在对书院文化遗产进行保护的时候，大多数都只恢复书院的"外形"（即书院建筑群），书院更为重要的"灵魂"（即学术研究和文化教育活动）却经常被忽略。例如河南省应天府书院，虽然恢复后的书院建筑群规模庞大，却没有书院的琅琅书声以及文化氛围，难以让游客感受到书院的魅力。这主要是因为现存书院很多都由各地文物部门管理，而文物部门则以保护物质文化遗产为主，对濒危的文物进行抢救保护，因此对书院的保护也仅局限于恢复书院的建筑群。中国历史悠久，需要保护的文物众多，文物部门的经费却十分有限，如果单从文物保护角度考虑，则书院的重要性远远不如许多历史悠久的古建筑。在地方政府部门中，文物部门又是一个掌握社会资源较少的部门，对书院的保护和利用力不从心。而那些归于旅游部门管理的书院，则偏重于提高旅游产生的经济效益，对文化教育活动的重要性明显认知不足。种种原因导致书院没有被当作综合性文化遗产，空有"外形"而无"灵魂"。

其二，在书院文化资源利用方面，有关方往往只把书院当作一个旅游景点，没有认识到书院是一种综合型文化资源。书院重点发展文化旅游，固然可以通过门票收入等方式解决部分建设资金和保护资金短缺的问题，但这种对书院文化资源的单一利用存在着严重的短板。历史上的书院是围绕"书"这一关键词而发展起来的，包括读书、藏书、教书、刻书等，作为一个文化教育机构，对"书"进行讲解和辩论是其核心内容。曾经在历史上扬名天下、在现代社会仍然具有重要价值的书院，如应天府书院、石鼓书院、鹅湖书院、白鹭洲书院等，本应大力开展文化教育以及学术研究活动，却因为有关方对书院文化资源的单一利用，没有开发相关的文化活动，使得古老的书院失色不少。而且许多书院是地方经济发展之后新建的仿古建筑，游客在书院里进行参观游览时，看着那些历史并不悠久的仿古建筑，很难体会到"古色古香"的书院文化氛围。人们来书院，是想了解这些古代文化教育机构的深刻内涵，而不只是为了看看那些新建的古建筑。若是没有任何文化教育活动让游客"坠入"书院文化氛围，那么慕名前来的游客就会觉得意兴阑珊、无甚可看。如此一来，自然也就会导致很多人对书院的印象不深，体验感一般，造成书院对游客吸引力不足的局面。

其三，在传播理念方面，书院吸引大众关注的方式比较单一，难以调动社会大众参与书院文化传播的热情，无法形成有效的人际传播。原因之一是在传播媒介的选择上。当前书院的传播媒介仍以纸质媒介宣传、书籍阅读传播为主，对互联网技术和数字技术的运用十分欠缺，很难对已经习惯互联网信息传播的大众产生强大的吸引力。原因之二是在传播内容的制作上，不符合互联网信息"短平快"的特征，各个书院对儒家文化和书院文化的传播多以说教灌输、静态展示等方式为主，没有设计出富有趣味的文化教育活动，无法迎合公众的活动参与需求。

以上三方面的原因共同导致了书院吸引力单一的困境。即便是较为兴盛的书院文化旅游，也因为书院管理机构众多、书院间缺乏行业协会的统筹规划而难以互通有无、协同发展，导致书院文化旅游很难形成品牌和规模，而各地旅游部门在编制文化产业规划和旅游规划时，书院常因缺乏品牌形象而被视作可有可无的资源类型。

任何文化的存在，都需要有一定的自然环境和社会环境基础，如果没有了这样的环境，它的存在必然会受到威胁，它的发展与传承必然会受到阻碍。儒家文化也是如此，因为其所在的社会环境发生了剧烈变化，导致儒家文化出现了断层。究其原因，主要是以下两个方面的力量导致儒家文化所处的社会环境发生了剧烈变化：

一是西方现代文明的冲击，导致儒家文化失去主流文化的地位。与西方社会的现代化相比，中国的现代化不是内生的。自晚清鸦片战争被迫开放国门以后，随之而来的是西方现代科技与文化对中国传统农业社会的强力冲击，致使中国的思想文化领域也发生了翻天覆地的变化。自接触西方现代文明以后，学者和知识分子就一直在反思，中国为什么没能够做到自发的现代化。在这个反思的过程中，主流认知经历了一个从"器物不如人"到"政制不如人"再到"文化不如人"的过程。"文化不如人"将矛头指向儒家文化，认为是儒家文化阻碍了中国的现代化。因此，儒家文化在中国现代化的历程中是以负面的形象出现的，"打倒孔家店"也成为主流认知的不二选择。历史上的书院一直是传播儒家思想的文化教育机构，当儒家文化不再是社会的主流文化后，书院也于1901年全面改制，终结了其上千年的发展历程。古代书院被改制为各级学堂后，不再学习"孔孟之道""仁义礼智"等儒家文化，改为全面学习西方的科学、技术、文化。儒家失去主流文化的地位同样导致书院文化的传承出现困难，致使属于书院的光辉时代基本终结，书院逐渐消失在人们的视野中。

二是中国社会由农业社会向工业社会急剧转型这一内部力量，导致儒家文化短时间内难以适应现代社会。中国近现代社会这一百多年间，社会剧烈动荡，社会制度变化很快，随社会制度变化而发生的是精神与思想领域主流文化的几番更迭，从传统儒家文化的"孔孟之道"到西方现代文明的"德先生、赛先生"，[①] 再到 1917 年 "十月革命"后带来的马克思主义，这些思想文化领域的剧变给整个社会带来全面的革新。紧接着，在数十年间，中国社会由农业社会发展到工业社会，再进入现代的市场化、信息化、全球化，教育制度、生活方式等等都发生了巨大变化。在传统社会走向现代社会的过程中，新的价值观念在代替旧的价值观念，儒家文化追求的道德理想远不如科技发展、经济腾飞重要。儒家文化在短时间内难以适应现代社会，不再对人们的精神世界起到引领作用。以学习儒家文化为主的书院教育制度也被现代教育制度完全取代，大量书院被遗弃实属无可奈何却又势在必然。例如由于村落聚居形式向城市聚居形式的转变，导致处于偏僻山乡的书院被遗弃；由于家族、地域被现代社会"消化"掉了，依托于家族势力、地域社会的书院不但失去了支撑力，也失去了存在价值。隐居山林的书院也不得不接受现代旅游休闲文化对它的检视，以求在现代社会获得一席之地。总之，内、外部力量造成的社会环境剧变最终导致了儒家文化断层，而对于传播儒家思想文化的书院而言，儒家失去了主流文化的正统地位，也就意味着书院失去了作为文化教育机构的根基，使得书院在儒家精神传承方面难以为继，在学术影响力方面大打折扣。又因为书院的教育制度也被现代教育制度彻底取代，导致书院的常规教学活动几

---

① "德先生、赛先生"是对民主和科学的一个形象的称呼，"德先生"即"Democracy"，意为"民主"，中文音译为"德莫克拉西"，指的是民主思想和民主政治；"赛先生"即"Science"，意为"科学"，中文音译为"赛因斯"，指的是近代自然科学法则和科学精神。

乎彻底终止。基于这些，书院这株延续千年的"老树"终因为失去了滋养它的"土壤"而逐渐枯萎。

　　书院经历数十年的低谷期之后，到了 20 世纪 80 至 90 年代，才重新返回人们的视野，受到社会各方的关注。例如白鹿洞书院与岳麓书院都在 1988 年被列为全国重点文物保护单位，书院也在国家专项资金的支持下得到修复。21 世纪初，在"国学热"出现之后，书院出现了再次复兴的可能，很多研究传统文化的学者都认为书院能成为优秀传统文化复兴的重要载体之一。然而，再次回归大众视野的书院，却发现其面临的处境颇为尴尬。在现代社会里，儒家文化早已失去了主导性、垄断性的主流文化地位，而与书院相关的文化教育就不得不再度审视自己，以求在现代社会中找到适合它的定位。

第三章
书院教育形式的现代化转型

　　本书在制定书院实现现代化转型的方案时，运用SWOT分析法，结合前文对书院的历史发展情况、文化遗产属性、文化资源属性、现存状况、面临困境以及困境的成因等分析、调查的内容，对书院"能够做的"（即其自身的优势和劣势）和"可能做的"（即环境的机会和威胁）进行综合分析，从中找出对书院未来发展有利的、值得发扬的因素，以及对书院不利的、需要改进的因素，为书院实现现代化转型原则的提出与方案的制定提供决策依据。

第一节　书院现代化转型的综合分析及其原则

　　书院作为古代的文化教育机构，以儒家文化作为主要的教育内容，起源于唐代官方举办的丽正书院，宋代确立书院制度之后，书院开始名扬天下，而后历经元、明、清三朝依旧延绵不绝。在书院历史上，虽也有多次官方禁毁书院或是书院遭遇战火被毁的情况，却因为各级官员、乡绅名流都为兴办书院贡献力量，中国书院制度得以延续上千年。

在为某事物制定具体方案以及策略时，进行 SWOT 分析是经常使用的一种分析方法。所谓 SWOT 分析，就是将与研究对象密切相关的各种主要内部优势（strengths）、劣势（weaknesses）和外部的机会（opportunities）以及威胁（threats）列举出来，然后把各种因素匹配起来加以分析，从中得出一系列相应的结论，而后根据这些结论制定相应的发展计划、方案、策略等。

一、书院发展的有利与不利因素

SWOT 分析中的优势与劣势指的是某事物内部存在的有利因素与不利因素，而用这一方法分析书院的优势与劣势，也应当以书院悠久的历史及其与儒家文化之间的密切关系为基础。

书院的优势之一在于书院是一种综合性文化遗产。书院历史悠久，内涵丰富，包含着非物质文化遗产"书"与物质文化遗产"院"。"书"指的是围绕儒家典籍展开的学习活动以及学术交流，由此传承下来的"书院教育制度""自由讲学的风气""思辨明理的精神"等属于非物质文化遗产；"院"指的是用院墙将一些建筑物围起来，由此留存下来的建筑群、碑刻、文献典籍等属于物质文化遗产。

书院的优势之二在于书院是一种综合型文化资源，其历史、文化、艺术价值丰富，可以用优美的自然风景带来"景观"的吸引力，又可以用深厚的历史积淀带来"文化"的吸引力。

书院的优势之三在于有一批著名书院的存在，这些书院很早就被列入各级文物保护单位，得到很好的修复和维护，使得书院的千年文脉得以延续。例如在宋朝就已经有"天下四大书院"的说法，白鹿洞书院、岳麓书院、嵩阳书院、应天府书院在全国都具有很高的知名度和影响力。

书院的优势之四在于它是以传承儒家文化为核心的教育机构，而儒家文化从春秋时期孔子讲学开始，已经度过漫长的历史岁月，具有深厚的根基，并且在宋代发展出"理学"，在明代发展出"心学"，证明儒家文化可以随着时代演变而不断丰富自身的内容，具有很强的包容性与变通性。

基于上述，书院的未来之路并不是"从无到有"的发展，而是"由弱变强"的复兴，只需找准前进方向，书院必定能在现代社会中找到属于自己的位置。

书院的劣势之一在于因保护意识不足而导致的书院建筑破坏损毁严重。历史上书院数量在清朝时期到达高峰，而历代书院数量约达 7525 所，目前留存下来且尚在开展活动的仅有 674 所①，经过近现代的社会巨变，能够留存下来的书院不足十分之一，而且大多破损严重。再加上很长一段时间内，地方都以经济高速增长为首要目标，对文化遗产的保护意识明显不足，经常出现破旧的古建筑为城乡建设让路的事件，由此导致书院的保护情况不容乐观。

书院的劣势之二在于公众对其的整体认知度不高，书院个体间的认知度存在严重的两极分化现象，一些著名书院得益于修复保护得早，再加上其知名度，积累了先发优势，而另一些书院近些年来才得到关注。因此，公众对书院的整体认知度明显不足，缺乏准确的品牌形象与自我定位。

书院的劣势之三在于吸引力来源单一，大多数书院的文化资源

① 参见邓洪波、郑明星、娄周阳《中国古代书院保护与利用现状调查》，《中国文化遗产》2014 年第 4 期。

都没有被充分地开发利用，千年古书院作为"景观"的吸引力仅局限于单纯的"旅游观光"，作为古代文化教育机构的"文化"吸引力几乎没有被开发利用。

书院的劣势之四在于儒家文化在近现代社会出现断层，在经历了各类思想文化领域的革命之后，儒家文化骤然失去其主流文化的地位，而书院以儒家文化为主要的教育内容，它的发展情况与儒家文化在当前社会中是否处于主流文化的地位息息相关。正如一枚硬币的正反面，当一个社会重视儒家文化时，书院也能得以繁荣发展；反之，当一个社会不重视甚至抛弃儒家文化时，书院自然也被边缘化甚至被摧毁。

SWOT分析中的机遇与威胁指的是某事物外部环境带来的发展机会以及阻碍因素。书院面临的机遇与威胁源于社会环境的变化以及现代人对儒家文化的态度的改变。中华人民共和国成立以后，国家政权空前统一稳定，加上改革开放激发了市场活力，经济长期处于高速增长阶段，社会思潮涌动，社会风气逐渐由保守转向开放。随着国力的增强，人民的物质生活水平逐渐提高，人们开始转向对精神需求的满足，以儒家文化为核心的传统文化重新获得社会大众的关注，这种外部环境为书院的未来发展既带来了机遇，又存在着威胁。详见表3-1。

表3-1　书院的 SWOT 分析

书院的 SWOT 分析（Analysis）	
优势（Strengths）：	劣势（Weaknesses）：
1.综合性文化遗产。	1.书院建筑损毁严重。
2.综合型文化资源。	2.整体认知度不高
3.著名书院延续了文脉。	3.吸引力单一。
4.儒家文化具有包容性。	4.儒家文化断层。
机遇（Opportunities）：	威胁（Threats）：

（续表）

1. 文化遗产保护意识提高。	1. 文化遗产认定方式单一。
2. 文化产业迅速发展。	2. 管理上缺乏统筹规划。
3. 书院制度引起高校的关注。	3. 文化资源竞争激烈。
4. 传统文化复兴的趋势。	4. 社会环境转变。

书院的机遇之一在于社会经济的发展带来的地方财政收入增加以及当地居民对文化遗产认知的改变，使得整个社会对文化遗产保护的意识与资金投入都显著提高。《管子·牧民》说："仓廪实而知礼节，衣食足而知荣辱。"百姓的粮仓充足才能知道礼仪，丰衣足食才会知晓荣誉和耻辱。因而人们只有先解决"吃饱饭"的问题，没有生存危机之后，才能更好地追求"诗与远方"，对生活有更高的追求，对过往历史遗留的文化遗产有更多的保护。

书院的机遇之二在于当今社会文化产业的迅速发展，如图 3-1 所示，近年来文化产业呈现总体增长的趋势。

图 3-1　我国文化及相关产业增加值及占 GDP 比重

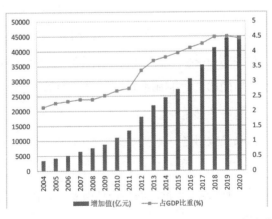

（资料来源：胡亚雯《中国文化产业经济效应分析》，硕士学位论文，河南财经政法大学，2023。）

　　由于文化产业的蓬勃发展，将相关文化资源开发为文化产品以及文化服务的产业链也越发成熟，由此使书院文化资源的开发利用方式更加多样化，从而为书院创造出更高的经济效益与社会效益。

　　书院的机遇之三在于书院制度引起高校的关注。近年来，随着我国高校改革的深入，高校对人文教育愈发重视，一些高校开始尝试"书院制"教育管理模式，推动人才培养模式的创新。"书院制"在很大程度上借鉴了中国古代书院的教育精神、管理模式和机构设置，既是对古代书院所承载的道德教育、人文精神的传承，也是对古代书院学规、管理制度的现代化运用。①

　　书院的机遇之四在于传统文化复兴的趋势。中国近代，以儒家文化为核心的传统文化，曾经被西方文化击溃，失去主流文化的地位。岁月流转，人们终于能以较为客观的态度面对传统文化，既不是彻底打倒、全盘否认，也不是一味继承、全盘接受，"复兴"意味着有所选择，选取其中优秀的部分加以传承和恢复。时至今日，人们发现在"物质"层面，对西方科学与技术的学习并无隔阂，但是在"精神"层面，西方文化中以宗教为中心、以个人自由为基础建立社会秩序的理论存在着严重的缺陷，而以"互利共生"为基础建立社会秩序的儒家文化则展现出不可替代的优势，因此，传统文化的复兴也是一种必然趋势。

　　书院面临的威胁之一在于对书院的文化遗产认定方式单一，现行的文化遗产认定多以"物质文化遗产""非物质文化遗产"进行简单的划分，而2006年批准的第一批国家级非物质文化遗产名录

---

　　① 参见刘海燕《我国现代大学书院制改革的现状、问题与对策》，《中国高教研究》2017年第11期。

完全不见书院的踪影，这对既是物质文化遗产，又是非物质文化遗产的书院来说非常不利。书院这种综合性文化遗产的特性对其文化遗产认定以及保护来说都是一个很大的问题，目前对书院的物质文化遗产部分的认知与保护比较好，而对书院非物质文化遗产部分的认知与保护却明显不足。

书院面临的威胁之二在于管理上缺乏文化教育部门的统筹规划。书院散落在全国各地，保护状况和管理单位各不相同，没有行政部门的统一管理。书院的管理归属以文物部门管理和旅游部门管理为主，缺少文化教育部门的参与。例如江西省现存的 170 所书院，目前还没有一所书院归于大学管理，更没有属于省教育厅管理的书院。这种管理现状，对书院开展学术研究以及文化教育活动极为不利，呈现出进一步弱化其教育功能的趋势。

书院面临的威胁之三在于随着文化旅游的兴起，各种文化资源间的竞争十分激烈。很多文化遗产都是与书院类似的、历史悠久的"景观"，就静态呈现而言，他们并不比书院逊色。因此，书院需要以"活态传承"的方式呈现其自然景观与文化景观并存的"活态景观"，彰显其文化资源独特的吸引力，从而在这些竞争中脱颖而出。

书院面临的威胁之四在于中国的社会环境从农业文明向工业文明转变，再到如今的信息化时代，思想文化领域发生了剧烈地变化，各种文化均面临着"碎片化"之后再度重组的问题。如同德国著名哲学家弗里德里希·威廉·尼采（Friedrich Wilhelm Nietzsche）喊出惊世骇俗的口号"上帝已死"，意味着西方文化中以宗教为核心的一套道德标准被彻底抛弃，中国近代史上的"新文化运动"喊出的口号"打倒孔家店"，同样意味着中国传统文化中以儒家文化为核心的那一套道德标准体系被彻底抛弃。在现代社会里，碎片化的思想文化体系比比皆是，但重新整合思想文化体系却显得任重而道远。因此，如何重新整合儒家思想，使其在现代社会的人文教育中呈现相对优越性，仍然显得方向不明、态势不显。这也是以儒家文化为核心教学内容的书院在未来发展中面临的巨大威胁之一。

二、书院现代化转型的总体原则

通过上述对书院进行的 SWOT 分析，书院自身的优势和劣势以及外部环境面临的机遇与威胁得以明确。书院作为综合性文化遗产，其文化遗产保护需要从物质文化遗产的保护与非物质文化遗产的传承两方面共同推进，而从目前来看，由于地区经济不平衡带来的保护意识差异使得书院整体保护情况堪忧，且基本上只有对物质层面的保护，也就是对书院建筑的修复、重建，对书院的非物质文化遗产的传承则很少关注。而书院作为综合型文化资源，其文化资源的开发利用需要从自然景观价值与历史人文价值两方面共同推进，而目前由于缺乏统一管理以及发展思维的局限，对书院文化资源的利用基本只局限于单纯的旅游观光。再加上社会环境剧变带来的儒家文化断层，导致书院在现代社会整体认知度不高、吸引力单一。面对这样的情形，书院在未来发展过程中，需要深刻认知其"综合性文化遗产"的属性以及"综合型文化资源"的特点，既做好对书院文化遗产的全面保护，又能充分利用其文化资源。因此，针对书院的优势及劣势、机遇与威胁，本文将书院现代化转型的总体原则制定为四点：保护第一、统筹管理、综合发展、与时俱进。

（1）保护第一。因为清朝末年的书院改制，大量书院被闲置、废弃。中华人民共和国成立以后很长一段时间内，经济发展是首要任务，导致文物保护必须时常为经济发展让路。书院所在地的地方政府和当地居民对书院的保护意识不足，种种因素共同造成了书院建筑被大量破坏，书院传承难以为继。就书院现存状况而言，书院的保护情况不容乐观，现今留存的书院数量不及历史上的十分之一，绝大部分书院已经被毁，残存的也正在迅速消亡。因此，在现代社会尚未能够充分认识、充分传承这一文化之前，最好的办法就是予以全力保护，而后才能进行书院文化传承以及考虑对其文化资源的利用。所以，书院在现在及未来想要取得更好的发展，"保护第一"是首要原则，即需要把书院文化遗产的保护放在第一位。全国范围内被保护、修复的书院需要达到一定数量，才能在文化遗产保护上更好地互相协助、共同发展，进而做到在文化资源的利用上统筹规划，形成规模效应。

一是在文化遗产保护上，政府部门需要及时地将现存的书院以及书院遗址列入各级文物保护单位，作为独立的一类文化遗产，不依附于其他文化遗产，并给予专项资金的支持。列为独立的文物保护单位，不仅可以使古代书院残留的建筑得到修缮，恢复原貌，也可以使书院内的摩崖石刻、碑记、纪念性的景观得以通过保护措施较为完整地保留下来，而且可以有效地阻止对书院的各种侵蚀行为。以白鹿洞书院为例，1988 年被列为全国重点文物保护单位之后，书院周边的 3000 多亩林地得以保护完好，与周边被大量砍伐的林地形成鲜明对比。这里虽然属于旅游部门，但却禁止旅游经营者、观光者在这里随心所欲地开展各类经营行为，使书院的原貌保存较好。又如江苏无锡的东林书院，1956 年被列入省级文物保护单位，

2006 年入选全国重点文物保护单位。东林书院位居市中心，旁边就是学校，但因为列入文物保护单位而有效地避免了被随意改作他用的情况，其中的碑刻、文物都保存得非常完好。

二是在法律法规上，政府部门需要为书院文化遗产保护制定更为详细的法律、法规条款，以便用于指导实践。书院兼具物质文化遗产与非物质文化遗产属性，是一种综合性文化遗产，但是"目前我国尚缺乏综合性的文化遗产保护法规，从法规层面已经明确的相关文化遗产分类尚有不完善的地方，难以满足文化遗产保护工作的实际需要，为此需要通过立法形式解决这一问题"。[①] 除此之外，地方政府还应该对其所辖地的书院及书院遗址进行全面普查，有组织地对其进行丈量、拍照、摄影、记录，将这些档案交由政府的文化教育及文物保护部门保留，以便对书院遗址的保护利用进行科学规划。

三是通过扩大宣传来提高当地居民对书院文化遗产的保护意识。通过大众传播媒介宣传普及与书院相关的知识，让更多人了解书院蕴含的丰富价值，尤其是地处学校的书院，更应该增强该校师生对文化遗产的保护意识，形成全民关心、爱护书院文化遗产的氛围，并且让当地居民参与到对书院文化遗产的保护中来，坚决制止并杜绝破坏和拆毁行为发生，因为任何破坏或拆毁后的修缮与重建都会降低其历史价值。

书院具有很高的历史、文化、艺术价值，是中国文化史和教育史的重要组成部分，又是一种不可再生的文化资源，因此，书院的

---

① 徐学书、喇明英：《羌族特色文化资源体系及其保护与利用研究》，民族出版社，2015，第 241 页。

总体发展原则之一是"保护第一"，通过宣传使人们明白书院的珍贵价值，提高对书院文化遗产的保护意识，加上政府部门的努力与当地居民的参与，共同保护书院文化遗产。

（2）统筹管理。如前所述，书院面临的困境之一就是缺乏统一的行政管理，书院散落在全国各地，保护单位、所属部门都不一致，由于没有统一的行政部门进行综合管理，缺乏对书院文化遗产保护的统筹规划，以及对书院文化资源利用的合理配置，导致书院间保护状况差异巨大，知名度上两极分化严重，这对书院的未来发展来说是一种劣势。所以，书院未来发展的总体原则之二是要进行"统筹管理"。"统筹"的意思是"统一筹划"，对书院进行统筹管理意味着建立一个全国性的部门，对书院的未来发展进行"计划、组织、协调、指挥、控制"，将书院纳入一个综合体系进行管理，方便对其文化遗产进行全面保护以及对其文化资源进行合理配置。

据统计，截止至 2011 年年底，全国尚在开展活动的书院共有674 所，其中有 123 所属于文物部门管理，占 18%；有 303 所属于教育部门（大学、中学、小学）管理，占 45%；有 73 所属于旅游部门管理，占 11%；其他类占 29%。[①] 由于现代社会分工细化、管理领域更加专门化，归属于不同管理部门的书院，如果不进行统筹管理，其"综合性文化遗产"和"综合型文化资源"的优势反而会变为劣势。例如归属文物部门管理的书院，对其文化遗产大多仅限于物质层面的保护，缺乏对其非物质文化遗产的传承；归属教育部门管理的书院，在文化教育活动的开展方面具有优势，但是在文化

---

① 参见邓洪波、郑明星、娄周阳《中国古代书院保护与利用现状调查》，《中国文化遗产》2014 年第 4 期。

遗产保护和文化资源利用方面则显得力不从心；归属于旅游部门管理的书院，对其综合型文化资源的利用也仅局限于单纯的旅游观光，无法挖掘其深厚的历史文化底蕴并充分发挥其价值。

因此，从书院的未来发展角度考虑，需要设置这样一个全国性的统一管理机构，将书院的文物保护、文化教育活动及旅游三大部分综合起来，进行统筹规划和管理，以实现对书院综合性文化遗产的保护和综合型文化资源的利用。

其一，书院的文物保护需要全国性的统一管理机构进行统筹。文物保护是书院保护的首要任务，卓有成效的文物保护才能为对书院的学术研究提供第一手材料，为人才培养提供良好的研习环境，为书院的旅游观光奠定坚实的基础。多年来，虽然各地区有能力的书院都努力搜集、整理书院创造的诸多有价值的历史文物、文献典籍等。但是由于缺乏统一管理和统筹规划，单靠某一个书院，很难投入大量的金钱和时间在文物保护工作上。而且由于地方机构改革，文物行政机构和编制被大幅撤并整合，导致文物保护机构人员日益减少，长期以来，文物部门都属于相当"弱势"的部门，尤其是市、县级文物机构。许多书院归属于本就"弱势"的文物部门，更是缺乏专职人员对其进行保护，仅能依靠书院自身的力量进行文物保护。此外，部分地区为经济发展，强行拆除书院的行为时有发生，例如河南省南阳市宛南书院，2008年被列为省级文物保护单位，却在2013年被书院所在的学校强行拆除。该市文物局工作人员曾前往现场阻止，仍无济于事。① 相对"弱势"的地方文物部门以及单独

---

① 参见《铲车轰鸣下 百年"文脉"被拍断》，《大河报》2013年7月15日。

某个书院很难阻止这类事情的发生，所以需要全国性的统一管理机构，联合全国现存的书院，汇聚力量，共同发声，阻止此类事件的再次发生。此外，这一管理机构还可以将现存的书院及书院遗址记录留存下来，建立书院文物保护相关的数据库，进行统筹管理和保护。

其二，书院的文化教育需要全国性的统一管理机构进行统筹管理。历史上的书院一直是儒家文化教育机构，因此，文化教育是书院必不可少的"灵魂"。在书院的管理体系中引入各级教育部门的力量，既可以在书院综合性文化遗产保护中实施对"非物质文化遗产"方面的保护，弥补文物部门仅提供物质层面保护的不足，又可以在书院综合型文化资源利用中充分利用其"文化"资源，弥补旅游部门偏重于景点价值开发的缺陷。教育部门对传统的教育资源有较大的需求，在我国现存的书院中，有相当一部分靠近各类大学、中学、小学，而这些学校或多或少都继承了邻近书院的文化精神。尤其是如果书院与地方高校加强合作，就可以借助地方高校的学术研究力量和专业人才弥补自身学术研究、文化教育方面的不足。因为同属于教育机构，学校对书院的管理能力会优于其他行政机构，而且更有利于书院儒家文化的传承。此外，我国的教育部门还承担着社会公益事业的角色，与文物部门的公益属性十分接近，能够较好地配合文物部门共同保护好书院文化。如果这些书院引入教育部门的力量进行统一管理，就能够发挥书院文化的积极作用，也有利于各类学校积极开展国学教育，弘扬传统文化。

书院引入教育部门的管理力量，不乏成功的模式，例如岳麓书院与湖南大学的合作。岳麓书院 1986 年就已经恢复办学，现如今已经建立起以历史、哲学为主的人文学科体系，全面培养本科、硕士、博士各层次的人才，另有博士后流动站，这种古老书院与现代高校"合作共赢"的模式得到了国内外教育界的高度肯定和赞赏。再如河南嵩阳书院与郑州大学的合作。2009 年 8 月，河南省政府批准郑州大学在登封建立郑州大学嵩阳书院，形成博士、硕士和本科三个层次的教育培养体系，也取得了不少成功的经验。

其三，书院的旅游需要全国性的统一管理机构进行统筹规划。旅游观光是书院重要的经济来源，可以给书院解决部分建设资金和保护资金的问题。旅游也是目前人们前往书院参观的最主要因素，如前文所述，笔者设计的问卷调查第 9 题"您一般是出于什么原因参观书院"，61.02% 的人选择了"旅游观光"，而"参加文化活动""学校组织学习"和"学术研究"等与文化教育活动有关的选项占比不高，加在一起也未超过"旅游观光"这一选项。然而，书院作为文化教育机构，毕竟不是专门的旅游场所，接待能力有限，旅游设施的更新也受制于书院的经费。如果有全国性的统一管理机构对各个书院的文化资源进行统筹规划，就可以塑造出书院的整体品牌形象，这不仅有助于提高书院的认知度，还能将书院间的文化资源进行合理配置。例如岳麓书院、白鹿洞书院等名声在外的书院，慕名而来的游客众多，但是书院的旅游承载力有限，过度容纳游客不仅会破坏游客的旅游体验，还会因为游人众多而对书院的文化遗产保护造成巨大压力。另一些名气小的书院，虽然作为文化遗产得到完好的保护，但是游客稀少，门可罗雀，对书院文化资源的利用几乎没有。如果能有全国性的统一管理机构进行统筹规划，一些著名书院周边地区的其他书院，就可以借助著名书院的光环效应，将部分游客引流过去，或是将一些文化活动放在其他书院举行，一方面可以减轻这些著名书院的旅游负担和文化遗产保护的压力，另一方面也给不那么有名的书院带来更多的人气与经济效益，实现"以强扶弱"，促进共同发展。

综合上述情况，政府部门应该积极探索更加符合书院特点的管理机制，在现有的管理系统中新增"教育类"文化遗产的管理功能，使传统书院成为常态化的"教育博物馆"，并成为专门化的教育活动场所，开展与教育相结合的旅游活动，如国学研习营、游学、文化交流等等。因此，政府部门需要成立一个全国性的统一管理机构，引入文物保护部门、教育部门以及旅游部门三者并行的管理方式，对书院的文化遗产保护和文化资源利用进行统筹管理，让各个书院从"单打独斗"到"强强联合""以强扶弱"，从而形成书院间互相协助、共同发展的良好局面。

（3）综合发展。由于社会对书院综合性文化遗产的认知不足，很多书院的保护仅停留在"外形"的层面，没有"灵魂"的传承，也就是说，部分书院的建筑虽然得到了修复或重建，但是书院作为文化教育机构的职能基本上没能得到延续。受到发展思维的局限，社会对书院综合型文化资源的利用也存在很多不足，开发方式相对单一，基本上只集中在旅游方面，导致书院的吸引力也很单一。因此，书院的总体发展原则之三就是要多方面综合发展，从而提高公众对书院的认知度与书院的吸引力。具体而言，书院实现综合发展需要在文化遗产保护方面"动静结合"，在文化资源利用方面"两条腿走路"。

其一，在文化遗产保护方面"动静结合"，即对书院文化遗产的保护需要结合文化遗产的"静态保护"以及非物质文化遗产的"活态传承"。书院是一种综合性文化遗产，也是一种综合型的文化资源，单纯进行静态的保护是不够的，还需要对其文化教育的职能进行传承。静态保护与活态传承是对文化遗产的两种重要保护方式，"从历史上看，对于民间文化的保护有两种方式：一种是静态的，一种是动态的。静态保护主要是对民间文化成果加以记录、收集、保存，必要的时候能够再现；而动态的保护则是使之适应当代人们精神生活的实际需要，成为新民俗的一个组成部分。"① 具体到对书院的文化遗产保护而言，"静态保护"指的是对书院的碑刻、文献典籍、古建筑等进行记录、保存，使其免遭风雨侵蚀以及人为破坏。书院的碑刻大多是历史名人所留，具有很高的历史价值和艺术价值，集中体现了儒家的道德教育精神。书院还保存了各类文献典籍，书院所选择的藏书大多是历代公认最为经典的一类典籍，而且书院兼具刻书功能，"书院刻本"的印刷质量、校勘质量都很高，对于现代的文献整理行业，具有很大的贡献。书院的建筑与其他历史性建筑不同，具有很明显的文人建筑风格。例如各个书院中基本都有"礼圣殿"，是书院中十分重要的祭祀类建筑，用以纪念先贤孔子及其弟子。对书院的"活态传承"，指的是将书院的教育制度、学术风气、儒家思想精神等非物质文化遗产的内容传承下来。目前而言，书院的教育制度已经与现代教育制度基本脱节，在现代社会期望"复古"，彻底复原书院的教育制度是不可能的，但古代书院对于道德素质、职业精神、为人处世、待人接物的教育，却与现代的"立德树人"

---

① 张坤：《谈利用市场保护非物质文化遗产的可能性》，载《非物质文化遗产纵横谈——北京市非物质文化遗产保护工作高级研讨班论文集》，民族出版社，2007，第266页。

教育有着极大的关联。选择儒家文化中与现代人思想精神、价值观念重合的部分，以其对"内圣"（内心努力成为圣人）这一自身道德修养的不断追求作为现代教育体系中人文教育的重要补充，这应该是书院"活态传承"的主要内容。

其二，在文化资源开发方面"两条腿走路"，即对书院文化资源中的"书"（文化教育机构）以及"院"（书院建筑）的开发需要同时并进，缺一不可。书院是一种综合型文化资源，虽然目前旅游观光是人们前往书院的最主要原因，但将书院打造成纯粹的"旅游观光"景点，是对其文化资源的浪费。例如位于庐山国家公园南麓的白鹿洞书院，环境清幽，古木参天，自然环境十分优美，然而它又是一个相对孤立的景点，不在庐山的主要旅游线路上，需要专程前往。书院每年的门票收入不到100万元，而书院在文物管理、旅游接待、林园建设、山林保护等方面经费开支较大，长期以来收支难以平衡，为此，庐山旅游管理部门不得不每年下拨数十万元经费以维持它的正常运转。单纯从旅游景点的角度看，白鹿洞书院的场地十分有限，旅游设施也比较陈旧，又因为离市中心较远，旅游的六大要素（吃、住、行、游、购、娱）都很不方便，难以称得上是让人身心愉悦的旅游景点。如果除去千年古书院"文化"的吸引力，单纯以"景观"的吸引力与其他类似的古建筑、古村落在旅游市场进行竞争，显然对书院极为不利。为此，白鹿洞书院也试图突破旅游这一方面的局限，与地方高校联合举办各类短期的国学教育类活动，邀请其他著名书院多次举办学术交流、研讨会议，面向社会大众推出一些儒家文化活动等，希望实现文化旅游、学术交流、国学教育等多方面的综合发展。但因经费、场地、专业人员、基础设施等方面的不足，这类文化教育活动参与人员相对有限，仍有进一步发展的空间。相对地，湖南岳麓书院在综合发展方面起步较早，取得很好的效果；河南嵩阳书院除了打造文化旅游外，几年前也开始与当地高校密切合作，逐渐在文化教育领域取得成功。

尽管目前只有少数书院实现了综合发展，大部分书院在这方面还需更多努力，但是书院作为一个传承千年的文化教育机构，如果只是在自然风景、古代建筑等"景观"方面吸引游客，是不足以凸显其特色，难以在竞争日益激烈的文化资源市场脱颖而出的，对书院的未来发展极为不利。因此，书院应该充分发挥其"综合型文化资源"的优势，从"书"与"院"两方面充分利用书院的文化资源，从"文化＋景观"的双重吸引力入手，通过旅游、学术交流、文化活动、国学教育等因素的共同介入，打造属于千年古书院的独特魅力，实现书院多方面的综合发展。

（4）与时俱进。近现代的中国，社会环境的剧变、现代西方科技文化的冲击使得传统中国的儒家文化失去主流地位，加上中国社会由农业社会向工业社会急剧转型导致儒家文化难以在短时间内适应，两者共同作用，造成儒家文化的断层，由此造成书院赖以生存的"土壤"被严重破坏。值得庆幸的是，中华人民共和国成立后，经过多年来的不懈努力，社会得以全面发展，人们对自身文化的自信也逐步建立起来，传统文化复兴的趋势日益强烈。因此，书院总体发展原则之四就是做到"与时俱进"，一方面，顺应这一传统文化复兴的时代潮流，融合现代新儒家的思想，完成书院在现代社会的自我革新；另一方面，现代社会面临着因为过度追求"工具理性"而带来的人文精神缺失的问题，书院教育中对人文教育以及道德教育的不断追求，正好可以弥补这一缺失。

其一，书院的自我革新与现代新儒家。书院作为唐朝即出现的文化教育机构，一直是以儒家思想文化为教学活动、学术研究的核心。现代社会中的书院想要取得更好的发展，也不可能脱离儒家文化这一"土壤"，在开展各类教学活动以及学术交流时，仍然应当以儒家文化为主要内容；但又需要剥离儒家文化中不好的部分，留下好的部分，进行自我革新。这种自我革新正好可以与现代新儒家的兴起相辅相成，互相促进。新文化运动以来，全盘西化的思潮在中国的影响力扩大，值得庆幸的是，在这种"全面向西方学习"的社会风潮中，仍然有一批学者认为中国本土固有的儒家文化和人文思想存在永恒的价值，并坚信中国传统文化对中国仍有价值。通过现代新儒家的不断努力，儒学对现代政治、经济、文化教育、职业教育、家庭教育等方面的积极效用不断得到揭示，这些丰富的成果非常有利于在传统书院开展新型的儒家文化教育，从而促成传统书院的自我变革，使之"老树发新芽"，以全新的面貌面向现代社会生活，使得儒家文化中的道德教育以及对个人修养的追求进一步走向大众化。书院这种顺应传统文化复兴的时代潮流以及融合现代新儒家的自我变革就是书院在现代社会与时俱进的方式之一。

其二，书院的人文教育与"工具理性"膨胀。"工具理性"（Instrumental Reason）是德国法兰克福学派批判理论中的一个重要概念，其最直接、最重要的渊源是德国社会学家马克斯·韦伯（Max Weber）所提出的"合理性"（rationality）概念，韦伯认为社会行为的"合理性"分为"价值理性"和"工具理性"。"价值理性"解决行为主体"做什么"的问题，指的是不计较后果地绝对遵从某些价值信念而行事的行为；而"工具理性"解决"如何做"的问题，指的是以能够计算和预测后果为条件来实现目的的行为。"价值理性"和"工具理性"是人的行为中不可分割的两个方面，本该和谐统一。但是资本主义的工业化进程很快打破了这种和谐共生的局面，出现了"工具理性"膨胀而"价值理性"衰落的状况。由于"工具理性"是一种以工具崇拜和技术主义为生存目标的价值观，通过实践的途径确认工具（手段）的有用性，所有行动的目的是为追求效果最大化，这与资本主义对利润最大化的追求不谋而合。"工具理性"膨胀对社会道德的负面影响是明显的：人沦为理性化的工具，被商品效率、价值尺度所主导，诚信、人伦、重义、互助等传统的道德价值理念逐渐被淡化，个体与个体、个体与群体之间的不和谐感日渐突出。"工具理性逐渐取得了工业文明的主导地位，科技的飞速发展把人文关怀远远地抛到后面，从而造成两者深刻的分裂和对立……马克斯·韦伯则认为现代文明的全部成就和问题皆源于'工具理性'与'价值理性'的紧张对立。"[①]正因为现在过分强调"工具理性"造成了很多问题，人们逐渐认识到在经济发展、科技进步之外，人们同样需要社会道德、人文关怀这些"价值理性"的东西。为了避免人性的扭曲与异化，确保人性的全面与完好，"工具理性"与"价值理性"必须实现和谐统一。以"仁爱""道德"等观念为核心的儒家文化，对成为"圣贤"的自我道德修养要求，对建立"天下大同"理想社会的向往，正契合了"价值理性"的观点："价值合乎理性的行为（在我们的术语的意义上），总是一种根据行

---

① 李善峰：《在价值理性与工具理性之间——文化保守主义思潮的历史评判》，《学术界》1996 年第 1 期。

为者认为是向自己提出的'戒律'或'要求'而发生的行为。"① 所以，对于深受传统儒家文化影响的中国人来说，具有鲜明人文主义色彩的儒家文化正是我们应该追求的"价值理性"。作为儒家文化传播机构的书院，正好可以用书院教育中对人文教育以及道德教育的不断追求，提高现代人对儒家文化中"价值理性"的认知，将儒家文化中的普世价值和道德教育推广开来。这是书院"与时俱进"的方式之二，以其在道德修养和人文教育方面的优势，弥补现代社会因为过度追求"工具理性"而带来的人文精神缺失的问题，迎合了社会对人文主义关怀的需求。

第二节　书院实现现代化转型的具体方案

在制定书院文化资源的现代化转型方案时，需要结合前文对书院的 SWOT 分析以及书院现代化转型的总体原则综合考虑。从书院的 SWOT 分析考虑，一是发挥优势。在几个著名书院间实现强强联合，而后带动其他书院共同发展，充分发挥书院综合性文化遗产与综合型文化资源的优势，学术交流、文化教育等方面的内容也应该与时俱进，有所革新。二是改进劣势。书院的建筑需要被修复，建立博物馆或陈列室对其文物进行保护；书院还应该积极开展面向社会大众的各种传统文化活动，而后充分利用大众媒体的传播作用，提高大众对书院的认知度与书院的吸引力。三是抓住机遇。现今社会传统文化复兴的趋势显现，人们对文化遗产的保护意识有所提高，

---

① 马克斯·韦伯:《经济与社会》，林荣远译，商务印书馆，1997，第 57 页。

现代教育体系逐渐认识到书院在人文教育方面的重要价值，加上文化产业的繁荣发展，都为书院提供了较为有利的外部环境。四是避免威胁。随着社会环境转变，儒家文化不再是社会主流文化，科举考试也早已经废除，书院在教育体系中的地位不可能再回到从前。因此，书院需要避免和现代教育体系争夺教育主导地位，而是要在人文教育、传统文化建设等方面发挥作用，重新找准书院在现代社会中的定位，拓展自己的生存空间。加上随着文化旅游市场的兴起，各类文化资源间的竞争也日益激烈，书院间需要联合起来以应对竞争。

从书院的总体发展原则考虑，"保护第一"意味着先要恢复书院建筑，而后加强文物保护，这是从其他方面实现书院现代化转型的基础。"统筹管理"一方面需要政府部门成立全国性的统一管理机构，以官方力量进行统筹管理，书院间需联合发声，促成此事；另一方面需要书院成立行业协会，以民间力量进行统筹管理。"综合发展"意味着书院需要从"学术""教育""旅游"等方面推进书院的综合发展。"与时俱进"意味着书院不能固守成规，需要推行适合现代人精神生活的各类文化活动、娱乐活动。

综合以上内容分析发现，有些因素是时代发展带来的机遇和威胁，例如儒家文化在社会中的地位；有些是需要政府部门参与的事情，如文化遗产认定、文物保护单位认定等。对于这些书院干预不了的因素，则无法将其列入书院文化资源的现代化转型方案中。因为文化资源是文化遗产中能够产生社会效用性的部分，通过开发、利用，可创造出经济效益和社会效益的那一部分文化遗产才能转化为文化资源。所以，书院的现代化转型方案要从"书院能做什么"

这一角度出发，结合相应的问卷调查，分析可以从哪些方面对书院的文化遗产和文化资源进行保护与开发利用，从而创造出更多的经济效益和社会效益。

书院需要在现代社会找到自身的定位，以传统文化教育机构的身份，以儒家文化人文道德教育的优势，成为现代教育体制的补充部分。先将书院建筑修复，再集文物利用、学术交流、国学教育、文化旅游为一体，并借助大众传播的力量扩大书院的知名度。各书院可以根据自身的具体情况，选择自身优势所在的部分进行发展，并积极联动其他书院，交流协作，以弥补自身的不足之处。总体而言，书院的现代化转型方案可以从建筑修复、文物利用、学术交流、国学教育、文化旅游、大众传播六个方面展开。

一、建筑的修复与文物的利用

书院的建筑是一种典型的"文人建筑"，其建筑形制、特征不同于一般的古代府邸宅院，也不同于一般的庙宇建筑，而是在融合两者的基础上，发展出自身独特的风格。如果想让古代书院在现代社会有所发展，恢复书院的建筑是第一步，也是对书院遗产进行保护的最基础工作。就像要先有瓶子，而后才能将水装进去，只有将书院建筑恢复后，后续的文物利用、国学教育、文化旅游等才有相应的场所。

其一，恢复书院建筑时应当体现"礼乐相成"的儒家美学思想。书院是以传播儒家文化为主要教学内容的教育机构，其创办者多是深受儒家文化影响的文人学者。儒家典籍之一的《礼记》中阐述的美学思想，强调"礼"与"乐"应当并用，二者相辅相成。具体而言，书院建筑的空间形态既强调了等级分明、尊卑有序的传统伦理观念，表现了"礼"之秩序的影响，又通过层次丰富、意境隽永的空间组织传递了和谐自然观念，表现了"乐"之精神的渗透，形成了"礼乐相成"的空间模式与文化内涵，对书院中的师生有着强大的价值、伦理、道德、审美诸方面的教化规训作用。[①]因此书院这种"文人建筑"在建筑风格上追求朴实无华、质朴庄重，在书院选址上追求依山傍水、风景优美，在建筑布局上讲究中轴线对称却又不完全拘泥于形式，书院建筑表现了严守等级伦理的"礼"之秩序，也渗透了崇尚万物和谐的"乐"之精神，达到了"礼乐相成"的统一状态，成为传统儒家文化影响下的代表性文人建筑模式。

　　笔者设计的问卷调查第17题是："在参观书院的过程中，您会更关注书院文化的哪些方面？"在483位调查者中，选择"建筑风格"的有363位，排名仅次于"历史渊源"，详见图3-2。说明人们前往书院，很大程度上也是为了体会书院独特的文人建筑风格。因此，书院建筑在修复与新建时，都需要把握"礼乐相成"这一儒家美学思想的核心。

　　[①] 参见鞠叶辛、刘万里《礼乐相成——中国传统书院建筑空间文化内涵初探》，《城市建筑》2017年第23期。

图 3-2　第 17 题：在参观书院的过程中，
您会更关注书院文化的哪些方面？

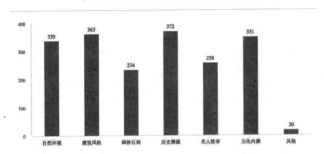

（注：本题为多选题，有效问卷 470 份，因回答者
可进行多项选择，所以总数值会超过 470 人次。）

　　其二，应当对已经损毁的建筑物进行选择性修复与重建。书院
作为古代文化教育机构，其主要功能为讲学、祭祀、藏书，建筑群
也以这些功能为核心进行建造。因此，书院在进行建筑的修复与重
建时，考虑到书院维修资金以及现有土地面积等因素影响，很难彻
底恢复历史上的建筑规模，但其实也无须复原所有建筑。书院可以
对其建筑物进行有选择地保护和复原，重点围绕"讲学、祭祀、藏书"
这三个书院的主要职能展开，有意突出强化其具备书院文化价值的
建筑物。如围绕"祭祀"职能，需要修复的是祭祀类建筑，包括祭
祀孔子的礼圣殿以及祭祀各书院文化名人的专祠，这些建筑物的价
值类似于名人故居、名人纪念馆等；围绕"讲学、藏书"职能，要
修复的是教学类建筑，如文会堂、藏书楼等，这些建筑承载了国学
教育功能，类似于现代各种形式的新型书院。此外，对风景优美的
书院，可以恢复其园林景观建筑，例如白鹿洞书院在庐山脚下、岳
麓书院在岳麓山脚下、石鼓书院位于石鼓山，这些书院可以将其园
林与自然山水融为一体，在山水间增加亭台楼阁的点缀，使之与优

美的自然风光相得益彰。

其三，通过建筑塑造书院的文化氛围。书院历经千年发展，又是以儒家文化为主要教学内容的教育机构，人们来到书院是想在这一建筑空间中，感受到千年古书院"古色古香"的文化氛围。"空间氛围起因于人与景的情感共鸣。物质载体需要承载人的情绪，并通过相应的视觉形象在空间中表现出来。情感的流露和环境的塑造不能相互脱离。如果空间没有情感，即使在空间中运用再多繁杂、华丽的形式语言也很难激起人们对空间的共鸣。"① 书院建筑的审美追求是静谧、幽雅，有意营造与日常生活形成"陌生化"的环境，以便人们暂时挣脱现实生活的局限，在更遥远、更悠久的时空中感受先贤和经典传递的道理。这种建筑，与寺庙、道观、官衙等建筑迥然不同。色彩过于艳丽、建筑物过于宏大、设备过于富丽堂皇，与山水自然、周边环境很不协调的书院建筑，都无法传递类似的感受，因此也就是失败的。例如河南应天书院的建筑物就因为过于崭新，色彩浓烈，即使规模宏大，却也令游客颇感失望；再如江西贵溪设计的象山书院，建筑物的材料与色彩不符合古建筑的特色，无法塑造出书院古朴典雅的文人建筑风格。所以，书院古建筑在修复时需要遵照"修旧如旧"的原则，充分尊重古人的建筑审美观，认识其中的设计逻辑，在修复与新建时，符合中国传统古建筑的风格，体现儒家"礼乐相成"的美学理念，从而形成书院独特的文人建筑风格。新建的建筑物也需要和书院整体风格融为一体，通过对外部建筑材料的复古做旧，以及在建筑色彩方面选择古朴典雅的色彩，

---

① 胡梦丹：《建筑现象学视角下孔子学院中华文化氛围营造设计研究》，硕士学位论文，浙江工业大学，2018，第27页。

让人感受到岁月的痕迹以及书院厚重的文化内涵，通过这些修复的古建筑与做旧的新建筑来共同塑造书院的文化氛围。

文物是人类在历史发展过程中遗留下来的遗物、遗迹，它指具体的物质遗存，也就是文化遗产概念中的物质文化遗产部分。文物按类型可划分为不可移动文物和可移动文物两大类。不可移动文物一般指的是体量大、不能或不宜整体移动的文物，如古建筑、石刻、古遗址、纪念地等。可移动文物一般指的是体量小，可以根据保管、研究、陈列的需要变换地点的文物，如工艺品、书画、古文献等。从唐初出现到清末终结，书院经历了漫长的历史岁月，留下许多珍贵的文物，其中多与"文字""书籍"有关。书院的不可移动文物主要是书院建筑群、摩崖石刻、碑文等，书院的可移动文物主要是文献典籍、书法作品、绘画作品等。2017 年新修订的《中华人民共和国文物保护法》，提出"保护为主，抢救第一，合理利用，加强管理"这一法律条例，并将其作为指导文物工作的基本准则。对书院来说，也需要严格遵循这一法律条例，对书院的文物也是将保护放在首位，而后思考用各种灵活的方式加以利用，如引入文物登录制度和数字化技术，将书院的不可移动文物和可移动文物进行合理利用。

其一，不可移动文物与文物登录制度。文物登录制度指的是通过对文化遗产的广泛调查，列入清单进行登录，编制出存在于周围环境中的文化遗产目录。"文物登录制度的意义在于：一是对大量的文物古迹、近现代建筑以及近代化产业遗址等进行登录，扩大了以往的文物概念和范畴，将单一的文物保护推向了全面的历史环境保护。二是可以对文物建筑进行合理再利用，无论是维持原来的用途，还是作为事业资产或作为旅游资源再开发，对建筑的外观与内部均可进行适当的改变，因此是对历史建筑的一种柔性保护机制。"① 在文化遗产保护上，西方国家一般采用"指定制度"和"文物登录制度"并行的双重保护方式。在我国的文化遗产保护体系中，目前只有指定制度，即政府部门将某处文物古迹指定为各级重点文物保护单位，这种指定制度保护的更多是"国宝精品"。目前列入各级重点文物保护单位的书院约有 400 处，列为全国重点文物保护单位的仅有 50 处，大量的书院及书院遗址都无法被列入保护名单。一来是因为我国历史悠久、文化古迹众多，需要"论资排辈"，许多书院的"资格"尚且不够；二来是因为书院建筑经历多次的毁坏重修，文化古迹的完整性难以保证，新与旧叠加在一起，给书院文物的价值判定造成困难。这样一来，指定制度只能够对少数列入文物保护单位的书院进行精心保护，而更多的未能被列为文物保护单位的书院文化遗产无法得到依法保护，继而在城市更新改造或开发建设中被随意拆除。因此对于书院的不可移动文物需要引入文物登录制度作为补充，将大量的、多样的书院文化古迹列入清单名录。

书院引入"文物登录制度"后，既可以对各处尚没有"资格"被指定的书院文物古迹进行保护，不允许随意拆除，又可以对书院的各种文物古迹进行合理利用，因为与被"指定制度""冻结式"保护的文物古迹相比，被登录的文物古迹保护工作更"柔性"，允许适当改建。书院一直作为文化教育机构而存在，在现代社会如果想继续以千年古书院的魅力吸引人，就需要让摩崖石刻、碑文参与

---

① 张松：《历史城市保护学导论：文化遗产和历史环境保护的一种整体性方法》，同济大学出版社，2008，第 156 页。

文化氛围的塑造，需要建筑空间为学术、文化活动的展开提供场所。因此，书院的不可移动文物如书院建筑、摩崖石刻、碑文等由于不便移动或不宜移动，对其的保护既无法像可移动文物那般馆藏起来静止不变，也不能将某块石碑或某一单体建筑列为文物保护单位后围起来不加利用，而是需要更灵活的利用方式，即在文物保护"指定制度"的基础上，引入"文物登录制度"，将书院文化遗产与日常生活联系起来，既防止建设性破坏与开发性破坏，又不影响其文化资源的利用。

其二，可移动文物与现代数字技术。书院的可移动文物基本上围绕"书"展开，主要是文献典籍、书法作品、绘画作品等。书院的可移动文物尤其以文献典籍为特色，对这类可移动文物，最常见的文物保护与利用方式就是建立博物馆、展示厅，隔着玻璃柜等保护设施将其展示给社会大众。其他可移动文物，如金器、银器、铜器、玉器、陶瓷等，展示时主要欣赏其材质差异、色彩差别、风格特征等，书院的可移动文物主要以纸质媒介为材质，放在玻璃柜中对其展示，虽然能较好地对其进行保护，却无法欣赏具体细节，尤其是书籍类，只翻到某一页对外展示，其他部分的信息内容无从得知。对古籍、书画的保护是必需的，但是如果只用这种传统的展示方式，参观者既不可以触碰书籍，也无法仔细阅读其中的内容，实在是遗憾。因此，对于书院的古籍、书画类可移动文物，需要以"实物展示"加上"数字化呈现"两种方式共同利用。

"实物展示"指的是按照博物馆陈列展览的方式，将书院收集、留存的文献典籍、书法作品、绘画作品等经过修复后展示出来，方便前来书院参观的人观看。"藏品是博物馆的物质基础，藏品信息是博物馆的核心资源。"① 这种陈列展览将文物古迹以"实物"的形式呈现出来，给人们带来强烈的真实感。例如书籍泛黄的纸张、不同的字体、褪色的墨迹等等，都留下岁月流逝的痕迹，让人们可以通过这些见证知识的流传。

"数字化呈现"的基础是将文物数字化，"利用数字技术完整记录文物信息，持续监测文物状态，支持本体保护、科学认知、价值发掘与创新传承。文物数字化主要以计算机科学技术为基础，并结合其他学科相关先进技术对文物实现数字化"。② 将书院的文献典籍等可移动文物进行全面的数字化记录后，既可以用"数字化呈现"补充"实物展示"无法全面获取知识信息的不足，又可以对其蕴含的知识信息进行备份和二次保护，避免因不可抗力造成文献典籍知识信息的彻底毁坏。当然，书院文化典籍等可移动文物的数字化建设是个浩大的工程，需要众书院联手，或是交由专业的古籍数字化公司整理，更需要和政府古籍整理或保护机构进行直接的全面合作。书院的文献典籍、书法绘画作品等通过"实物展示"和"数字化呈现"后，可以供人们在实地以及网络上学习、交流与创新，实现信息资源共享，更好地发挥书院文化资源的历史文化价值。

二、学术交流、国学教育与文化旅游

在历史上，学术研究、学术交流对书院发展曾经起到过巨大作用。书院的学术研究由教学活动延伸而来，书院辩论明理的风气给了学术思想诞生的可能，书院丰富的藏书给学术研究提供了文献支

---

① 顾群、郑茜主编《中国民族博物馆研究》，民族出版社，2014，第29页。

② 张宝圣：《数字化技术在博物馆文物保护工作中的思考》，《文物世界》2019年第6期。

持。书院的师生们通过对儒家典籍的学习研究，形成不同的学术流派，并在各书院间频繁进行交流、讨论。追溯书院的历史发展就会发现，在历史上负有盛名的书院大部分都与书院文化名人之间的学术交流有关，这种频繁的学术交流使得他们的思想产生碰撞，从而产生新的思想来丰富书院的文化内涵。例如江西铅山鹅湖书院颇有盛名，是因为南宋淳熙二年（1175）六月，吕祖谦、朱熹、陆九渊在这里举办了"鹅湖之会"，朱熹与陆九渊两人就各自"理学"与"心学"的哲学观点展开激烈辩论。朱熹主持白鹿洞书院时也曾邀请陆九渊前来讲学，对"君子喻于义，小人喻于利"这一观点进行讲解，影响非凡。朱熹还在南宋乾道三年（1167）特意前往湖南，与时任岳麓书院主教的张栻切磋学问，这就是书院学术史上被传为佳话的"朱张会讲"。各书院间不同学派的学术交流频繁进行，形成自由讲学、论学的风气。著名学者在书院辩论，借着书院这一场所，对自己的学术思想进行广泛传播；而各种思想相互碰撞，彼此借鉴，也使得书院名气更盛。

随着社会发展，现代化的交通设施更便于人们打破地域间的限制，自由前往各地。因此，书院间更应该进行学术交流，充分研讨、认识其文化价值因素，尤其是一些书院史上重要的"会讲"（中国古老的学术研讨方式），更应该举办学术交流会议以纪念当时的盛况。一方面，书院间可以通过学术交流这种方式提高书院的知名度与学术专业性，学术交流带来的思想碰撞也可以不断促进书院文化与儒家文化的进步发展；另一方面，在已经开展国学教育的书院里，鼓励学生们积极参与这类学术交流，可以极大地提升书院国学教育的专业性。此外，还能邀请部分游客参与，使学术交流也成为传播儒家文化的重要方式之一。具体而言，书院可以采用成立行业协会以及建设学术交流中心等形式共同推进学术交流的进行。

其一，书院需要成立行业协会以凝聚各个方面的力量。在古代书院教育中，曾经出现了一大批名扬天下的大师，如周敦颐、朱熹、陆九渊、王守仁等，他们在书院讲学、开展儒学研究与学术交流，吸引天下学子纷至沓来。然而目前在学术研究方面，除了个别书院取得较好的成果，如岳麓书院、白鹿洞书院，大部分书院的学术研究力量还比较薄弱。总体而言，书院的研究成果还不够丰富，研究人员偏少，比较缺乏具有全国影响力的学术人物，很难有更大的社会影响力。又因为受客观条件和管理体制限制，大部分书院与现代学校缺乏教学及科研方面的合作。所以，想要进行书院之间的学术研究和学术交流，仅靠个别书院是难以形成强大影响力的，需要成立全国性质的行业协会，进行统筹管理与协调组织，集合各书院的优秀人才，凝聚各界力量，才能让书院拥有更大的影响力。书院间可以通过行业协会做到"内行管理内行"，从而引领各书院的建设和管理，整合和统筹各种科研资源和力量，构建书院学术研究成果共享平台，促进全国各书院间的学术交流。

其二，书院需要建设学术交流中心以接待更多参会人员。历史上的书院大多包括书院主体建筑和外围的园林建筑，面积较大。但现代经过修复以后的书院大多仅剩书院主体建筑，外围原有的亭台、桥梁、牌坊、山林、湖泊等全部荡然无存。因为书院的游览面积有限，在书院开展学术交流及国学教育的人，通常只能在书院内逗留很短的时间，这就极大地限制了书院的发展。所以，对于场地开阔的书院，可以建设大型的国际学术交流中心，以承接、举办学术活动及学术会议为核心，继而衍生出其他方面的使用功能，包括为各种学术活动提供会议场所、统筹交通工具、布置展览、提供专业服务人员、安排饮食住宿、修建购物商店等等。对另一些场地狭小无法拓展空间的书院，可以联合周边的书院，将人群引流过去，这也需要依靠书院行业协会的统筹规划，安排好交通工具、会议场地以及食宿。

如果书院在组织学术交流活动中提供专业化的优质服务，将会吸引很多团体组织前来举办会议和活动，为书院创造经济效益的同时还能提高书院的知名度。此外，书院还能以举办各种学术活动为契机，邀请各界专家学者前来进行学术交流，研究书院的历史文化内涵，这对推进书院的学术研究以及传承书院文化是大有裨益的。

"国学"这一词最早是指国家所设立的教育机构，也常被称为国子监、太学等。清朝末年，西方的科技文化等传入中国，被称为"西学"，"国学"也逐渐成为与"西学"相对应的概念。关于"国学"的概念，有广义和狭义之分，广义的国学，即中国一切过去的历史文化，思想、学术、文学艺术、数术方技均包含于其中；狭义的国学，则主要指意识形态层面的传统思想文化。本书视野中的国学概念，因为主要用于书院的国学教育之中，所以并不是指中国传统文化与学术的全部。本书中书院的国学教育指的是以儒家文化为核心的"德育""智育"，以及延伸而来的传统文化中有关"美育""体育"部分的内容。同时，书院也要对课程内容进行认真地整理，选择其中具有现代教育价值的部分教授给学习者，从而影响他们的精神和价值观。

"国学教育是一项系统的、长期的、文化浸润式教育，是一项系统工程。只靠学校不行，必须全社会支持，才能达到预想的效果。"①书院可以成为这个"社会支持"力量，虽然在现代社会失去了其教育功能，但书院长期作为文化教育机构而存在，可以作为现代教育体系的补充部分，以儒家文化的人文道德教育优势，弥补现行教育制度的不足之处。

如果说"学术交流"能够提高书院的知名度以及学术方面的专业性，那么开展国学教育则是为了扩大其影响力。在书院的国学教育规划上，可以根据教学内容的差异，将书院的国学教育分为专业性的国学教育以及大众化的国学教育两大类。

专业性的国学教育以儒家典籍为核心，对儒家不同学术流派及思想进行学习与研讨，更专注于儒家哲学思辨层面。专业性国学教育类似于现代教育中本科及以上的人才培养，与现代教育内容不同的是，国学教育的核心内容需集中于"国学"即传统儒家文化范围内。专业性国学教育可以为学术研究服务，与学术交流活动对接，培养的学生可以参与学术研究以及参加学术交流活动。对于学术研究能力较为深厚的书院来说，可以积极开展这类国学教育活动，并争取与当地高等学校合作，以便获得其科研与师资力量的支持，同时对学生进行全日制培养，逐步将专业性国学教育纳入现代教育体系中。

大众化的国学教育同样也教授一些儒家典籍中的内容，但是一定注意避免过于深奥的内容，而更专注于对儒家文化的普及传播，希望以儒家文化中的人文教育提升社会大众的道德修养。大众化国学教育在内容上，需要以通俗易懂为目标，选择一些儒家思想文化

---

① 许世明：《国学经典的教育策略探索》，《中国城市经济》2011 年第 1 期。

中容易被社会大众理解、接受的部分，并注意增加趣味性的国学教育类的文化活动，以增加书院对社会大众的吸引力。对于学术研究薄弱的书院或者周边没有学校能给予支持的书院，可以开展这类大众化国学教育。问卷调查中的第 18 题是："如果书院举办以下文化活动，您会对哪些有兴趣？"在各选项中，"传统礼仪学习"排名第一，"国学文化教育"排名第二，"书法绘画展览"排名第三。除此之外，古代学习生活体验、中式乐器表演、名家大师讲座、节日庆典活动等与书院文化氛围相符合的活动，也受到人们的关注。这可以说明社会大众对于国学教育以及传统文化相关内容比较感兴趣，各书院可以根据自身条件，在大众化国学教育的形式上要采用更加灵活的方式，例如兴趣班、培训班、夏令营等模式，开展书法、绘画、品茶、闻香、抚琴等文人雅士的趣味活动，还可以将其制作成固定的文化项目，与文化旅游联合起来，达到吸引游客的目的。在这类大众化的国学教育中，如若大众对国学有兴趣和钻研精神，则可以去专业性国学教育中获得进一步的学习。

另外，"祭祀"曾经是书院教育制度中重要的构成部分，在专业性的国学教育和大众化的国学教育中都可以增加祭祀礼仪部分的内容。书院的"礼圣殿"中孔子及其门下贤哲等世所公认的儒家先圣先师，各书院又根据学术流派的差异供奉本书院的创始人与代表人物，祠堂之上排列的开山祖师及各个时期的代表人物，象征书院的精神血脉，表明书院的学术渊源、风尚与特色，是学术传统的具体化。虽然现代社会的师生们无须行跪拜礼，但是可以通过或简单或隆重的"释菜礼""释奠礼"，让学生们体会尊师重道的儒家精神，并通过祭祀仪式对儒家精神文化的传承产生敬畏之心。

目前而言，书院的教育制度已经与现代教育制度基本脱节，在现代社会期望完全"复古"，彻底复原书院的教育制度是不可能的一件事情。所以要选择儒家文化中与现代人思想精神、价值观念重合的部分，根据儒家哲学思辨精神以及人文道德教育的特色，划分为专业性的国学教育和大众化的国学教育两部分，以期作为现代教育体系的补充。

目前，中国已经进入一个中等收入国家，2019 年人均 GDP 超过 1 万美元，虽然与发达国家之间还存在着较大的差距，但显而易见的是随着经济的发展，国人的消费需求在急剧攀升，旅游消费也逐渐成为国人消费支出的重要构成部分。详见图 3-3。游客需求层次日益提升，原有的旅游六大要素（吃、住、行、游、购、娱）无法真正满足新时期旅游消费者。文化旅游是一种以消费、体验与享受文化为核心的旅游活动类型。"文化"与"旅游"的深度融合，使得文化旅游的涵盖面极为丰富，吸引着越来越多游客的青睐。

图 3-3　2008—2019 年中国国内旅游人数及增长情况

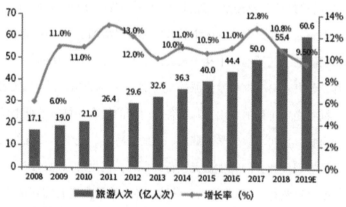

（资料来源：旅游局前瞻产业研究院整理）

书院大多都坐落在风景优美、山清水秀的地区，再加上千年传承积淀的历史文化内涵，为书院文化旅游的开发提供了绝佳的条件。书院文化旅游的开发既能适应新时代游客的旅游要求，又能为书院的传承提供全新的发展思路。目前，大部分书院没有十分突出并具有广泛社会影响力的文化旅游产品，虽有所发展，但还属于初创阶段，有巨大的潜力和空间。书院文化旅游的开发可以从以下几方面着手：

其一，通过自然景观与文化景观共同塑造书院的文化氛围。书院作为综合型文化资源，既有山清水秀、草木葱郁的自然景观，又有摩崖石刻、文人建筑等构成的文化景观，两者相映成趣，折射出昔日文人士大夫回归自然隐居山林的审美情趣。人们来书院旅游，就是希望暂时脱离现实生活里的身份，在书院的山林间、古建筑里，体验一些传统文化活动，沉浸于眼前的事物，感受千年古书院的独特魅力。而书院需要将其历史文化内涵以各种文化符号和文化景观的形式呈现出来，通过对自然景观与文化景观的共同塑造，例如书院自然景观中点缀在山林间的亭台楼阁以及书院人文景观中随处可见的匾额、楹联等，为游客创造一种区别于世俗生活的特殊文化情境，让人们能够"坠入"书院独特的文化氛围里。

其二，完善各项配套的服务设施，提高旅游服务质量。书院需要效仿其他成熟的旅游景区，做好旅游资源的合理配置，以旅游景点的标准与要求，做好景区规划与景点设置，合理安排学习、娱乐、参与活动等区域的布局，互相联系又互不干扰。若是书院原有场地不够开阔，可以在书院附近建设配套的住宿、餐饮、购物等服务设施，以提升接待游客的能力，这些扩建的旅游服务设施，在建筑风格上需要与书院主体建筑协调统一，高度也不应超过书院主体建筑，以免破坏书院的整体氛围。

其三，打破地域界限，各书院间实现强强联合或优势互补。在具体的旅游线路设计策略上，各书院间可以根据旅游目的地内、外资源的同质性和异质性，打破地域界限，实施横向联合，达到强强联合的积聚效应，比如白鹿洞书院、嵩阳书院、应天府书院、岳麓书院可以联合推出"中国四大书院游"旅游产品，各书院间做好旅游活动的对接，使游客们既可以集中感受古书院的魅力，又可以区分不同书院的地域特色；书院也可以与当地或外地高校合作，打造"国学之旅"旅游线路，推动高校师生们的游学活动，形成优势互补效应。此外，著名书院的旅游场地容量有限，节庆假期，慕名而来的游客过多，这会影响整体的旅游体验。著名书院可以将过多的游客引流，去往周边名气与人气较弱的书院，由这些书院为其提供场地，从而形成协同发展的局面。

其四，增加具有参与性、体验性的文化活动，激发旅游者的热情，加深对书院文化的认识和理解。随着旅游的大众化程度越来越高，人们的旅游消费理念日趋成熟，纯粹的旅游观光显得单一乏味，已经满足不了旅游者对文化内涵的需求。因此，书院的文化体验旅游产品应当具有独特性，让游客能够真正地参与其中，为游客提供属于书院文化的独特旅游体验。例如书院可以设置"古代学子的一天"类似体验活动，让游客体验师生们在书院读书、生活的情景。书院还可以将其他与书院相关的非物质文化遗产的项目融入其中，如宣纸传统制作技艺、书法、篆刻、雕版印刷技艺、古琴艺术、中国传统木结构建筑营造技艺等。宣纸是古代师生们必不可少的书写纸张，雕版印刷是古代生产书籍的方式，传统木结构是书院建筑的构建方式，书法、篆刻、古琴则是古代文人对艺术修养的追求。书院文化体验活动与非物质文化遗产项目相结合，一方面可以增强游客的体验感与参与感，另一方面也是对我国其他文化遗产的保护。

其五，制作文化纪念品。旅游纪念品是文化旅游的重要组成部分，书院可以针对游客开发一些文化纪念品，不仅可以起到一定的对外宣传作用，还可以形成一条旅游商品的产业链，进而促进书院的经济发展。在问卷调查中，也设置了与书院文化纪念品有关的问题，第 12 题是："如果书院推出相关文化纪念品，您是否愿意购买？"选择"愿意"购买的人数占总人数的 28.57%，另有选择"有可能会"购买的占总人数的 61.9%。第 13 题是："您希望书院文化纪念品的购买价格是多少？"选择 20~50 元的比例最高，占比 41.19%，其次是 50~100 元排名第二，占比 31.12%。第 14 题是："您觉得书院文化纪念品哪种特点更重要？"排名前三的分别是文化内涵、创意程度、美观精致。第 15 题是："以下书院文化纪念品类，您更喜欢哪种类型？"排名前三的是艺术装饰、文具用品、生活用品。综合以上问卷调查的结果说明，对于书院文化纪念品，人们的购买意愿不算十分强烈，大部分处于观望状态，但也不会特别排斥购买相关商品。在价格方面，人们愿意为书院纪念品付费的区间范围集中在 20~100 元，这就意味着在产品生产与产品定价时，需要特别注意价格因素对产品销售的影响。人们希望书院的文化纪念品是更有文化内涵而且具有装饰性或者实用价值的，因此在具体产品开发方面，书院应该把传统书院文化与现代生活需求相结合，形式上也应该多种多样，以方便携带和收藏为主，如笔墨纸砚、书签、明信片等小物件，既与书院文化相关，又能在日常生活中派上用场，以适应文化商品生产和销售的模式。总之，将书院文化元素提炼出来，运用创新意识，制作成与日常生活息息相关的文化纪念品，可以让人们对书院的历史文化有更深的记忆。

　　大众传播是源于传播学的概念，指一群人经由一定的大众传播工具（如报纸、电视、电影、互联网等）向社会大众传送信息的过程。在这个过程中，传播者将信息内容通过大众传播媒介传达给不知名、不定量的受众群体，传播者会通过受众的反馈信息来观察传播效果，以便进一步调整自己的传播内容。[①]传播者指信息的发出者，受众指信息的接受者，在两者之间，大众传播媒介架起了沟通的桥梁。书院在谋求更好的未来发展过程中，也可以通过各种大众传播媒介来增强书院的大众传播效果，提升书院的认知度，并以具有吸引力的传播内容，引导人们前来书院参观游览或是参与活动。在问卷调查中，第7题是："您是从什么途径了解到书院及书院文化？"选择网络媒体的人数共计237人，占比59.55%，排在第一位。第19题是："日常生活中能否经常看到书院文化相关的信息？"共有141名受访者选择了6~10分的区间，占总数的29.19%（本题采用10级量表评分的形式，受访者选择6分及以上的分数则表示较为经常看到）。第20题是："您是否愿意主动去了解书院文化？"选择"愿意"的人数共计248人，占比51.35%，选择"不会主动了解，但别人介绍会听"的人数共计217人，占比44.93%。

　　综合以上数据结果，在了解书院的方式上，通过网络媒体了解的人数最多，但是在日常生活中，人们接触书院相关的信息频率并不高。一方面，"书院"相对还是比较小众的一个概念，人们还没有频繁接触这类信息的需求；另一方面，书院在大众传播上还十分不足，没能给人们留下深刻印象。然而在对书院的"了解意愿"方

---

①　参见郭庆光《传播学教程》，中国人民大学出版社，2011，第101—103页。

面数值很高，这意味书院获得了较高的态度认同，超过半数以上的人有主动了解书院文化的兴趣，在剩下相对被动的人群中，大多数人都不会排斥了解书院文化，只要传播内容得当，肯定会引起人们的更多关注。

当下是互联网时代,网络媒体是人们了解信息的最重要的媒介。在内容制作上，书院的传播者们需要把握互联网信息"短平快"的特征，短小精悍，却又能吸引人眼球。在大众媒介的选择上，书院的传播者们可以选择入驻微信公众号、抖音短视频平台、微博社交软件、bilibili弹幕视频网等，这些媒介平台，既能够让受众"虚拟在场"，增加信息传播的参与感；又能够让受众发挥创造才能，参与信息内容的制作，从而充分调动受众的主动性。书院在发展过程中，需要特别注重网络平台上信息内容的投放以及效果，以便及时调整书院的宣传策略，增加吸引力以及提高认知度。

一是书院可以通过大众传播媒介，让受众"虚拟在场"参与各类文化活动。书院可以制作一些祭祀仪式、修复文物、举办文化教育活动的内容，通过现在流行的vlog（视频日记）、网络直播等形式发布出来，实现亲历者和传播者的统一，以受众"虚拟在场"的叙述模式，带给受众代入感极强的观看体验。让分散在各个角落里的受众，足不出户同样可以感受书院的历史文化内涵。例如微信公众号已经是中国网友获取信息的一种重要方式。湖南长沙的岳麓书院通过微信公众号的经营，设置了"讲座资讯""学术动态""书院日常""云游书院"等模块，可以让想要获得信息的受众更方便地通过手机互联网了解岳麓书院的最新动态。江苏无锡东林书院开展的各类传统文化活动，如学术讲座、太极课程、古琴欣赏等，也都通过公众号予以报道。同时还设置有"东林纵览"模块，可以通过手机了解书院的故事、风景和典藏文物。白鹿洞书院的微信公众号文章也经常更新，介绍书院的日常以及文物保护修缮等工作。

二是让受众参与信息内容的制作，调动他们创作的积极性。在互联网媒介环境下，大众已经不再满足于被动地接受信息，而是选择主动地参与信息的制作与发布。澳大利亚学者约翰·哈特利（John Hartley）在《数字时代的文化》中提到："我们已经不再满足于顺从被代表；我们想要的是直接的声音、直接的行动、富有创意的表达，并且我们愈发想要获得知识。"① 例如 2019 年夏天，故宫博物院推出名为"脊兽冰棒"的雪糕产品，一时间风靡网络，前去故宫游览参观的人都买上一根拍照发在社交软件上。这种迅速成为"网红"的信息传播方式，并不仅仅靠"故宫"自身的传播力量，更多的是借助无数游客在其社交网络上发布的信息，并加上了自己创作的图片与文案，这一信息便可借助大量人际圈的传播，呈现指数级增长。在互联网时代，从信息的发布到信息的扩散，受众的参与性通常会直接影响到信息传播的效果，信息反馈的环节对于整个信息传播过程来说，逐渐处于一个显著的位置。受众如果能被传播者的内容吸引，参与信息的制作与发布中来，那么信息的传播就可以借助他们之手，达到事半功倍的传播效果。这种大众传播为书院提供了可借鉴的方式，书院也可以效仿各种"网红"的传播模式，调动更加主动的受众参与到书院的信息传播中来，以提升其大众传播的影响力。保护传统文化最好的方式，就是让它再次流行起来，让更多的人成为传统书院文化的传播者和继承者，从而让传统书院在现代社会产生更多的价值。

---

① 约翰·哈特利:《数字时代的文化》,李士林、黄晓波译,浙江大学出版社,2014,第123页。

第四章
书院教育内容的现代境遇

光绪三十一年（1905），科举制度被废除，与科举制度密不可分的书院教育也就宣告终结，作为书院教育主要内容的儒家经典黯然失色，很快就退出了人们的视野。一百多年来，围绕"要不要读经"问题而产生的争议始终存在，时至今日，这一争议有了一些结果，即"需要读经"的意见占了上风。但就教育领域而言，中小学教育不重视经典教育的情况普遍存在，社会上的读经运动又存在"选经不合理""读经不恰当"的现象；而知识界、教育界及相关的学术领域对于如何选经、如何解经、如何用经，并未做出明确的结论，以致大多数人还在"想读经又不知道如何读经"的困惑状况中徘徊。

第一节　中小学语文与儒家经典教育

光绪三十一年，书院教育随着科举制度的废除而宣告终结。在新式教育兴起之后的一百年的历史进程中，书院教育颠簸起伏，但始终没有"起死回生"的迹象。直到最近二三十年，这种状况才有了一些变化。一方面，以"书院"为名的民间教育机构不断出现；另一方面，作为书院主要教育内容的儒家经典，不断走进人们的视野。认真考察这一现象并衡量它们在现代社会的生命力，显然具有重要的意义。而这种考察，其一，应当包括教育系统内的考察，即中小学教育系统内的考察、高等教育系统内的考察；其二，应当包括辅助性教育系统内的考察，即各类非官方、非正规教育对书院教育内容的态度；其三，应当包括教育系统外对书院教育内容的态度。限于条件和能力，本书暂不将第三方面的内容列入考察范围，而第一方面的考察，则主要集中于中小学教育中的语文教育和高等教育中的文史专业，就反映书院教育内容在现代的境遇状况而言，它们是主要的考察对象。

一、小学语文教材与书院教育内容的比较

长期以来，小学语文教育中一直包含着传统文化教育。但由于传统文化包罗广泛，内容丰富，典籍浩繁，小学语文教育中的传统文化内容也就不能简单等同于书院教育的内容。通过调查，可以发现作为书院教育主要内容的儒家经典，在小学语文教育中所占的比例其实是很低的。

表 4-1　小学语文教材古诗词、古文篇数[①]

教学内容	年级	篇数
部编版必背古诗词	一、二年级	27
部编版必背古诗词	三、四年级	38

① 参见李芳主编《小学生古诗词 180 首》，哈尔滨出版社，2020，"目录"第 1—4 页；杨雨主编《新编小学生必背小古文 100 篇》，湖南少年儿童出版社，2020，"目录"第 1—4 页。

（续表）

教学内容	年级	篇数
部编版必背古诗词	五、六年级	49
增补必背古诗词	一至六年级	66
课内必背小古文	一至六年级	16
课外必背小古文	一至六年级	46
课外拓展小古文	一至六年级	38

　　根据表 4-1，可知传统文化教育在小学语文中所占的比例还是很高的，大约可以占到总课时的 10%。不过在上述传统文化内容之中，书院教育内容所占的比例却很低。

　　明代李龄《白鹿洞规》说："读书必循序渐进，不可躐等。先读《小学》，次读《四书》《五经》及御制书史鉴，各随资质高下。上者五百余字，中者三四百字，一二百字，十日一温书"，"每日赴本斋先生处，讲本经四书各一章，并史书一二段，务慎思明辨，字求其训，句索其旨，章求其义，如未明，遍考《或问》《大全》之书以证之，不可苟且放过"。[①] 根据这些内容，可知白鹿洞书院的学生主要阅读的就是"四书""五经"，而"《或问》《大全》之书"属于名儒著述，用来阐述经典，也是必读之书（白鹿洞书院所藏的名儒著述有《二程全书》《朱子大全》《阳明全集》等）；其次也阅读一些史书，但阅读量大为减少；阅读古代人的诗文别集，主要用于写作策论文章及古诗词等，属于学生的"自选动作"，虽然是必要的，但其重要性显然不如阅读经典。

　　白鹿洞书院所藏的子书，有《吕氏春秋》《新书》《说苑》《列女传》

---

① 吴国富编纂《新纂白鹿洞书院志》，江西人民出版社，2015，第 256 页。

《论衡》《孔子家语》《白虎通》《风俗通》《女教》《武经总要》等，它们跟儒家的关系比较密切，与我们通常所说的"诸子百家"不同。白鹿洞书院并不提倡阅读"诸子百家"之书，尤其严禁阅读佛道之书，而现代小学语文教材中的传统文化内容却多半属于诸子百家，与古代书院要求差别较大。

清朝同治十年（1871）《白鹭洲书院志》卷二收录有《孔山长学说四则》，其中说道："通经所以适用，学者或专一经，或兼习五经，此为场屋举业言也。平日则务肆力于六经，更充之至十三经，博涉《通鉴纲目》等书，所见自然卓越，发为文章，一定精彩。"清朝李来章编撰的《连山书院志》卷五有《为学次序》一文，分别是《小学大全》《孝经》《近思录》《伊洛渊源录》《四书大全辨》《四书疑思录》《四书近指》《续近思录》《四书语类》《理学正宗》等一大批儒家著作；列在最后的是《通鉴纲目》《资治通鉴》等少数几部史学著作，以及《文章正宗》《八大家文钞》《归震川集》等几部文选、文集。这些都足以反映书院教学以儒家经典为专攻，史学、文章写作之类只是辅助课程。

根据这些了解，我们可以将小学语文中的传统文化内容与书院教学的内容进行一个比较。现以白鹿洞书院的藏书为例[1]，显示比较情况，具体情况见表4-2。

表 4-2　书院教学内容与小学语文教学内容比较[2]

白鹿洞书院藏书	侧重等级	小学语文教学内容
五经、四书 34 种	一等	《古人谈读书·论语》《学弈》2 篇

① 参见吴国富编纂《新纂白鹿洞书院志》，江西人民出版社，2015，第 370—372 页。

② 参见李芳主编《小学生古诗词 180 首》，哈尔滨出版社，2020，"目录"第 1—4 页；杨雨主编《新编小学生必背小古文 100 篇》，湖南少年儿童出版社，2020，"目录"第 1—4 页。

（续表）

白鹿洞书院藏书	侧重等级	小学语文教学内容
名儒著述 52 种	二等	《古人谈读书·朱熹》1 篇
史部（含方志）68 种	三等	《晋书》《宋史》等 3 篇
别集、选集、总集 49 种	四等	诗词 114 首，文章 1 篇
子书 10 种	五等	《韩非子》《列子》《吕氏春秋》等 7 篇
小学、韵书 7 种	入门书	《三字经》《弟子规》2 篇

（说明："小学语文教学内容"指必须学习、列入课堂教学的内容，不包括必须背诵及自由选择的课外学习内容。）

表 4-2 反映在入选小学语文教材的传统文化之中，属于书院教育主要内容的儒家经典及名儒著述几乎空白。其中"学弈"的故事出自《孟子·告子上》，原文的意思是人们在培养自己的道德品质时，应当持之以恒，不能一曝十寒，这属于儒家"道德养成"的内容；然而，在小学语文之中，这一故事的主题发生了变化，指人们在学习各种知识时应当专心致志，不能三心二意，否则就会一事无成。这样的解释当然没有问题，但是与"道德的养成"的联系不紧密。书院教育中的史学教育，是用来补充经典中的道德教育的，明代罗亨信《中顺大夫南康郡守翟公墓志铭》："命诸生讲论经史，有切于纲常伦理，则反复诲论。"明代罗辂《白鹿洞榜》："自今明示程序，以讲读《四书》《五经》大义为主，而扩充以史传。"[①] 但小学语文中的史学教育，通常是为爱国主义教育服务的，它对于现代道德教育来说当然十分重要，但在儒家教育中居于次要地位。古代书院教育内容中也包括诗词歌赋，但它们除了当作写作的模板之外，一般都起到"诗教"的辅助作用，即在情感和形象教育中感受"仁义礼

---

① 吴国富编纂《新纂白鹿洞书院志》，江西人民出版社，2015，第 33 页、第 262 页。

智"等道德的内容。现代小学语文中诗词所占的比例很大,但与"仁义礼智"等道德教育有关联的则很少或几乎没有。综合起来,小学语文中的传统文化教育,与书院教育内容的共同点很少。

小学语文教育还有"知识扩展"一项,上述扩展内容中,出现了与书院教育相同或相似的内容,体现了当下小学教育对书院教育的一些认可与接纳。例如《孔融让梨》介绍孔融是孔子的后代,东汉时期的文学家。孔融很小的时候就懂得文明礼让。他有六兄弟,其中数他最小。他四岁的时候,有一次客人送来一筐梨子,哥哥们都围在筐旁,想拿梨子吃,孔融却站在一旁,不作声。父亲让他先挑,他挑了一个最小的。父亲问他:"你为什么拣个最小的呢?"孔融回答说:"我年纪最小,应该吃小的。"父亲连连点头称赞。千百年来,孔融让梨的故事,一直广为流传,成为谦让品德的典范。

总体来说,小学语文的其他扩展内容主要就是围绕课文本身进行的赏析、讲解,与书院教育内容关系不大,兹从略。

二、中学语文教材与书院教育内容的比较

到了初中和高中阶段,语文教学中包含的传统文化内容就更加丰富了。而认真分析这些教育内容与书院教育的共同点,则更能清晰地反映书院教育内容在现代教育系统内的存活状态。具体情况见表4-3。

表4-3 初中、高中语文教材古诗词、古文篇数 ①

教学内容	年级	篇数
七年级	古代诗歌	10
	古代文章	23

① 参见吴铜运主编《初中文言文译注及赏析》,长春出版社,2022,"目录"第1—4页;宋智主编《高中文言文全解》,北京师范大学出版社,2014,"目录"第1—5页。

（续表）

八年级	古代诗歌	15
	古代文章	17
九年级	古代诗歌	13
	古代文章	10
高中	古代诗歌	24
	古代文章	17

（说明：据吴铜运主编《初中文言文译注及赏析》、宋智主编《高中文言文全解》两本书统计，课外诵读、选修不计在内。）

就当下情况来看，中小学语文的预期目标，已经给古代书院的教育内容留下了充分的容身之地。例如新课标明确提出："高中语文课程必须充分发挥自身的优势，弘扬和培育民族精神，使学生受到优秀文化的熏陶，塑造热爱祖国和中华文明、献身人类进步事业的精神品格。"新教材和新课标为什么重视和加强了对传统文化的渗透教育呢？论者指出："其中的主要原因是，中国优秀的传统文化本身就内蕴了非常丰富的内容，比如修身、治国、理天下的思想，这些内容与现当代的科学民主思想有着极深厚的渊源，尤其在先秦诸子的作品中随时可找到佐证，如《诗经》《春秋》《孟子》中都有着非常深厚儒家思想的内蕴，这对于当代中学生的成长教育有着非常积极的作用。同时，从当今时代的发展来看，随着时代的进步、经济的发展，许多外来思想涌进了中学生的视野，这对价值观还没有完全成熟的中学来说，影响非常大。"[1]基于这种认识，在高中语文教学中对学生进行传统文化的教育就显得非常有必要，因为

---

[1] 蒙七十：《在语文教学中渗透传统文化教育的意义》，《文学教育》2021年第10期。

它对于学生自身的发展而言意义重大。"教师应积极主动地挖掘语文课本中蕴含的传统文化并且帮助学生理解和吸收其中隐藏的深刻内涵，从而使得学生可以受到感染和熏陶，进而养成优秀的思想品质，成为当今社会需求的高素质人才。"①

总结起来，在中小学语文教学中利用传统文化培养学生的思想观念、道德品质，既在国家战略层面上得到高度的重视、充分的肯定，也在社会共识层面得到重视和肯定，例如："仁爱：中华文化的核心力量"，"民本：中华文化的价值追求"，"诚信：中华文化的做人准则"，"正义：中华文化的伦理原则"，"和合：中华文化的独特品质"，"大同：中华文化的社会理想"，"加强中华优秀传统文化教育，必须将其贯穿国民教育全过程。特别是在学校教育中，要践行全员育人、全程育人、全方位育人。加强中华优秀传统文化类课程和教材体系建设，在中小学全面开展中华优秀传统文化进教材、进课堂、进头脑工作，在高校开设中华传统文化类课程，为学生提供丰富选择"。②上述仁爱、民本、诚信、正义、和合、大同等理念，基本上起源于儒家经典的论述；而在学校教育层面，课程和教材显然是落实这一战略举措的基石。因此，在中小学各类课程中选录传统文化作品最多的语文教材，毫无疑问应当挑起利用优秀传统文化培养学生思想观念、道德品质的重任。

但在广大教师的实际教学之中，这一指导思想却未能得到充分的贯彻落实。例如论者指出："在初中语文教学中，教师要注重传统文化的渗透教育，不仅要让学生了解用文字记录、语言表达的传

---

① 张兆震：《在语文教学中传承优秀传统文化的实践》，《文学教育》2021年第10期。

② 教育部课题组：《深入学习习近平关于教育的重要论述》，人民出版社，2019，第241—248页。

统文化知识，更要从思想观念、道德品质等精神层面给予学生熏陶和感染。首先，初中生正处于青春期，个性张扬、意气风发，这一阶段是他们的正确人生观、价值观和世界观形成的关键时期，多掌握一些优秀传统文化对他们优良道德观念的形成是非常有帮助的，尤其其中关于人应当具备的品质和素养，是很有助于学生未来成长和发展的。"然而，"在当前的初中语文课堂教学中，仍然有不少语文教师将教学活动局限于知识的讲解和传授，目的是提高学生的考试成绩和应试能力，对学生学习成效的评价通常是以成绩为主，标准单一，这样的教学就无法使语文中的传统文化内容得到挖掘和体现。虽然有的学校也认识到开展传统文化教育对促进学生的全面发展有积极作用，也提倡和鼓励语文教师在教学中渗透文化教育，但由于缺乏这方面的教学经验，也没有有效的、合适的教学方法，因此，传统文化教育在语文学科教学中仍处于缺失状态"。[①]

有了上述的理论指导和理论分析，我们就可以根据中学语文教材的具体内容来做些分析了。原则上，我们应该根据国家的预期教育目标来编写语文教材，而以下的分析对于如何改进教材具有实际的意义。为便于分析，我们把入选中学语文教材的古代作品分成四大类（只能是大致的分类），以课时为单位进行统计，就可以较好地认识现行语文教材的特点了。据统计，在入选中学语文教材的古代作品中，绝大部分属于以下四类：

（1）"四书""五经"。它们是：《论语》十则；《孟子》四章，即"得道多助，失道寡助"一章，"生于忧患，死于安乐"一章，"鱼我所欲也"一章，"寡人之于国也"一章；《诗经》四首，即《关雎》《蒹

---

① 魏葳：《优秀传统文化在语文教学中的渗透》，《文学教育》2021 年第 10 期。

葭》《氓》《采薇》;《礼记》"大道之行也"一章;选自《左传》的《曹刿论战》《烛之武退秦师》。以上共计 10 课,占总课时(77 课)的13%。

（2）史部类。属于这一类的作品有选自《战国策》的《邹忌讽齐王纳谏》《唐雎不辱使命》《荆轲刺秦王》,选自《史记》的《廉颇蔺相如列传》《信陵君窃符救赵》《屈原列传》《陈涉世家》《鸿门宴》,选自《汉书》的《苏武传》,选自《后汉书》的《张衡传》,选自《三国志》的《隆中对》,共 11 课,约占总课时的 14%。

（3）诗词曲类,共有 20 课。如《离骚》《孔雀东南飞》《木兰诗》《杜甫诗三首》《琵琶行并序》《李商隐诗两首》《柳永词两首》《苏轼词两首》《李清照词两首》《辛弃疾词两首》《窦娥冤》等。除了其中的柳永词、元杂剧不能作为书院的藏书内容之外,其他诗词均可以属于书院的"别集、选集、总集类"藏书,共计 18 课,占总课数的 23%。

白鹿洞书院"史部类"藏书有《国语》《战国策》《史记》《前汉书》《后汉书》《三国志》《晋书》《南史》《北史》直至《宋史》《元史》等"正史",还有《通鉴纲目》《通鉴纪事本末》《宋名臣言行录》《唐律类钞》《文献通考》《大明会典》等史籍,以及《大明一统志》《江西通志》等方志。白鹿洞书院"史部类"藏书中"正史"以外的史籍基本没有选入中学语文教材。白鹿洞书院有"别集、选集、总集类"藏书。这一类书籍浩如烟海,书院不能尽数收藏,而在有限的藏书中,也是有一定收藏原则的。大抵说来,在这一类书中入选书院藏书的基本上属于值得书院学生效法模仿的"诗文正宗",而且大多数属于"选本",亦即经过编选的诗文。诗歌类主要是汉魏六朝的古乐府,部分唐宋大家的诗歌等；文章类主要是两汉奏议、唐宋八大家的文章等。

通过分析，我们就可以将中学语文教育中的传统文化教育与书院教育内容进行比较了。详见表4-4。

表4-4　古代书院教育内容与中学语文教材内容比较表

白鹿洞书院藏书	藏书重要性	教学重要性	中学语文收录作品	中学语文教学情况
五经、四书	一等	主要教学内容	10课，占13%	课堂教学内容
名儒著述	二等	辅助教学内容	无	无
史部（含方志）	三等	课外选读内容	11课，占14%	课堂教学内容
别集、选集、总集	四等	课外选读内容	41课，占53%	课堂教学内容
子书	无	禁止阅读	4课，占5%	课堂教学内容
杂剧、小说	无	禁止阅读	10课，占13%	课堂教学内容

其一，就入选作品本身来看，中学语文教材中的作品与古代书院教育的内容有很多重合之处，但侧重点大不相同。

很显然，古代书院的教育重点在于儒家经典的教育，史学教育并非重点，而文学教育则基本上用来应付科举考试，因为历代科举常把诗赋写作当作科举考试的内容之一。而现代中学语文教育，则把重点放在文学教育上面，其中出自别集、选集、总集的文章，诗词曲类有20课，韵文、美文性质的有12课，再加上小说8课，共计40课，在77课古代作品中占52%。出自别集、选集、总集的论说文章 11 课，出自儒家之外的诸子的论说文章 4 课，用于培养学生写作议论文的能力，在 77 课古代作品中占 19%。事实上，在出自"四书""五经"的 10 课之中，大部分也用于培养学生写作议论文的能力，其次如《诗经》选读则属于文学教育。因此，从语文教材的情况来看，现代中学语文教育引入传统文化教育，其主要目的在于文学教育，培养学生写作的能力，用传统文化培养学生的思想观念、道德品质的目标在语文教学中并未得到充分体现。

其二，由于中学语文教育重视思想主题的分析，而这类分析大多持"现代人看古代人"的观点，又与古代书院教育内容形成了巨大的差异。

例如选自儒家经典的文章在中学语文中约占 7 课，却存在严重的"郢书燕说"现象。如初一语文选录了《论语十则》，其理解方式很让人啼笑皆非，将"不耻下问""三人行，必有我师""学而不厌，敏而好学""知之为知之，不知为不知"解释为普通的学习态度，可以适用于学习任何知识，但恰好为道德修养的学习被忽略了。又如将"学而时习之""温故而知新""默而识之""知之者不如好之者，好之者不如乐之者"解释为学习方法，也跟道德修养毫无关系。至于将"有朋自远方来，不亦乐乎"用于日常生活，解释为"好客"，就更加离谱了。这种教学难以承载现代思想政治教育的重任，反而歪曲了传统文化的精神。

相比之下，古代儒家对《论语十则》的解释，鲜明地指向人的道德修养。如朱熹《论孟精义》："不耻下问者，取于人以为善也。"《明儒学案》："性之理无穷，故学之道无尽，学而不厌，孔子之所以为孔子也。"此外，"三人行，必有我师"的原意是"择其善者而从之，其不善者而改之。""有朋自远方来"当与"友直，友谅，友多闻，益矣；友便辟，友善柔，友便佞，损矣"结合起来讲述。尽管古代儒者对《论语十则》的解释，也会存在"郢书燕说"的情况，但他们致力于将经典解释为道德修养之书，却是无可非议的；事实上，传统经典的存在意义并非像文物一样顽固地展示它的原貌，而是要为人类道德进步做出贡献。相比之下，现代中学语文选录经典，把道德修养之"学"偷换成普通知识之"学"，把围绕道德修养的老师、学生、学习内容、学习方法等同于一般的学习，无形之中消解了经典的价值。

例如《孔雀东南飞》《窦娥冤》，在古代人看来，可以起到"王者所以观风俗，知得失，自考正也"（《汉书·艺文志》）的作用，但中学语文是把它们当作反封建、反礼教的作品来分析的。对于那些表现哀怨忧伤情调的作品，古人主张"温柔敦厚"，"乐而不淫，哀而不伤"，但现代中学语文常常用它们来显示古代社会的种种弊端，而反映"官逼民反"主题的《林教头风雪山神庙》在古代是不能作为书院教育内容的。一方面，通过这些作品，融入现代思想政治教育的内容，以促进社会进步，这是重要的；而儒家思想显然存在维护封建礼制的弊端，也是需要值得注意的。另一方面，古代儒家对个人素质的教育，没有在现代中学语文教育中得到很好的继承，这又是不可忽略的。

就中学语文入选的论说文章而言，这种情况反映得更加明显。在这类文章之中，很多可以作为书院教育的重要内容，如《过秦论》《报任安书》《师说》《岳阳楼记》等文章。就本身的主旨而论，《过秦论》的主旨在于"仁义不施而攻守之势异也"，《报任安书》的主旨类似于《孟子》所说的"天将降大任于是人也"，追求儒家的"立言"；而《师说》的重点在于"传道"，《岳阳楼记》的主旨类似于《孟子》所说的"与百姓同乐",这些毫无疑问都属于书院教育的重要内容。然而,中学语文教育的解说,与作者原意相差甚远,基本上都属于"以古证今"。这种做法虽然是必要的,但如何保证不忽略古代文化中的有益营养并加以吸收呢?而且在尚未充分认识古代文化中的"精华"与"糟粕"时,就简单采用"以今论古""以古证今"的方式对待传统文化,岂能真正做到弘扬传统文化精神?

第二节　充满争议的"读经运动"

1994 年,王财贵先生在中国台湾发起"儿童读经运动",企望以中国古代经典"开启"儿童心灵,让他们在"润物细无声"中奠定"优美人格"的基础。王财贵的主张受到著名学者南怀瑾先生的支持,他提倡在全球华人社会推广"儿童读经运动",并将这一运动称为"中国文化断层重整工程"。在他的支持下,"儿童读经运动"于 20 世纪末开始被引入大陆。与王财贵开始倡导"儿童读经"几乎同时,中国大陆开始出现传统文化复兴热潮,标志性事件就是1995 年第八届全国政协会议上的"九老提案":赵朴初、冰心、曹禺、夏衍、叶至善、启功、吴冷西、陈荒煤、张志公九位大家,出于为年青一代"无起码的古典基础"的担忧,联名提出"建立幼年古典学校的紧急呼吁"的提案,提议从幼年起打下阅读文史哲典籍的基础,建立古典学校或古典班。1998 年,中国青少年发展基金会开展"中华古诗文经典诵读工程"。①

---

① 赵炎峰:《"儿童读经"的争鸣及其问题意识反思》,《平顶山学院学报》2018 年第 6 期。

　　1998 年 6 月，团中央、少工委和中国青少年发展基金会（以下简称"中国青基会"）启动了"中华古诗文经典诵读工程"，该工程由中国青基会下属的社区与文化委员会负责实施，著名学者季羡林、杨振宁、张岱年、王元化、汤一介担任顾问，南怀瑾担任指导委员会名誉主任。中国青基会社区与文化委员会组织专家学者编辑《中华古诗文读本》，选编从先秦至近代的 300 篇古诗文经典之作，分为子、丑、寅、卯等 12 集，由北京大学出版社出版，并配有录音磁带。由于主办单位所具有的不言自明的官方色彩，该工程已在全国 30 个省（市、区）的数千所学校的 430 余万少年儿童中开展起来，同时受其影响并在其中受益的成年人也超过 2500 万人。仅北京市就有 200 万 12 岁以下的儿童接触了诵经教育。①

　　当前，教师群体对"读经"的关注度也相对较高，不管是课后读经班还是教师的课后作业安排，都有部分"读经"的内容。比如有的学校将《三字经》列为学生必读篇目，有些教师为要求学生对经典篇目进行背诵，增长学生的基础知识，同时拓展学生的课外阅读视野，培养学生基于中国传统的文化学习习惯。在当前的小学一年级学习中，很多语文教师会将本学期的固定经典阅读篇目发给学生，让学生不定期进行背诵。在"读经热"整体关注度较高的情况下，很多学生家长盲目追求读经的多与广，在课余时间里让学生报"读经班"，为学生读经提供更多的机会。很多"读经班"如雨后春笋般逐渐在教育市场中出现，但是读经的效果如何，教育的意义如何，还需要再做进一步的科学评价。②

---

　　① 刘娇：《小学生读经之我见》，《考试周刊》2019 年第 32 期。

　　② 王薮之：《关于当代儿童"读经热"的反思》，《文化产业》2020 年第 14 期。

随着"读经运动"的兴起，社会上对这一现象的各种评价也出现了，而质疑、反思者之多，令人们无所适从。

一、关于选择经典的争议

科学读经离不开教育者的精挑细选，而如何选择经典，成为"读经热"的主要关注点之一。很多人主张选择《三字经》《千字文》《弟子规》《声律启蒙》《笠翁对韵》等古代蒙学教材作为主要的经典，但实际上并未达成共识。下面以《三字经》为例进行分析。

《三字经》是古代社会的启蒙读本，其内容主要分为三个层次。第一个层次总论教之严、学之勤，如"养不教，父之过""幼不学，老何为"。第二个层次论所学的内容，一则为孝悌、礼让等思想精神，以黄香知孝、孔融让梨为例。二则为"三纲五常"等思想精神，如"君臣义，父子亲，夫妇顺"及"仁义礼智信"等。上述精神都包含在"四书五经"之中，故而必须努力学习这些儒家经典著作。此外，还要通晓从三皇五帝以来的历史，以便在历史实践中感悟这些精神。第三个层次举出了历代许多勤学苦读的例子，以鼓励人们努力学习。

在传统文化日益得到人们重视的当下，《三字经》等古代启蒙读物也得到国家教育管理部门的高度重视。2008 年，人民教育出版社出版了《三字经》修订版（学生读本），据编者在"前言"中的介绍，在中国传统蒙学教材中，《三字经》是最有影响的一部，为历代学者所推重。[①]1990 年秋，《三字经》被联合国教科文组织选入"世界儿童道德丛书"，成为全人类的共同文化遗产。

---

① 参见《三字经》修订工程编审委员会修订《三字经》（修订版），人民教育出版社，2008，"前言"第 1 页。

对于"为什么要重新修订《三字经》"这一问题，《三字经》修订版"前言"指出："《三字经》700 余年来生生不息，是先贤留给后人的珍贵精神遗产，是全体炎黄子孙共享的精神乳汁""从包括《三字经》在内的灿烂悠久的中华文化中汲取思想资源，是当代中国人的必然选择。传统的童蒙读物已经成为很多家长教育孩子的必备书目。据统计，当今全国有 800 万少年儿童正在以不同方式背诵《三字经》，随着'国学热'的持续升温，这个数字还在增加。《三字经》从古代走到 21 世纪的今天，已经成为具有普适性的传统文化读物，这就为我们重新修订《三字经》提供了良好的群众基础"因此，"重新修订，是为了给今天的人们特别是孩子们提供一个既充分保持传统文化的魅力，又能体现出新时代精神的《三字经》文本，让传统文化在更广大的意义上更有效地成为当代的思想资源"。

对于"如何修订《三字经》"这一问题，《三字经》修订版"前言"指出："《三字经》的修订，一定要在适用对象上保持其高度的共有性"，"《三字经》代表和体现的是传统文化，应保持其传统性"，"作为流传数百年的蒙学经典，《三字经》中的很多句子已经成为对于传统文化与历史具有标识意义的东西，且为大众耳熟能详，应保持其原态性"，"《三字经》主要是一部劝学文献，应突出其劝学性。《三字经》是以知识的传播为主，而不是传统道德的说教为主……这种劝学性就使得《三字经》具备了超越时代的特点。对于这种劝学性，历代学人都给予了充分肯定"。具体修订方案是将历史下限止于辛亥革命，做到"能不动的尽量不动"，在此基础上"补充了一些知识性语句"，以"编出一部既尊重历史，又富于时代精神的承上启下的修订版《三字经》"。"我们期待，经过广大读者及专家学者共同修订的《三字经》，能够为中华民族伟大复兴做出应有的贡献。"①

相比上述"前言"对《三字经》的高度褒扬以及几乎全盘接受的态度，社会上对《三字经》的评价则有褒有贬，表现得很不一致。总体说来，表扬性的观点较多，却显得比较空泛；批评性的观点较少，却显得比较具体。

一种观点认为《三字经》虽然仅有一千字左右，但是言简意赅，内容丰富，能够涵盖学生所接触到的大部分学科，简单明了地普及相关的常识。它不拘泥于文字，用白话将经史子集等各类的知识糅合在一起，用历史趣闻告诉同学们做人的道理，将零散的知识贯穿起来，形成一个完整的知识体系②。这种表扬，重点在于揭示《三字经》包含了丰富的历史知识。

一种观点认为，传统的蒙学教育不仅对儿童传授文化知识，也承担着化民成俗的社会教化功能，正所谓"蒙以养正，圣功也"，使儿童从小树立一种符合社会要求的道德规范。《三字经》《千字文》《增广贤文》等传统蒙学教育的主要内容是：（1）文化知识教育；（2）交友择朋教育；（3）为人处世教育；（4）孝悌睦亲教育；（5）行德积善教育；（6）淡泊名利教育。这些教育在中国古代教育史上占据重要的地位，对于现代人也有重要的启发意义。不过，传统蒙学教材中也存在一些封建伦理的道德说教，正如周谷城所说："产生和流传于封建社会的蒙学书，同样属于封建文化的范围，其局限性

---

① 《三字经》修订工程编审委员会：《〈三字经〉（修订版）前言》，《光明日报》2008 年 4 月 28 日。

② 参见王俊花、张道霞、张逸婷《〈三字经〉在语文教学中的启蒙作用》，《农家参谋》2019 年第 24 期。

和落后性自不能免。"① 对于传统文化，"去其糟粕、取其精华"大抵是现代人的共识，《三字经》也不能例外。但是，持这种观点者，通常都未能深入分析哪些属于"精华"，哪些属于"糟粕"，或有分析也不尽恰当。

又一种观点在高度褒扬中隐含了一种"价值转换"，即将古代社会的精神价值转换为现代社会的精神价值，但这种转换只是结论性的，缺乏逻辑理路的过渡，因此颇有"郢书燕说"的意味。如有人认为，"《三字经》博通、雅正，可谓字字皆有来历，句句都有出处，举凡皆是榜样"。"正确树立榜样，关键在于如何选取榜样，这是关于选取标准的问题，是榜样发挥正能量的关键。"以榜样所彰显的价值导向划分，可以将其分为三类，即家庭教育类、家庭伦常类和劝学立志类。《三字经》中的榜样具有统一性和典型性的特点，具体表现为："第一，紧紧围绕儒家思想选取，所树立的榜样都是儒家标准下的优秀人物；第二，紧扣论点选取，所树立的榜样都高度服务于书中的某一论点；第三，突出人物的典型性，所树立的榜样都具有很强的说服力。""因此，幼儿园教师在相关课程教学中选取榜样，也应该从这三点入手：第一，要以马克思主义为选取榜样的指导思想，突出指导思想的时代性和现实性；第二，要扩大选取榜样的范围，不仅要从历史中去找，还要更多地关注当下，在时代楷模中寻找榜样，讲好他们的故事，激励我们的学生；第三，要抓住榜样人物的代表性，围绕立德树人的根本任务，紧扣课程教学的主

---

① 参见赵宏欣《传统蒙学的教育理念——以〈三字经〉〈千字文〉〈增广贤文〉为例》，《商丘职业技术学院学报》2017 年第 2 期。

题，展示新时代的精神风貌和美好愿景。"①事实上，《三字经》以儒家为指导思想选取榜样，现代教育要求以马克思主义为指导思想选取榜样，这两者如何对接？如果不能对接，那么《三字经》还有什么现代价值？《三字经》选取的都是古代的榜样，他们与"时代楷模"差异太大，岂能作简单的类比？如果仅仅是在教学内容的组织方法上有所启发，那么《三字经》也就失去了实质性的意义。

有人认为，《三字经》中蕴含的幼儿教育思想有：（1）重视道德修养，追求高尚的人格；（2）强调教育的重要性和学习的有效性；（3）注重以人为本，全面发展；（4）重视礼仪孝悌的教育思想；（5）倡导仁爱的交往之道。因此有利于幼儿养成良好的行为习惯，有利于塑造幼儿正确的三观，有利于培养儿童善良、仁爱的思想，有利于促进幼儿对榜样的道德认同。②又有人将《三字经》的精神价值归结为四点：（1）系家园：爱国爱家的家国情怀；（2）明人伦：相亲相爱的家庭关系；（3）重德行：向上向善的家庭美德；（4）正家风：共建共享的家庭追求。③这类评价，实际上也体现了古今杂糅的特点，未能做到水乳交融。

相比之下，一些对《三字经》质疑的观点却显得态度激烈，颇有"一刀致命"的意思。如有人提出，"当今的人材需具备数理化生、语外政经、音体美劳等各类知识技能，而宋明时代基本上依旧'独

---

① 马莉、丁汝雄：《〈三字经〉中榜样示范在幼儿园课程中的运用》，《江西电力职业技术学院学报》2019年第3期。

② 参见徐兴林、王燕湟《〈三字经〉中幼儿教育思想的当代价值探析》，《教育观察》2020年第24期。

③ 参见王秀江《传统蒙学对于现代家庭建设的教育价值分析——以〈三字经〉〈弟子规〉为例》，《中国教育学刊》2019年第9期。

尊儒术'——称得上'学问'的主要在于'十三经'及其注疏的理解和发挥。《三字经》开出的书单，现今只有历史、中文、哲学等文科专业的学生才会去接触一部分……如果真向幼童全盘灌输《三字经》里的那些东西，那么孩子们还有什么时间和精力学习自然科学？"到了壮年，又如何从事社会实践？"中国古代教学偏重死记硬背，所谓'读书百遍，其义自现'，与当今的逻辑推理思维方式格格不入，有违教育心理学的科学原理。""即使要抢救'国学'，也应该用历史的眼光加以研学，一如李镜池、周予同等老一辈专家学者那样重新审视儒家经典，而不是去加工古人不见得怎么高明的唾余。"[①]这种观点指出《三字经》提倡的知识教育无法取代现代的知识教育，而死记硬背也不符合现代教育特点，应该还是切中肯綮的。

　　总结起来，现代人对《三字经》的态度表现为三种：一种是生吞活剥，全盘接受；一种是试图接受，但消化不良；一种是拒绝接受，认为没有价值。这三种态度在学者和知识界都有很多反映，对于一般人来说，这三种态度是不可调和的，显然让人无所适从。

　　与《三字经》类似，缘于"读经运动"而得到大面积推广的《弟子规》也在社会上引起了毁誉参半的评价。《弟子规》原名《训蒙文》，为清朝康熙年间秀才李毓秀所作，后经清朝贾存仁修订改编，改名为《弟子规》。此书分为总叙、入则孝、出则悌、谨、信、泛爱众、亲仁、余力学文等几个部分，具体列举为人子弟在家、出外、待人接物、求学应有的礼仪与规范，特别讲求家庭教育与生活教育。

　　现代社会对此书特别抬举的言论很多，如："《弟子规》是启蒙

　　① 陶嘉炜:《〈三字经〉启蒙属性质疑》,《出版与印刷》2019 年第 1 期。

养正，教育子弟防邪存诚，养成忠厚家风的最佳读物。"① "很多承先启后，光宗耀祖，名成业就，道高德隆的伟人志士，也由此奠下很深根基，干大枝繁，叶茂花盛，果硕子实，进而出谷迁乔，龙飞凤舞，功在国家，利归社会，福加本身。"② "学习《弟子规》有助于营造良好的社会环境，为全面建设小康社会目标的实现提供动力……《弟子规》以儒家文化为基础，有传承了三百余年的群众根基，直到今天仍然是'开蒙养正之最上乘'的读物。"③

然而，抨击《弟子规》的言论也不少。如："说到《弟子规》，里面的'糟粕'更多，'事虽小，勿擅为，物虽小，勿私藏'，不能培养孩子独立的能力。父母有了过失不肯更改，子女要哭着喊着跟在后面劝告，即使挨了耳光棍子也不退后，更是妨碍孩子人格的发展。'不关己，闲莫管'，打击公民社会的参与精神。今天'资讯爆炸'，社会多元，年轻人如果'非圣书，屏勿视'，如何适应？" "现在消息传来，湖北学校删去了《三字经》的'昔孟母，择邻处'，山东省教育厅下发通知，严禁各级教育行政部门和中小学校向学生'不加选择地'全文推荐《弟子规》和《三字经》，要求'去其糟粕'。什么是糟粕？武昌一位教育界人士指出，封建思想严重，轻视女性、轻视劳动。还有人说，昔日经典太强调老师的尊严，以居高临下的姿态发布道德指令，违反教育思潮。"④ 又如："现在很多地方的幼儿

---

① 马之先、王桂林主编《中华传统文化：青少年读本》，安徽少年儿童出版社，2018，第35页。

② 王广亚：《王广亚文集》第4卷，河南人民出版社，2018，第186页。

③ 苏金良、卢洪利、王洪霞编著《中华优秀传统文化启蒙教育导论》，吉林人民出版社，2019，第146页。

④ 王鼎钧：《谈为人》，江苏凤凰文艺出版社，2018，第128页。

园和小学都将《弟子规》作为教材让儿童学习、背诵，起到了一定的作用，有一定的效果。但是，由于规训具有较强的时代性，随着时代的变化，《弟子规》中的有些规训已不太符合现今的实际，不宜要求现在的儿童简单地照搬遵守，必须把握适当的'度'，不要走向反面。"①

二、主张"老实读经"与反对"老实读经"

王财贵发起的"儿童读经运动"，其主张主要有三点："第一，'老实读'，即要求少年儿童只读规定的经典原文，对于规定之外的经典文本、对经典文本的注释解读等，一概不涉及。不仅老师不教，更不允许学生主动学、主动问。第二，'大量读'，即对'读经'的字数、遍数、时间数等，都有超过儿童接受和承受能力的要求。第三，'纯读'，即单纯地读规定的经典文本本身，不对经典背后的义理做任何的疏解和分析，也不对经典文本的现实意义做任何解释。""这种绝对化的、非科学的'读经'方法，不仅招致众多的质疑和批判，同时也导致'读经少年'的反思和怀疑。"②另一方面，在经济利益的驱动下，各种国学或"读经"培训班、夏令营、私塾纷纷涌现，着汉服、行古礼、诵经典等行为层出不穷，出现了越来越简单化、可复制的连锁读经培训模式，以及越来越成熟的国学文化产业市场。市场经济给"儿童读经运动"带来的负面影响是很大的。

从2000年开始，有学者专门针对王财贵发起的"儿童读经运动"进行了学术探讨。学者并不反对经典的意义和"读经"本身，一般

---

① 陈怡编著《〈三字经〉解析与教学》，东南大学出版社，2017，第104页。

② 赵炎峰：《"儿童读经"的争鸣及其问题意识反思》，《平顶山学院学报》2018年第6期。

都同意"儿童读经",但不赞同"老实大量纯读经",更不同意以"读经教育"代替现有学校教育,"反对以经书为本,反对以教条为本"。读经教育片面强调机械化地背诵,乃至不允许理解经典。这种荒谬的"经典教育"并非来自儒家传统,而是以"保守主义"面目出现的现代性事物。论者指出:"经过千百年历史检验的经典,不可能一朝就变成糟粕,传统文化在今天的表现不是经典自身的问题,而是思想传承是否得法、教授方式是否恰当及教授者本身素质是否合格的问题。换言之,经典本身无须为这些争论担负莫须有的罪名,'读经'行为本身也不应该被过多指责。应该承担责任的是人,是在某些不合时宜的理念、不可见人的目的促使下,使'读经'活动脱离其本质的人的问题","经典是活泼泼的生命,而不是死气沉沉的刻板教条。对待我们的文化生命,不能用单纯的背诵和记忆,而应该靠体悟、领会与涵养,用我们的内心建立与经典之间的感通"。①简而言之,围绕"儿童读经运动"引起的争论主要在于两方面:一是"纯读经"是否合理? 二是"读经"应该采取何种方法?

"纯读经"是否合理? 论者得出的结论基本上都是否定的。大多数人认为在孩子需要面对多元化世界的背景之下,罔顾未成年人成长的多方需求,而一味将孩子"圈养"在现代私塾或者"全日制读经班"里,不仅是对国家义务教育法的践踏,也因在教学中过分强调对《弟子规》《论语》等的学习,会在无形中忽略孩子个性化的发展,弱化孩子的质疑和批判精神,这势必会对国家的创新、创造能力带来一定的影响。同时,在现代私塾和"全日制读经班"的

---

① 赵炎峰:《"儿童读经"的争鸣及其问题意识反思》,《平顶山学院学报》2018 年第 6 期。

教学实践中，传授者对经书存在极端化的倚重倾向，不仅不能让孩子在成长阶段接受多方面学科的营养，更让孩子远离了现代的生活①。另一方面，阅读国学经典，完全可以在义务教育的课余时间，或者在学校课堂上予以完成。近些年出现的以"国学""读经"为噱头的一些私塾学校，以全日制的经典学习替代义务教育，让学生天天沉浸于《论语》《孟子》《诗经》等等国学经典中，或朗读，或背诵，而其他课程诸如数理化等现代科学知识统统不去学习，俨然成了只读经而排斥其他所有课程的"独立王国"②。

"读经"应该采取何种方法？在这方面涉及的问题较多，也很难有明确的结论。

一种意见是分阶段、分类别读经。中小学生读经应当有所选择，强令学生把四书五经全都背诵下来的做法，并不符合中小学学生生理和心理的发展特点，反而违背他们认知发展的规律，其后果可想而知。民国时期有人主张按照年级规定读经的顺序："小学生在年龄上偏小，理解能力有限，所以仅能诵读《论语》《孝经》之类比较简单、易于理解的经书；中学时代需要读《孟子》《诗经》《学记》等稍需费功夫才能掌握的经学典籍；高级中学学生的读书能力已有很大的提高，可以学习像《尚书》《大学》《中庸》等具有一定逻辑的经书，学有余力者可以将《尚书》《左传》等经书典籍全部读完；等到了大学时代，中国文学系的学生应当研究繁难的《易经》、《礼记》、《周礼》、'春秋三传'等书……这样从小学开始层层递进地诵读经书，既考虑到学生的年龄特点，又可以很好地兼顾读经教育的

---

① 樊树林：《孩子需受多元教育　"读经班"岂能"我行我素"》，《甘肃教育》2019 年第 9 期。

② 曲征：《面对违规"读经班"，法律应该出手》，《甘肃教育》2019 年第 9 期。

要求。"①

  事实上,在中小学阶段将《论语》《孝经》《孟子》《诗经》《学记》《尚书》《大学》《中庸》《左传》全部学完、学通也是不现实的,更谈不上全文背诵了。因此,早在1930年前后的"中小学读经"论争中,"有选择地读经"就成了比较统一的意见。一种是根据经书内容性质的不同做出选择,本着选读而不是毕读的原则,进行有针对性且合理的教授。对于修身而言,可选用《论语》《孟子》等材料;对于文学而言,《诗经》可作范本;对于学术思想而言,《论语》《孟子》所说的人格修养及"性善"等学说值得研究。一种是根据教学阶段的不同选读经书,如中学可读《论语》节录,"四书"可作初中三年级及高中三个年级的必修课等。②

  另一种意见是关于"解经"的。在这方面,多数人认为对经典进行翻译和适当改编是必要的,但对于如何"解经",则鲜有可取的具体意见。有人主张选择不悖于现代生活思想的经书内容来启发学生的思想,培养现代的青年,或选取经书内容中符合现实需要及有益于学生人格培养、有益于造就现代国民精神的部分来学习;然而,另一些人则认为,因时代兴衰更替,实在难以判断经书中何者适宜于现代生活,何者不适于现代生活,为恢复固有道德而读经的目标因此也就落空了。此外,很多经书中充斥着上下尊卑等不合时宜的观念,与近代以来所倡民主平等相左,若作为教材,则无益于

---

  ① 参见王有华《南京国民政府时期读经论争问题研究》,硕士学位论文,曲阜师范大学,2018,第45页。

  ② 参见梅琳《有选择地读经——20世纪上半叶"中小学读经问题"中的折衷思潮及其演进》,硕士学位论文,曲阜师范大学,2020,第44页。

学生之发展，对于提升道德修养更无裨益。因此，读经须以认清并把握住时代为前提，若不如此，难以保证人们在读经或教育实践中，泯灭了教育的真正意义而开了"倒车"。①

有的学者认为，要承认经典具有永恒性和开放性。人性是不改变而基本上保持一样的，因此针对人性的教育具有永恒不变的性质。同时，经典不是一成不变的、封闭的，而是一个开放的文本。随着时代的发展，意识形态及审美趣味的变化，经典会不断地进行重构，而一些传统经典又在新的视域被置于批判与反省的席位上，并在不同层面及维度被阅读与重写。在承认传世作品价值时，也要承认古代经典对于现代生活的价值是有限度的。因此，儿童读经教育中，应在保持传统文化根气的同时与现代观念意识进行智慧对接与整合，筛选与现代生活相关联、与现代精神相契合的典范作品，慎重选用有悖于现代科学精神和人文精神的作品。此外，当前儿童读经教育存在着泛化现象，将各类知识杂糅在一起，涵盖了自然、社会和人文的方方面面，冲淡了语文学习的核心目标。现代儿童读经教育应基于语文学习的立场，以培育学生的语文素养为本位，兼顾百科知识教育和思想品德教育，而这种"兼顾"也要根据现代社会发展的需要和儿童生活的需要作出适当取舍。②

总结起来，近二三十年的"读经运动"提出了很多问题，但得到解决的并不多。

---

① 参见梅琳《有选择地读经——20 世纪上半叶"中小学读经问题"中的折衷思潮及其演进》，硕士学位论文，曲阜师范大学，2020，第 46 页。

② 参见马磊、徐林祥《正确认识现代儿童读经教育的几种关系》《教育科学研究》2018 年第 6 期。

其一，基本解决了"要不要读经"的问题。虽然还有一部分人反对"读经"，但大多数人认为继承中华优秀传统文化是必要的，而"读经"是继承中华优秀传统文化不可或缺的一个环节，将"读经"纳入中小学教育的内容也是必需的。

其二，基本解决了"要不要选经"的问题。原文照搬、原文照读的实践，遭到了社会上的普遍质疑，因而基本上是失败的；这一做法与现代化进程相互冲突，与五四运动以来"批判性继承文化遗产"的社会共识也是互相冲突的。毫无疑问，经书中有不合时宜的成分，有必须抛弃的成分，因此绝大多数人主张有选择性地"读经"，即将"选经""读经"纳入中小学教育体系的必备环节。

其三，基本解决了"读经作何用"的问题。在封建时代结束一百多年之后的当下，以"读经"求"复古"的目标显然不再有人认同。既然如此，"读经"就是为现实生活服务的，所有的"读经""选经""解经"都要围着这一目标而展开。

然而，解决了上述三个问题，却产生了更多的问题。这些问题如果得不到解决，将"读经"纳入中小学教育体系就会变成一句空话，无法落实。

其一，怎样选择经典？就目前的"读经运动"国学教育而言，大抵分成两派：一派主张从"四书""五经"中选择文本；一派主张从蒙学教材如《三字经》《千字文》《弟子规》中选取文本。如前所述，原文照搬肯定是不合理的；然而，想对经典进行选择，具体如何操作？事实上，在现代人看来，儒家经典是一个"内容庞杂、头绪纷乱、典籍浩瀚"的庞然大物，想对它进行梳理以利于现代教学是很困难的。为此现代人在选择经典文本的问题上也基本上没有作出成功的尝试，或盲目乱选，或原文照搬。在这种状况下，编选适合中小学教育的经典教材就成了一个大问题。

其二，怎样解释经典？对于经典的解释，语言文字层面的解释是必要的，但却不是最重要的。就义理层面的解释而言，两汉时期出现了"今文经学""古文经学"两种流派，解释经典的方式和角度各有不同。宋明理学的解释尤其丰富，解释方法又不相同。但绝大部分解释都形同"语录体"，缺乏统一的逻辑架构，让人摸不着头脑。现代人对经典的解释，在语言文字方面做得较好，在义理方面却显得很弱。或随意采取古代人的解释，或随意做出"郢书燕说"的解释，缺乏合乎现代化需求、具有明确逻辑架构的解释。以这种方式编选出来的经典文本，显然也不适合用作中小学教育的教材。

其三，经典用于何处？古代人读经，首先是为了应付科举考试，其次是为了配合政治教化。对于现代人而言，这两个实用目标都已经过时了，不存在了。那么现代人读经，究竟用来干什么？许多人说现代人读经，是为了提高"思想道德修养"，但这种目标显然过于空洞，不接地气。对于中小学教育来说，简明扼要地提出教学目标是必要的。假如入选中小学教材的经典，都只有"提高思想道德修养"一个大目标，显然是起不到任何作用的。有人指出，教师在指导和评价感悟与学习能力相对较强的学生时，要引导学生切实将优秀传统文化应用于个人生活和学习中，从而挑战更具有难度和深度的知识，如："如何在未来的职业发展中传承中华优秀传统文化""传统文化发展对个人、对世界的发展影响有哪些""如何将传统文化中的精粹应用于专业学习中"等。① 然而，学习经典对个人发展有何作用，对职业发展有何作用，却缺乏研究。事实上，这些作用正是经典的现代价值所在，对这些作用认识得越具体，选择经典的目标就越明确，选择的文本也就更合理。然而，就目前的状况而言，大多数人还说不清楚"经典用于何处"。

其四，怎样教习经典？"读经运动"的实践已经证明以死记硬背的方法教习经典是不可取的，为此有人尝试了不同的教学方法。如有人创制了"少儿快乐学国学教育法"："从孔孟之道中提萃'孝、学、仁、义、礼、智、信、忠、毅、和、中庸、为政'，以此为纲，以'少而精，启发式，童趣化，才艺化，生活化，行为化，现代化'为指针，采用儿歌童谣、寓言童话、故事谜语、诗歌歌曲、曲艺京剧等多种形式，博采古今中外案例，分别为幼儿、小学生、中学生打造教本；让儿童'玩中学，学中玩，快乐学国学，学国学快乐'。"② 又有人说应当采用适合小学生心理发展特点的教学方法："在小学阶段，儿童的思维能力处于形象思维的转变时期，具有较强的可塑性和模仿性，针对这一特点，教师可以根据小学生的思维特点进行'读经'教育，如充分利用直观教具，形象化的语言和儿童已有的经验，把'经'的道理充分融入现实生活中。"③ 这些尝试当然都是可以的，然而并不是最关键的。儒家经典的教学方法与现行的知识教学方法有相同之处，都需要阅读、记忆、理解；然而有一点却与

① 陈立勤：《在高职院校语文教学中融入中华优秀传统文化》，《语文教学通讯》2021 年第 10 期。

② 史伦平：《少儿读经之路二十年——国内少儿传统文化教育面面观》，《黑龙江史志》2020 年第 4 期。

③ 刘娇：《小学生读经之我见》，《考试周刊》2019 年第 32 期。

知识教学方法根本不同，即"知行合一"的教学方法。例如儒家的"仁义礼智"是对道德品质的概括，仅仅理解它的思想内涵是远远不够的，需要在现实生活的种种细节中感悟它们的具体表现；而这种现实生活又是属于自身的，与自己的一切思想行为相关联，并非说"我知他行"，只做一个生活的看客。科举制度废除以后，这种教学方法已基本失传，而现代人重新认识并掌握这种教学方法尚需时日，就目前的经典教学状况而言，连起码的认识都不够。就这一点而言，"读经运动"的最大弊端就在于把经典当作一个单纯的知识系统来看待，采用了纯粹的知识教学方法，因而使大部分学生感受不到经典对自己生活的真实影响、真正用途。

第三节　现代大学的国学教育

学生在进入大学后，课程的设置开始变得专业而具体，除英语与政治之外，中学阶段所学的知识迅速被新的专业知识所覆盖。大多数高校在大学一年级新生中会开设《大学语文》或《中国传统文化概论》等课程，其中包含有一部分国学内容。到了大学二年级，除了汉语言文学专业及少量文史哲专业的学生还在继续学习和深造语文课程之外，其他大部分专业都不再学习语文，相应的国学知识更是很少涉猎，大学生对于国学的持续研读，就只靠个人兴趣及环境的影响了。但事实上，在大学中自愿研修国学的人很少。

大学生进入大学后都强调专业课学习，忽视《大学语文》这类人文性学科，他们的学习体现了明确的实用目的，在学习取向上有较为浓厚的功利色彩，忽视对自身思想文化素质和道德素质的培养。

同时，由于外部压力日渐增大，大学生特别关心的是抓紧时间去考五花八门的技能证书，以求在未来的职业竞争中为自己增添砝码，这种急功近利的心态使得他们鲜有时间和精力去提高个人的道德文化修养。[①]

有人对齐齐哈尔大学学生的国学知识做了调查，收回了 400 多份调查问卷，其中 60% 的学生认为国学是以儒学为主体的文化、哲学、伦理学等，10% 的学生认为国学就是先秦诸子，10% 的学生认为国学是古代小说，20% 的学生认为国学是古代诗词歌赋。这种认识基本上来自中学阶段，并没有多大进步。调查者设计的题目有："作为大学生，图书馆藏书丰富，你平时去图书馆主要阅读哪类书籍？" 50% 的学生选择与自己专业相关书籍。结果反映大学生在校学习期间，往往只注重本专业知识的学习积累，参加各种类型的考证，投身于各类社会实践中，往往将国学经典视之为 "无用" 而不屑一顾。另外，由于现代社会新媒体的迅猛发展，许多大学生沉溺于电脑手机聊天、视频、游戏等中难以自拔，在学校中随处可见 "低头一族"，甚至在课堂上也玩手机，对于纸质文本的阅读不感兴趣。有些学生虽然也有阅读国学经典的意愿，但因国学经典多为文言文，阅读起来存在不小的困难。[②]

一、逐渐兴起的大学国学教育

改革开放以来，国学教育逐渐在高校中得到重视，有一部分高

---

① 参见杨瑰瑰《大学国学教育的意义与对策》，《湖北成人教育学院学报》2014 年第 1 期。

② 参见金卓瑜、孟璐、李海佳、杨亿、孟庆阳《地方高等院校国学经典阅读现状调查及推广研究——以齐齐哈尔大学为例》，《大众文艺》2017 年第 4 期。

校先后开展了国学教学与研究，现简单介绍如下：

1979 年，兰州大学敦煌学研究小组成立，1984 年成为敦煌学专业硕士学位授权点，1998 年成为全国第一个敦煌学博士学位授权点，1999 年与敦煌研究院共建的兰州大学敦煌学研究所入选为首批教育部人文社会科学重点研究基地。

1984 年，山东大学成立周易研究室，1988 年正式成立山东大学周易研究中心，2000，中心更名为山东大学易学与中国古代哲学研究中心。深圳大学国学研究所于 1984 年 9 月成立，由著名学者、北京大学教授汤一介先生担任首任所长。其后数年间，国学研究所创办了大型国际性学术辑刊《中国文化与中国哲学》，共出版 4 辑；主办第一次全国东西方文化比较研究协调会议，还和国家教委古籍整理工作委员会联合举办了两届国际"中国学"研讨班，为全国 30 余所高校培训了 100 多名从事比较文化和汉学研究的青年教师。2017 年国学所更名为深圳大学国学院。

1992 年 1 月，北京大学传统文化研究中心成立，2000 年初更名为北大国学研究院，于 2002 年开始招收博士生。

2001 年，武汉大学国学试验班创建，由文、史、哲三院与高级研究中心合办。创建国学班的初衷，就是要改变时下我国大学文科教育分科太细和不重视原著经典的状况，强调文、史、哲、艺的综合，强调对原著经典的研读，强调本土性与世界眼光的结合，创造文科教学的新模式。①

2005 年，湖南大学成立岳麓书院国学研究基地。5 月，中国

---

① 李佃来主编《哲学教育的过去、现在与未来》，武汉大学出版社，2017，第 115 页。

人民大学国学院组建，9月开始招生，设置有学科基础课、专业必修课和专业选修课，课程以原典研读为主。学制6年，本硕连读，2006年开始招收博士研究生，学生毕业后可直接获得相关专业学位。

　　2006年，安徽大学成立中国传统文化研究院，厦门大学重建国学研究院。同年，广州城市职业学院成立国学研究所，成立后的第一项工作就是在全院学生中开设"国学精粹"必修课，在广东省高校中尚属首创。

　　2015年，湖南科技学院国学院成立，是湖南省第一个拥有本科教研实体的国学院。①

　　现代大学国学教育基本内容，参见表4-5。

表4-5　现代大学国学教育基本内容

高校及国学教研机构	课程与研究内容
清华大学	《四书》《周易》《老子》《史记》《说文解字》《黄庭经》
广州城市职业学院国学研究所	国学精粹课程，以儒学等经典为主，选修琴棋书画
厦门大学	中国文学经典、教育经典等通识课程
武汉大学国学试验班	招收国学研究生，课程以"原典"为主
湖南大学岳麓书院国学研究基地	开展国学本科、硕士、博士生教育
南昌大学国学实验班	本硕连读六年制
湖南科技学院国学院	以经史子集为核心，兼修古琴、汉服、碑拓、书法、绘画等
中国人民大学国学院	以"原典研读"为主，本硕连读，招收博士

---

　　① 以上参见赵淑梅《大学国学教育的现实解读》，《现代教育科学》2008年第6期；张亚群《从经学到国学：近代大学传统学科变革的逻辑》，《厦门大学学报》(哲学社会科学版)2018年第4期；张京华《国学教育的基本理念》，《湖南科技学院学报》2018年第9期。

　　有些研究者针对当下的大学国学教育进行了研究和思考，得出了以下一些结论[1]：

　　第一，国学教育尚未普遍开展，开展国学教育的高校大多数停留在通识教育阶段。

　　从总体上来看，国学在高校中还没有得到应有的重视，在整体课程设置中所占的比例很小，对国学课程的开发也没有形成教学的主流。虽然目前有部分高校开设了国学教育课程，但大都局限于文科类高校。这类高校设置的国学课程通常以通识教育课程的形式出现，其地位相当于《大学语文》，只不过是强化一些国学内容罢了。例如清华大学提倡经典导读，编写了《清华大学学生应读书目》（人文部分），开设了"中国文化名著""西方文化名著""中国文学名著"等精品课程，这相当于以辅助阅读弥补通识教育的不足。又如北京语言大学在人文学院中设有"文化模块"，开设有"中国文化史纲""中国思想的源与流""国学通论""中西文化概论""中外文化交流史""宗教与中国文化""儒学与宋明理学经典选读"等课程[2]，这相当于增加了中文专业的通识课程。

　　第二，用于专业教育的国学课程内容庞杂，不明确以儒家经典为主还是以"杂学"为主。

　　在当下，北京大学、清华大学、中国人民大学、武汉大学、北

---

　　① 主要参见李旭、白洁《反思与审视：我国大学国学教育的发展》，《山西高等学校社会科学学报》，2018 年第 10 期；张淑梅《大学国学教育的现实解读》，《现代教育科学》（高教研究）2008 年第 6 期；侯秋月《高校国学教育新模式探析——以西安建筑科技大学为例》，《西安建筑科技大学学报》（社会科学版）2018 年第 3 期。

　　② 参见钱婉约《关于在大学中文学科中加强国学经典教学的思考》，《中国文化研究》2018 年冬之卷。

京师范大学等高校开设的国学教育课程较有代表性，形成了以国学通论、国学研究方法论、古代文体和辞章、古典目录学、文字学、音韵学、训诂学、古代经学和经典注释学、《文心雕龙》研读、《广雅疏证》导读、史学和社会理论、清代考据学研究、中国古代小学源流等科目为主干的核心课程。湖南科技学院国学院独立开设系统的专业课程。"课程设置以经、史、子、集为核心，涵盖文学、史学、哲学、文献学诸领域，兼修古琴、汉服、碑拓、书法、绘画、篆刻、茶艺。一方面注重经典原典，一方面注重田野考察。文史哲融合、多学科交叉"。① 从这些课程看来，专业性较强的国学教育内容庞杂，无所不包，可以说除了古代的自然科学之外，其他内容都在学习范围之内。然而虽然号称"博学"，但儒家经典在这些课程中的地位显得隐晦不明，按照这种教学方法教出来的学生属于"学者"，但基本上与道德素养无关。

第三，国学教材照搬原典，很少经过编选或编选时没有明确的导向和原则。

如上表所述，目前高校开展的国学教育，可以分成"专业教育"和"通识教育"两大类。专业教育通常是照搬原典，即选用历史上那些影响较大的著作作为教材，诸如清华大学将《周易》《论语》《老子》《史记》《说文解字》《黄庭经》等均作为教材来使用。古代的读书人，往往只能做到"专治一经"；相比之下，现代人这种不加选择的经典教学，能不能消化就成了一个大问题。即便能消化，其结果也只是把学生教成了一个思想和知识的大杂烩。另一方面，用

---

① 张京华：《国学教育的基本理念》，《湖南科技学院学报》2018 年第 9 期。

于通识教育的国学教材当然是"选本"，但却缺乏具体而明确的编选原则，基本上也就等于"名篇荟萃"。例如刘少坤、王立娟、董方旭编注的《国学经典选注》（北京理工大学出版社 2019 年版）一书，列入"河北大学精品教材建设项目"，就将"经史子集"中的名篇汇总起来，作为通识教材来推广，若去掉"经史子集"的分类，其实与中学语文所选的古代作品没有多大区别。又如龚鹏程著《国学通识课》一书（岳麓书社 2019 年版），从文字、音韵、训诂讲到经史子集，再讲到儒佛道，用于清华国学院的讲学。

第四，国学教程分科不明确，教育宗旨不明确。

现有的国学专业，在大学学科体系中并无明确定位，且与文史哲等学科存在很明显的交叉现象，致使国学专业学位的问题难以解决。当前开展系统国学教育的几所大学所招收的学生均来自文、史、哲等学科，采用交叉学科培养方式，以权宜之计"挂靠"在别的专业之下。[①] 事实上，分科不明确的根本原因是国学教育宗旨不明确，定位不明确。

目前对大学国学教育的认识和看法多半停留在"知识教育"层面。例如有人认为："国学教育具有通识教育和专业教育的双重属性，应选择大众化和专业化的教育路径。前者通过院系必修课、选修课教学，传授国学经典，普及优秀传统文化；后者由国学研究院等教学科研机构，开展相关学科的研究生与学位教育，培养国学专门人才。"[②] 又有人认为："大学国学教育的具体目标首先是定位在知识的

---

① 参见赵淑梅《大学国学教育的现实解读》，《现代教育科学》2008 年第 6 期。

② 张亚群：《从经学到国学：近代大学传统学科变革的逻辑》，《厦门大学学报》（哲学社会科学版）2018 年第 4 期。

传播上，即引导大学生进入国学的知识层次，了解和研究中华民族固有的学术知识，丰富他们的传统文化学养，激励学生通过经典遨游学术海洋，开启智慧。其次，还要利用国学知识本身具有的文化情怀、艺术内蕴、审美内涵全面提高大学生的人文精神和审美气质，陶冶情操，博雅品味。"①又有人认为："开设相关的国学经典通识教育选修课，是提升国学经典社团研修层次和品位的有效方式。如在大一学年开设《三字经》《弟子规》等选修课；在大二学年开设《四书》《五经》选读等课程；大三学年开展'经、史、子、集'泛读等。"②综合起来，人们普遍认为作为通识课程的国学教育属于"国学常识课"，而作为专业课程的国学教育属于"国学专门知识课"。

二、大学国学教育不重视古代书院教育精神

以上所述的几个方面，反映了当前大学国学教育的一些特点。从另一个角度来看，当前大学国学教育对古代书院教育精神的继承很少。以明代李龄《白鹿洞规》而观，书院教学的课程设置大体如下：

> 读书必循序渐进，不可躐等。先读《小学》，次读《四书》《五经》及御制书史鉴，各随资质高下。上者五百余字，中者三四百字，一二百字，十日一温书，终通温，各置起止簿一扇，逐日填写，以凭考较，下年不许将诵过经书重复填写。

> 每日赴本斋先生处，讲本经四书各一章，并史书一二

---

　　① 王发奎：《大学国学教育刍议》，《吕梁教育学院学报》2014年第2期。
　　② 樊海源：《国学经典社团在大学文化建设中的价值观照》，《思想政治教育研究》2019年第3期。

段，务慎思明辨，字求其训，句索其旨，章求其义，如未明，遍考《或问》《大全》之书以证之，不可苟且放过。苟有不可通者，阙之以俟再问。

每业习举业者，除三六九日作文字，或学答策一篇，月终通九篇，就于作文日，随作诏诰表一道，未习经书者，止作四书文字九篇。夫能行文者，作破承九个，稿成，赴本斋先生处改过，按季收贮，听候考较，毋得誊写旧文，虚应故事。

本洞置立劝善惩恶簿一扇，诸生逐日所为善恶，从实填写于上，以凭劝惩。

诸生有过，先生喻之于上，朋友劝之于下，务令迁改。果冥顽不悛，斥之，毋令阻坏学规。本洞置立假簿一扇，诸生果有事故应给假者，明立期限，听令回家，限满赴洞，不许有违。①

上述五条学规，反映了明代白鹿洞书院课程设置的大体情况。其中应付科举考试的内容如"作破承九个"等当然已经过时，不必特别在意，但其他内容则对现代大学国学教育富有启发意义。其一，"四书""五经"及史书是学习的主要内容。这种学习并不要求"贪多务得"，而是要求做到以一定数量的记忆为基础，重点做到"慎思明辨"，求其义理，有疑必问，未明必究，凡是在关注范围之内的，务求通达。其二，学习经书，必须与"劝善惩恶"的日常实践结合起来，从而做到"知行合一"。两者相互结合，积累到一定程度的

---

① 吴国富编纂《新纂白鹿洞书院志》，江西人民出版社，2015，第256页。

时候，不但较好地掌握了经书的精髓，也有效地提升了自己的道德素养。

相比之下，武汉大学国学试验班的课程设置特别强调传统小学训练和古文献训练，"开设了古文字、音韵、训诂等基础课程和《四书》、《老子》、《诗经》、《楚辞》、《周易》、《左传》、《庄子》、《荀子》、《史记》、《汉书》、《后汉书》、《国语》、《战国策》、出土文献等原著经典导读课程，并适当开设一些综合类通史通论课程，形成了独具特色的国学专业课程体系。"① 将这一国学课程体系与明代白鹿洞书院的课程体系作一比较，见表4-6。

表4-6　古代书院课程与现代大学国学教育的比较

课程与学习方法		明代白鹿洞书院	武汉大学国学试验班
课程内容	四书、五经	主要学习内容	约占三分之一
	史籍	辅助学习内容	约占三分之一
	道家、杂学	无	约占三分之一
学习方法	全面学习	不要求	特别强调
	选点学习	特别强调	不允许
	研讨性学习	特别强调	不要求
	道德理念与道德实践结合	特别强调	不要求

这一表格可以粗略反映出现代大学的国学教育基本上没有继承古代书院教育的精神，即以儒家为主的书院教育变成了现代国学教育的"杂学"，强调"激活思维""启发思维"的教育变成了"知识

---

① 秦平：《现代国学教育的新探索——武汉大学国学班的创建与实践》，载武汉大学哲学学院、武汉大学中西比较哲学研究中心编《哲学评论、哲学教育与管理论文专辑》，武汉大学出版社，2013，第144页。

灌输"型的教育，"知行合一"型教育变成了"以知为上"的教育。

此外，从理念层面和实施层面来看，当前大学国学教育暴露出的缺陷也是很明显的。

论者指出："随着时代的变迁和教育改革的深入推进，长期以来存留下来的权威主义、科学主义、功利主义和精英主义等传统教育理念的弊端也日益凸显。比如，权威主义教育理念中传统的'师道尊严'和知识的神化思想，忽视了学生积极性、主动性，忽视学生个性发展，最终磨灭学生的质疑精神和创新意识。"[①] 又有人指出，现代教育学有一种借助"知识神话"竭力塑造教师社会身份和地位的倾向，学生学习的社会性过程却被完全忽略了。[②] 当前大学国学教育设置的课程，包罗万象，几乎有将传统文化一网打尽的意味；显示举办国学教育者颇有一种借助传统文化、创造"全知全能"的知识神话的意味。此外，论者还指出："在工业革命以前，知识贫乏的时代，知识的多少决定了一个人的素质、能力，决定了社会发展水平和文明程度，按培根的说法，知识就是力量。而在今天，则应该改为思维才是力量，思想就是力量。关键不在于知识多与少，而在于不能只有知识，没有思维和精神，要防止学了断章取义的残缺知识，而成为实践能力缺乏、思维僵化或者精神残缺的人。"[③]

根据上面的这些论述，可以知道当前大学国学教育体现了一种非常不好的倾向，即试图借助于传统文化，把大学生的"人脑"变

---

① 黄蓉生主编《质量与保障：坚守高等教育生命线》，教育科学出版社，2011，第193页。

② 参见康永久《教育中的三个世界：教师知识的制度维度及其影响》，教育科学出版社，2017，第100页。

③ 钱旭红：《改变思维》，上海文艺出版社，2012，第98页。

成容量巨大的"电脑",这种做法是经不起质问的。

其一,大学生有可能知道那么多"国学知识"吗?古代的经史子集类书籍,涉及文史哲诸多方面的知识,将其统统灌输给大学生,大学生能记住并掌握这么多知识吗?事实上是不可能的。以大学国学通识课程为例,它涉及了众多的国学知识,而大学生限于课时、精力、学习本专业知识技能的需求,不可能对这些国学知识了解得太多太深。因此,在实际教学中,就不得不将大学国学通识课程的内容一省再省,教学要求一降再降,最终导致它所教授的内容基本上没有超出中学所学的范围。

其二,大学生有必要知道那么多"国学知识"吗?英国哲学家怀特海指出:"不能加以利用的知识是相当有害的。所谓知识的利用,我是指要把它和人类的感知、情感、欲望、希望,以及能调节思想的精神活动联系在一起,那才是我们的生活。如果只是一味地通过被动记忆一些支离破碎的知识来塑造自己的精神生活的话,简直不可想象,人性不是这样,生活更不应该这样。"[①]韩愈《师说》指出:"闻道有先后,术业有专攻。"对于大多数从事专业学习的大学生而言,他能够做到"学有专长",又能做到循规蹈矩、不突破人类道德的底线,这样就能在社会上找到用武之地、容身之所,除此之外,还有必要完全掌握那么多纷繁复杂的"国学知识"吗?即便有时需要了解这些"国学知识",在信息技术高度发达的当下,他们也可以通过强大的搜索引擎,轻易地搜索并了解到这些知识。即便了解掌握这些"国学知识"是必要的,但"国学知识"在现代人的知识系统中毕竟只是一部分,不可能因为掌握这些知识而抛弃其他知识。

其三,对于专修国学的博士、硕士研究生而言,他们需要的是

---

① 怀特海:《教育的目的》,庄莲平、王立中译,文汇出版社,2012,第4页。

"学有专长"而不是"全知全能"。上述一些著名高校针对专修国学的研究生开设的课程，涉及了中国古代哲学、中国古代历史、中国古代文学、中国古代宗教等领域，完全可以分解到相关的专业之中。按照学术研究的常识来看，无所不包显然是无法形成研究专长的。也就是说，专门研究先秦儒学、宋明理学的研究生，专门研究中国古代历史以及专门史的研究生，专门研究中国佛教、道教的研究生，专门研究中国古代文学的研究生，等等，他们所做出的研究成果，比"国学专业"研究生做出的研究成果应当更加深入，更有学术价值。如此一来，"专修国学"的研究生也就显得黯然失色，失去了存在的价值。

总之，按照大学国学教育的现状来看，"国学"在大学中的地位和价值无非显现在"通识"和"专门研究"两方面。然而我们无法想象，借助这种教学方式能够教出集名儒、学者、数学家为一身的专业人才；也无法想象借助这种教学方式能够培养出集名儒、高僧、文学家为一身的"大师"。

相比上述大学国学教育的"主流"，有些针对大学国学教育的研究结果还是很值得重视的。例如有人指出："大学国学教育应该是以我国传统文化学术典籍为主要载体，以儒家学术文化为核心内容，对大学生施以中华民族核心意识形态和文化素质的教育，从而实现传承中华优秀传统文化，培养人的文化素质与人文精神，实现弘扬民族意识和民族精神的目的。"[1] 又有人指出，国学"既有对人生意义的思考，又有对生命价值的解读，是关于世界观、人生观、价值观思考的文化之精华，因此是提高大学生人文素养的最佳教

---

① 李旭、白洁：《反思与审视：我国大学国学教育的发展》，《山西高等学校社会科学学报》2018年第10期。

材"。① 还有人针对现代大学教育的现状指出，现代大学"培养了太多'做事'的人、'工具化的人'"，而不是全面发展的人。"国学教育的缺失，过度的专业化和技能化，让我们的大学生成为了某方面的'工具'，而缺少内心的自省、自觉的日新，上学时为考证、考试而学习，毕业后为工作、加薪而奔忙，停止了精神上的成长，终其一生也未能成大人、成君子。在这种现状下，我们不能不提倡国学教育。"② 还有人试图将国学教育与具体的专业结合起来，例如指出"将国学教育思想融入教学实践，引导学生关注传统中医的'天人合一'和'五行'等医养理念，对比中西医的医学理念，讲述典型的中西医叙事，这一尝试弥补了当下大学课程重视实验数据和理论分析，较少涉及医学人文和叙事医学为主导的人文素养和医患共情能力的培养"，③ 是通过国学教育提高医学专业学生思想修养的一个途径。总结起来，以儒家思想为核心内容，以提高大学生人文素养为教育宗旨，以国学教育与具体专业相结合的方式实施教育，应当是大学国学教育的未来发展方向。这种宗旨与古代书院教育有很高的相似性，表明古代书院教育精神应当是现代大学国学教育的重要参照系。

---

① 侯秋月：《高校国学教育新模式探析——以西安建筑科技大学为例》，《西安建筑科技大学学报》（社会科学版）2018 年第 3 期。

② 杨瑰瑰：《大学国学教育的意义与对策》，《湖北成人教育学院学报》2014 年第 1 期。

③ 夏晓琳、马力克、邓广瀛、石芳：《国学文化融入大学英语课程实践研究》，《医学教育研究与实践》2019 年第 5 期。

第五章
书院教育内容的现代转型

书院教育内容的现代转型，是书院文化实现现代传播的文化基础。近二三十年的"国学热""读经运动"，已经让大众明确了"读经"的必要性；在此基础上，探索现代化的"选经""解经""用经"之路，就可以为经典融入现代社会打开大门。本章重点论述在现代社会里"选经""解经""用经"的理论原则，并从 20 个方面出发，尝试编选一套经典文本，以便为后续研究者提供具体的参考。

第一节　现代"用经"与书院教育内容的重组

实现书院教育内容的现代转型，应当做到"选经""解经""用经"的高度统一。这一原则是根据古人的实践总结出来的。

一、选经、解经服从于现代的用经目标

论者指出，儒学在传播过程中呈现了不断"现代化"的特点。儒家思想从先秦传到汉代，就被汉代儒者"现代化"了。到宋代，

朱熹进行综合创新,形成新儒学,符合统治者的需要,又被"现代化"了。[①]儒学是"用世之学",它在每一个历史阶段的传播,都与当时的社会需求紧密结合在一起,即"用经"是最关键的。意图让经典发挥什么作用,就会根据这些实用目标去选择相应的经典,解释相应的经典。例如汉武帝"罢黜百家,表彰六经",其目的在于建立"三纲五常"的政治伦理,以强化封建统治。"三纲"即"君为臣纲,父为子纲,夫为妻纲","五常"即"仁、义、礼、智、信"。又如宋明理学家研习儒学经典,其目的在于"修身、齐家、治国、平天下"。朱子《白鹿洞书院揭示》说:"父子有亲,君臣有义,夫妇有别,长幼有序,朋友有信。右五教之目","言忠信,行笃敬。惩忿窒欲,迁善改过。右修身之要"。很显然,这些都是基于宋明社会背景的实用目标。在这些实用目标的指导下,儒学经典在每一个历史阶段的传播,都与"选经"密不可分。孔子对三代文献进行了选择、删削、加工,创立了儒家学说;汉代设立"五经博士",选择《易》《书》《诗》《礼》《春秋》作为教学对象,而先秦时期的《孟子》《荀子》等著作没有入选。程朱理学对历代儒学文献的选择更为明显,他们名义上尊崇"五经",实际上选择了"四书"作为教学重点。因此,现代人选择经典是必然的,而在科学理性高度发达的当下,也必然要用现代化的眼光去选择经典。

　　每一个历史阶段的"选经""解经"都相当于对经典的"结构性重组",亦即对经典文本的重新选择与重新组合,而对于经典的解释,则有极为明显的改造。过去的解释,如果符合当时的社会需

---

① 周桂钿:《中国儒学讲稿》,福建教育出版社,2017,第227页。

求，这些内容就得到高度重视；如果不符合当时的社会需求，则被冷落甚至抛弃。如果过去的解释远远不足以满足当时的需求，那就需要进行更多的创造性解释了。因此，现代人可以从儒学史中总结出一个原则：即基于特定历史阶段的需求，"选经""解经""用经"是高度统一的；而现代人则应当根据现代社会的"用经"需求去"选经""解经"。

现代儒学研究有很多"迷局"。论者指出："无论是以儒学完全否定现代性的做法，还是以现代性完全否定儒学的做法，都不是中国文化的正确方向，唯一正确的道路就是儒学与现代性的互动与融合。"① 然而很多学者将"主体性"视为现代文明的根基和基石，因此儒学与这种"主体性"的冲突，构成了儒学与现代性的根本冲突。此外，还有儒学重道德、轻利益的价值观与现代社会发展生产力的冲突，"重农轻商"与发展商品、市场经济的冲突，家族本位与现代个性自由的冲突，等等。② 历史上，基于"人"的地位与价值的探讨，产生了两种教育价值观，一种是以个体为中心的教育价值观，认为受教育者应该在人性、理性方面得到充分发展，但特别强调个人的自由发展，很容易导致以自我为中心的极端个人主义。另一种是以社会为中心的教育价值观，认为个人是社会整体的一部分，主张教育应该以社会的需要为培养目标，但特别强调社会的需要，很容易抑制个体人性和理性的发展，阻碍个人创造力的发挥。③ 在许

---

① 郭继承：《中国文化的未来》，中国政法大学出版社，2013，第160页。

② 参见陈荣照《儒家价值观与现代社会》，载吴光主编《当代儒学的发展方向：当代儒学国际学术研讨会论文集》，汉语大词典出版社，2005，第93页。

③ 参见谢丹《传统文化视域下的高校思想政治教育》，九州出版社，2018，第87—88页。

多人看来，儒学的教育价值观应该属于第二种。

美国汉学家安乐哲、罗思文在他们的著作《〈论语〉的哲学诠释：比较哲学的视域》中指出，儒家理论"不是描述事物本身是什么，而是说明事物在特定时期与其他东西的相对关系"。"不过，如果世界是持续变化的，那么，这些关系也就随之发生改变。这一点在占有《论语》很大篇幅的人际关系的讨论中得到清楚的展示。""概括说来，没有一个人是他自己的施恩者与受益人；一切人际关系都是在具体的时段和特定的人与人之间形成的。""儒家观念中的'关系'则是事物的内在本质属性。或许，'相互关联性'才是最贴切的表达……在这种情形下，解除关系将会造成两败俱伤的局面。各方面所受伤害的程度与这种特殊关系对各自的重要程度成正比。因而，生活在这个世界里的人们，对于改变持谨慎态度；而不是随心所欲地恣意妄为。"① 这种论述，对我们认识儒家经典的现代价值具有很好的启发作用。

马克思指出："人的本质是一切社会关系的总和。"无论是汉代的"三纲"，即"君为臣纲，父为子纲，夫为妻纲"，还是朱子《白鹿洞书院揭示》说的"五教之目"，即"父子有亲，君臣有义，夫妇有别，长幼有序，朋友有信"，都属于"社会关系"的内容。而无论是先秦儒学的核心概念如"仁义礼智信"等，还是宋明理学专为"修身"而创造的"心性之学"，都是为了调节个人的内心状态和行为动机，促进上述社会关系的优化而已。各种社会关系交织运动，其状态又直接影响到社会制度的状态，"社会制度是在一定的

---

① 安乐哲、罗思文：《〈论语〉的哲学诠释：比较哲学的视域》，余瑾译，中国社会科学出版社，2003，第24—25页。

历史条件下形成的社会关系和社会活动的规范体系"。^①因此，林林总总的"用经"目标，其实可以总结为一句话："以无数个体的修养，促进各种社会关系的优化，进而促进社会制度的优化。"因此，儒学的"经世致用"目标就体现在对个体状况（行为动机、经济追求、个体发展）的调节、对社会关系乃至社会制度的调节上。由于个体状况与社会关系的问题在人类社会里是永远存在的，为此儒家经典在现代社会就产生了实用价值，具备了现代"合法性"；而儒学对古代个体、古代社会关系的调节，与现代社会对现代个体、现代社会关系的调节，两者既存在差异，也存在相通之处。明辨其差异，大力挖掘相通之处，就可以在古代"用经"和现代"用经"之间搭建一座畅通无阻的桥梁。

以"仁"为例，任何两个人想维持良好的相互关系，就必须遵循"仁"的原则，也就是以一方对另一方的体谅与尊重为基础，包括精神和物质上的，如男人对女人、年轻者对年长者、成人对儿童、富人对穷人、官员对百姓、下级对上级等等。不管如何，维持这些关系都应当遵循"仁"的原则，如果违背这一原则，两人关系即告破裂，甚至会由原来的亲密关系演变为敌对关系。

《论语》特别强调子女对父母的关系，提倡"孝道"。在人的一生中，未成年时期处于父母的抚养和保护之下，父母对其没有责任要求，基本上不存在"不孝"的问题。成年之后，子女掌握主动权，父母进入衰老期，由此对子女产生责任要求，包括物质的需求和精神的需求。在现代社会里，对于"不孝"的谴责依然很强烈，"不孝"

---

① 王继编著《理论社会学》，陕西师范大学出版社，1990，第158页。

的行为也会给子女带来很多坏处。例如父母因自身需求得不到基本满足，与子女的矛盾便会激化，这种矛盾会波及与子女有关的众多亲人，也会波及一般的社会关系，从而影响其声誉以及他人的信任度。在中国，赡养父母是理所当然的基本伦常，对父母不赡养、不孝敬，很容易遭受公众舆论的打击而导致自己被孤立，甚至使自己的前程受到影响。

"忠"对于现代社会关系也还是有作用的。在现代社会，泛泛之交一般不需要承担什么责任，但是也不能从中获利，所以必须是"为人谋、为人办事"才能相应获得"他人为我谋、为我办事"的好处。维持这种关系，也必须以"忠""信"为前提。如果欺诈他人，不但不能持续获得别人好处，反而会遭到他人的报复。当然，"忠"的前提是他们的所为必须合乎"仁"，共谋"不仁"之事，只能让自己和他人陷入不利的境地。另外，在一个群体里，"不忠"者很容易遭到排斥，并影响到在其他群体中的生存。

在现代社会里，由于交往对象的频繁变换，很容易产生"不忠"的行为。例如商人容易这么想："对一个人不忠无所谓，还有下一个，反正人多的是。"但是，这种"不忠"行为若得不到有效遏制，很快就会泛滥起来，形成连锁反应。用不了多长时间，一个老是实施不忠行为的商人可能会发觉自己面对的是一个充满欺诈的世界，一旦陷身其中，他原来获得的利益也就逐渐丧失了，最终是全社会的人都为连锁式的"不忠"付出物质和精神上的代价，形成一种黑洞般的"互害模式"。

"义"涉及两人的物质利益关系，同样也包括群体之间、集团之间的物质利益关系。《论语》强调获取利益的时候一定不能损害他人利益，否则很容易导致他人的报复，破坏自己赖以生存的社会关系。在现代社会里，这个问题已经变得有些模糊，尤其是在电子信息化背景之下的物质利益关系，通常都是在间接状态通过技术手段产生的，因此受害人的不知情可能使施害者更加放肆，而受害人找不到明确的报复对象，就可能会对社会实施无理性的发泄和报复。久而久之，就会积累成巨大的社会问题。

从以上的简单分析可以看出，儒家经典就调节现代社会关系而言依然是有巨大作用的，为此显示了它的"现代合法性"。另一方面，现代社会关系是在现代社会的背景下产生的，而脱离现代背景去谈论"现代社会关系的调节"显然是空洞的、无效的，因而是不可取的。

在现代社会关系给现代人的生存与发展带来了巨大的机遇和广阔的空间的同时，也给现代人带来了选择的困惑以及适应现代社会关系的困惑，对其生存与发展提出了前所未有的挑战，甚至可能会对现代人生存的幸福造成障碍。[①] 现代社会文明的发展对现代社会关系的优化提出了强烈的诉求，这种优化包括纯真化、规范化、和谐化等。[②] 现代社会里，个人必须科学合理地把握社会关系，才能获得发展的机遇。否则，现代人不仅不能在社会关系中实现发展，反而会走向倒退甚至自我毁灭。[③] 在传统生活模式下，人们的生产与生活具有相对的稳定性。诸如血缘关系、姻缘关系、学缘关系、职业关系等社会关系也非常明晰而稳定。在这种关系之下，个人的

---

① 参见赵光辉《人才发展学》，知识产权出版社，2016，第 17 页。

② 参见张治库《现代社会关系视阈下人的发展研究》，光明日报出版社，2010，第 183 页。

③ 参见张治库《现代社会关系视域下的马克思主义人学研究》，中央编译出版社，2020，第 178 页。

生活与发展被纳入到一个相对固定的程式之中，不存在选择性。但对于现代人来说，没有什么是永恒的，所有能确证自己存在的社会关系都时时处于断裂、生成和变动之中，现代人在社会生活过程中时时处处面临着选择。因而在对环境的适应、生活方式的选取、个人发展的追求等方面都有着更高的积极性、自觉性与主动性。正因为如此，现代人在对环境和社会关系的选择性适应过程中，表现出了更高的积极性、自主性与主动性。①

根据上述这些论述，我们可以制作表格 5-1：

表 5-1　古今社会关系变化情况表

社会关系	古代社会	现代社会
原生性	原生关系起主导作用，如君臣、家族、父子、乡村社会；夫妻关系稳定性高；非原生关系作用有限，如朋友等	非原生关系起主导作用，如行业关系；原生关系如父子、夫妻、亲戚、家族、乡村的作用不断弱化
经济基础	绝大多数从事农业，经济固定；少数从事商业，经济不固定	少数从事农业，绝大多数从事商业及各行各业，经济不固定
强制性	强制性大，强调顺从与传承	强制性小，双向选择成为主流
情感性	情感对社会关系的支配程度高	情感性低，主要由经济支配关系
选择性	绝大多数不可选择，少数可选择	绝大多数可选择，选择成为主流
个人发展	个人发展空间小，很少追求发展	个人发展空间极大，追求发展成为主流

---

① 参见张志库《社会关系的选择与现代人的发展》,《光明日报》2007 年 4 月 1 日。

（续表）

社会关系	古代社会	现代社会
优化需求	优化社会关系对个人发展用处不大，缺乏强烈需求；个人努力对优化程度影响不大	优化社会关系决定了个人发展的状态，且很大程度上取决于个人努力

结合上表，可对古今"用经"情况的不同简要说明如下：

马克思在研究社会结构时，指出除第一级的原生社会关系外，还有"第二级的和第三级的东西"，亦即"派生的、转移来的、非原生的"生产关系。在古代社会里，原生社会关系起到主导作用；而在现代社会里，非原生社会关系的主导作用是很明显的。以此而论，在古代社会里，为原生社会关系服务是"用经"的主要目标，而在现代社会里，为非原生社会关系服务是"用经"的主要目标。

马克思指出，经济基础决定上层建筑。受生产力的限制，古代农业经济的目标是"设定性"的，超过设定范围的预期目标是不切实际的，难以实现的。现代各行各业的经济目标是"发展性"的，预期目标可大可小，没有一定的数值，而实现的可能性都是存在的。因此，古代社会的"用经"目标，缺乏经济驱动力；而现代人的"用经"目标，受经济驱动力支配的程度很高。

古代社会关系的特点是强制性明显，君权、父权、夫权均具有绝对的权威性。现代社会关系取决于个体意愿和双向选择的状况，选择性特别明显。对这些具有"强制性"的社会关系加以强化，是古代人"用经"的目标；而强调这些关系的情感性，其意在于为冷冰的"刚性原则"披上一层人性、人文的色彩。相比之下，如何更好地选择并优化自己的社会关系，是现代人"用经"的目标，与古代人的目标明显不同。

古代社会关系主要是原生的、固定的、无法选择的，个人发展的空间取决于社会关系提供的空间，很容易"碰到天花板"，很难出现为追求个人发展而优化社会关系的驱动力；相反，因个人发展需求受限而与固定社会关系产生矛盾冲突的情况却很容易出现。现代社会关系主要是自己选择的，甚至是自己创造的，因个人发展需求而优化社会关系的驱动力很强烈。如此看来，采用各种方式，消解个人发展需求，以缓解个体与固定社会关系的矛盾，是古代人"用经"的目标；而努力让个体不断融入各种不固定的社会关系之中，以获取更大的发展空间，则是现代人"用经"的目标。

经过上面的简单分析，可以得到现代人用经典来调节社会关系的两大原则：

其一，讨论现代社会关系的调节，必须以现代社会制度为背景。

从先秦儒学追求的"克己复礼"，到汉代儒学维护的"三纲五常"，再到宋明理学追求的"修齐治平"以及封建社会晚期力求稳固的"礼教"，"用经"目标显然发生过几次巨大的变化。当封建社会一去不返之后，上述"用经"目标也就变成了无源之水，无本之木，彻底失去了存在根基。既然如此，现代人也就不可能抱残守缺，死死守护着已经失去社会基础的"用经"目标了。具体说来，经典文本中维护封建君臣关系、以封建家长制为主体的家庭关系、封建社会等级制、封建礼教的内容，为封建政治服务的为人处世原则等也就失去了意义，不再成为现代人选择的对象。古代人"选经""读经"，要为古代社会的管理体系（封建制度）服务；现代人"选经""读经"，同样要为现代社会管理体系服务。相比古代社会的管理体系，现代社会的管理体系具有科学理性、组织严密等明显优势，让经典为现代社会的管理体系服务，就必须摈弃那些与科学理性相冲突的内容，尤其是那些单方面强调社会等级制的内容。

对于社会关系的调节，是"用经"的主要目标之一。古往今来，人们都从两个方面去调节社会关系，一方面是刚性制度的约束，包括法律、乡规民约、工作制度等；另一方面是柔性精神的约束，主要是靠个体精神气质的培养来实现。很显然，古代的法律、礼制、乡规民约在现代社会里已经被更加科学且严密的管理制度所取代，而学习各种管理制度并遵守之，在现代社会里是专门的学问。因此，现代人用经典来调节社会关系，应当在现代社会管理体制、现代行业技术的背景下展开，经典涉及的古代教条，已经不再适用于现代社会。例如《弟子规》中大量教条式的内容，是应当被摈弃的；而《礼记》中大量的"古礼"，也是应被摈弃的。现代人用经典来调节社会关系，主要靠精神气质的调节、素质的培养来实现，而经典的合法性来自它对优化现代人的精神气质和道德素养有较好的作用。

其二，讨论现代社会关系的调节，必须以现代社会的个人发展为基础。

古代的社会等级制，是在众多"规定性"背景下产生的：王朝一旦建立，君臣关系就已经被"规定了"，无法改变；人们依附于有限土地、依附于农业经济的状况一旦被确定，就很难改变；父子关系、夫妻关系取决于上述规定，也被高度"格式化"了，难以改变。总结起来，古代社会以农业生产为基础，以君臣制度为结构，很难给个人提供良好的发展空间。因此，古代人"选经""读经"并不强调个人发展，而是强调如何优化这种"格式化制度"。先秦两汉儒学强调建立并稳固这种"格式化制度"。宋明时期，由于社会经济的发展，个人发展的欲望变得强烈起来，因此与"格式化制度"产生了很大的矛盾冲突，为此，宋明理学就特别强调消解个人的发展欲望，以利于"格式化制度"持续稳固下去。

然而，现代社会的先进性恰好体现于以个人发展为基础，种种社会制度都建立在个人发展的基础之上。例如培养青年、少年、儿童在品德、智力、体质等方面的全面发展，是中国现阶段的主要教育目标之一；市场经济体制为个人经济的发展提供了广阔的空间；行业的发达、各类岗位竞聘制度为个人能力的发展提供了众多平台等等。古代社会的稳定，建立在"静态平衡"的基础上，亦即建立在政治结构不变、经济基础不变、个人发展受限的基础之上，好比是一个静静的水潭；而现代社会的稳定，建立在"动态平衡"的基础上，即在每个社会成员积极追求各种发展的基础上达成一种动态的平衡，好比是风平浪静但不断流淌的大江大河。这种古今差异，无疑决定了古代人与现代人在"用经"方面的最大差别。

对《论语》核心理念的简要分析，我们可以得出以下结论：其一，社会关系的状况，取决于每个个体的状况（行为动机、经济追求、个体发展）。其二，社会制度的状况，取决于众多社会关系的状况。其三，每个个体的状况（行为动机、经济追求、个体发展），均受制于特定社会制度、社会关系。

古代的"用经"目标特别强调特定社会制度、社会关系对每个个体状况（行为动机、经济追求、个体发展）的制约性、规定性。也就是说，在上述环环相扣的"经世致用"目标中，古代人的出发点是一成不变的社会制度，然后从大到小，去论述社会关系，进而论述个体的状况，也就是从"平天下"的需求出发，再去讨论"修身"的问题。现代人讲经，应当先从个体的状况（行为动机、经济追求、个体发展）出发，在此基础上讨论社会关系，进而讨论社会制度，最后再反过来讨论现代社会制度、社会关系对个体形成的规定性和制约性。

总结起来，恒定的社会制度是古代人"选经""解经""用经"的前提，而"发展是硬道理"则是现代人"选经""解经""用经"的前提。基于这个前提，有碍现代人发展的经典文本、读经方式、解经方式，都不具备现代的"合法性"。"纯读经"妨碍了现代人借助科学知识追求个人发展的途径，因而是不合理的。一味强调形式上的社会关系而妨碍现代人发展的解经方式是不合理的。例如为了维护父子关系而妨碍儿子的发展，为了维护夫妻关系而妨碍妻子的发展，为了维护教师的尊严而妨碍学生的发展，为了维护传统文化的尊严而妨碍科学理性的发展，等等，都是不合理的。此外，现代社会制度、社会关系对个体形成的规定性和制约性，使经典文本中限制和消解个体行为动机、经济追求的论述具有了一定的"合法性"，亦即不能突破现代社会对个体的规定性而一味强调个人的无限发展。反过来，无视现代社会对个体提供的发展可能性而一味强调对个体物质欲望的消解和压制，也是不合理的。

二、现代选经的具体原则

基于上述总原则，编选适用于现代社会的经典文本，就必须遵循以下一些具体原则：

第一，基于儒家经典在历史上产生过的积极作用，尤其是在促进文化进步方面所起的巨大作用，我们应当重视儒家经典，以儒家修养为核心，将其他传统思想作为适当的辅助，但不能与"仁义礼智"的修养发生冲突。不能将现代经典读本变成一种"思想大杂烩"，更不能变成一种"知识大杂烩"，否则等于从根本上否定了"读经"的现代作用。

第二，"读经"对于现代社会的积极作用当然有待验证，但"读经"对于现代社会的负面作用必须努力避免。必须摆脱传统儒学的"用经"目标，那些在古代社会里用于维护君主制度、封建家庭的经典论述尽量不选或少选。

第三，从五四运动到现在，儒家思想的糟粕已经得到了充分地暴露。为此，我们不必将主要精力放在批判传统文化的糟粕上面，而是将关注点转移到儒学理论在现代社会的应用方面，积极探索儒学对现代家庭、现代企业、现代职业技术、现代管理等方面的作用。现代人从各方面、各领域、各学科出发，研究儒学的现代价值，应当高度重视这些研究成果，关注他们涉及的经典文本并将之列入现代"选经"范围。

第四，各个历史时期的"解经"方式不同，但毫无疑问与不同历史时期的社会需求有关。对于这些经典训诂之作，我们应当有清醒的认识。例如产生于两汉时期的《春秋公羊传》《春秋穀梁传》属于"今文经学"的代表作，其中大量发挥"微言大义"的阐述都已经失去了应用价值。又如宋明理学明显具有主观色彩太浓、空谈心性的特征，很多论述不仅在现代，就是在当时也没有太多应用价值。再如考据学盛行于文化高压的康乾时代，虽有其独特贡献，却有把经学变成远离社会生活的训诂学、文献学的明显倾向。诸如此类，都与现代"解经"的目标相去甚远，也不应当作为现代"解经"的选用内容。

第五，儒家理论是"用世之学"，无法回避古代社会的"刚性架构"如政治、军事、经济等内容。然而在古代社会里，农业经济缺少变化，儒家在涉及经济问题时，常把农业经济当作"当然如此""必然如此"的理论前提，很少正面讨论，这就造成了儒家经典不愿正视经济利益的表面印象，但在现代社会中，经济生活已经成为人们无法回避且重点关注的话题。因此，必须在明确言利、合理言利的前提下，合理阐述儒家经典文本，深刻认识"义利之辨"的实质性精神。

第六，从重视鬼神到重视人本身、从重视宗教到重视科学理性，都体现了人类文明的进步，中国乃至世界各国莫不如此。产生于两千多年以前的儒家经典，不可避免地会打上时代的烙印。在漫长的历史时期中，儒家思想演变成了"儒教"，染上了"准宗教"的色彩，例如将孔孟视为高不可攀的"圣贤"，将"君子人格"视为完美无缺的人格标准，等等，都很容易使现代人在学习经典的时候，将宗教徒的狂热与儒家义理的阐述纠缠在一起。因此，现代人在阐述儒家经典的时候，应当将它从令人望而生畏的"神庙"中"请"出来，放在平地上，与众多的中外传统文化放在一起，认真审视它的营养成分。当儒家经典为现代人的道德素养起积极作用的时候，我们应该看到现代人的道德素养是由多种文化营养构成的，儒家经典只是文化营养当中的一种。因此，现代人在"解经"的时候，应该努力避免"道德标准神圣化"，努力坚持"道德标准平实化"的原则，将传统道德与现代社会的平常人、平常生活、平常职业结合起来，如此才能避免将经典当作封存在博物馆的珍贵文物，才能把经典当作对现代社会有益的精神营养。

就现代人"选经""解经""用经"的具体原则，当然还有很多值得注意的地方，例如在材料的选择与处理上，应当摆脱文学史选本的影响，以论理精辟为主，不以文学色彩为主。在选择传统故事方面，应当重史实，重生活，少选寓言故事、虚构故事，以便和现代人的现实生活对接。在文字解释方面，应当简明扼要，粗通大意即可。在义理阐述方面，应当点出选文中蕴含的主要道理，注重它们对当下生活的启发意义并进行合理的引申，同时广泛吸收世界各国的研究成果，与中外论著的观点比较，努力强化经典文本的科学理性色彩。总而言之，现代学者对于如何"选经""解经""用经"的问题应当高度重视，认真研究，极力避免将经典教育引入中小学教育、全民教育时遭受重大挫折，造成巨大负面影响的情况。

现代人"选经""解经"，可以从不同的角度出发，采取各种各样的方法。在科学"选经"，合理"解经"的基础上，可以将选出来的经典文本与小学、中学、大学、职业教育、成人教育、辅助教育结合起来，针对不同的年龄阶段、不同的教学层次、不同的教学需求，合理分解现代"选经"文本。鉴于目前有关这方面的研讨和实践尚未形成热潮，过多的设想可能因为缺乏参考而产生种种不足，本书暂不讨论具体的操作方法，仅就两个原则性的问题提出自己的初步看法。

第一，有了科学合理的现代"选经"文本之后，在教材编选、教学内容上实行"全科渗透"的方法。在中小学阶段，承担经典教学任务最多的是语文学科，可以重新布局入选其中的传统文化作品，改变目前特别偏重文学教育的格局，提高经典文本的入选比例，以便在不增加总课时、不影响其他学科的前提下，取得最好的经典教学效果。在思想品德课、音乐、美术、体育教学中，加入、加大经典文本的教学力度，力求在音乐教育、美术教育、体育训练中注入传统德育的精神。在外语教学方面，注重西方文化与传统德育的差异性，合理吸收西方的科学理性精神，既对传统德育形成完善、补充之势，又真正做到"中学为体、西学为用"，在立足于中国传统文化精神的基础上兼收并蓄，广泛吸收世界各国的文化营养。在数理化等自然科学方面，应当强化科技伦理的教学内容，例如可以在众多的应用题中加入传统德育的内容，努力展现中外科学家在为人类做出贡献时所体现的伦理道德精神，尤其是与中国传统道德相吻合的精神。在职业教育方面，应当强化职业伦理与传统道德的教育，使传统道德成为现代人职业精神的一个有机部分，为全社会树立"从业有道"的理念打下基础。在大学阶段，除了在公共课程中实施经典教学之外，还应当在不同专业的教学中加入或强化传统伦理的教育；除了在传统专业中安排经典教学的内容之外，还应当注重新兴专业的经典教学；除了在人文学科中强化经典教育之外，还应当在自然科学（理工农医等）中强化经典教育，使各种专业的发展都有利于现代道德的发展、现代社会的发展。总而言之，在学习经典、践行道德方面，没有一个人是旁观者，没有一种职业、一种技术是例外者，以经典提升现代人道德素养的目标是全方位的，而在具体教学上则是具有很强的针对性的。

第二，有了科学合理的现代"选经"文本之后，实行"原旨教学、教学互动"的方法。亦即"解经""讲经"都必须按照原来的意思进行讲解，不能随意歪曲、改造，尤其不能按照现代人的理解来进行"戏说"，致使经典失去应有的作用。同时，由于经典在现代社会的意义有待每个人的实践和验证，因此应当充分吸收古代书院教学的精神，亦即以"质疑问难""教学互动"的方式展开教学，这样既有利于发挥经典的积极作用，又有利于学生消化吸收，而且还可以避免经典可能产生的消极作用。这种教学方法，与"纯读经""不讲解""不许质疑经典"这种僵化的教学方法形成了鲜明的对比。

第三，有了科学合理的现代"选经"文本之后，就可以大胆放心地将它们分解到各级各类教学阶段之中，总体原则是"向下简化，向上专业化"。"向下简化"是指在中小学教育阶段，针对少年儿童的心理发展特点、知识基础，在现代"选经"文本中挑选有针对性的、通俗易懂的内容结合教材，进行"因时制宜、因人制宜"的教学；"向上专业化"是指到了大学教育阶段，还包括研究生教育阶段，根据不同的专业，对现代"选经"文本的某一方面进行强化、深化教育，将经典体现的一般性德育精神变为针对某一行业技术的德育精神，从而为行业技术的健康发展打下基础，为国家社会的持续发展提供支撑。

第四，以顺利实现现代转型的书院为依托，建立专门的研究机构，以现代"选经""解经""用经"为主要任务，研究现代人讲经的方法，制作传播经典的现代文本，及时对中小学、大学、职业教育中的经典教育提供指导。这一类现代书院应该成为现代教育体系的有机构成部分。

第二节　现代选经文本举例

根据第一节提出的原则，笔者从"经典在现代社会的实用价值"出发，尝试提出一份编选经典的文本方案，分20个方面阐述经典与现代社会的关系，前面 10 点属于"经典与现代人的品德素养"，略等于古人所说的"内圣"；后面 10 点属于"经典与现代人的处世之道"，略等于古人所说的"外王"。

一、经典与现代人的品德素养

（一）与性格完善相关的经典论述

孟子曰："自暴者，不可与有言也；自弃者，不可与有为也。言非礼义，谓之自暴也；吾身不能居仁由义，谓之自弃也。仁，人之安宅也。义，人之正路也。旷安宅而弗居，舍正路而不由，哀哉！"（《孟子·离娄上》）

治气养心之术：血气刚强，则柔之以调和；知虑渐深，则一之以易良；勇胆猛戾，则辅之以道顺；齐给便利，则节之以动止；狭隘褊小，则廓之以广大；卑湿重迟贪利，则抗之以高志；庸众驽散，则劫之以师友；怠慢僄弃，则炤之以祸灾；愚款端悫，则合之以礼乐，通之以思索。凡治气养心之术，莫径由礼，莫要得师，莫神一好。夫是之谓治气养心之术也。（《荀子·修身》）

兼服天下之心：高上尊贵不以骄人，聪明圣知不以穷人；齐给速通不争先人，刚毅勇敢不以伤人，不知则问，不能则学，虽能必让，然后为德。遇君则修臣下之义，遇乡则修长幼之义，遇长则修子弟之义，遇友则修礼节辞让之义，遇贱而少者则修告导宽容之义。无不爱也，无不敬也，无与人争也，恢然如天地之苞万物。如是则贤者贵之，不肖者亲之。如是而不服者，则可谓诪怪狡猾之人矣。（《荀

子·非十二子》）

君子能亦好，不能亦好；小人能亦丑，不能亦丑。君子能则焉，不能则人乐告之；小人能则人贱学焉，不能则人羞宽容易直以开道人，不能则恭敬缚绌以畏事人；小人能则倨傲僻违以骄溢人，不能则妒嫉怨诽以倾覆人。故曰：君子能则人荣学告之。是君子、小人之分也。（《荀子·不苟》）

吕氏曰："君子所以学者，为能变化气质而已。德胜气质，则愚者可进于明，柔者可进于强。不能胜之，则虽有志于学，亦愚不能明，柔不能立而已矣。……今以卤莽灭裂之学，或作或辍，以变其不美之质，及不能变，则曰天质不美，非学所能变。是果于自弃，其为不仁甚矣。"（朱熹《中庸章句集注》）

朱子曰："人之气禀有偏，所见亦往往不同。如气禀刚底人，则见刚处多，而处事必失之太刚；柔底人，则见柔处多，而处事必失之太柔。须先就气禀偏处克治。"（《朱子语类》卷十三）

责己者，可以成人之善。责人者，适以长己之恶。喜怒哀乐爱恶欲，一有动于心，则气便不平。气既不平，则发言多失。七者之中，惟怒为难治，又偏招患难。须于盛怒时，坚忍不动，候心气平时，审而应之，庶几无失。（许衡《语录》）

人生大病，只是一傲字。为子而傲必不孝，为臣而傲必不忠，为父而傲必不慈，为友而傲必不信。故象与丹朱俱不孝，亦只一傲字，便结果了此生。诸君常要体此。人心本是天然之理，精精明明，无纤介染着，只是一无我而

已。胸中切不可有，有即傲也。古先圣人许多好处，也只
是无我而已，无我自能谦。谦者众善之基，傲者众恶之魁。
（王守仁《传习录》）

本节教学主旨：借助经典的引导，完善个人性格，扬长避短，
以利于个人发展，突破"性格决定命运"的局限。

人格是在天性的基础上形成的，在成长过程中受到种种影响，
形成了各种面目，它对人的一生产生诸多的影响，所谓的"性格决
定命运"，就是一种通俗的说法。而儒家经典关于人格完善的基本
原理就是"不足者补充之，过度者驾驭之"，例如懒惰太甚，进取
性不足；热衷名利，欲望太强，甚至攻击性很强；智慧不足；智慧
过度，心计太多，很容易失控；交流性不足，过度内向，乃至自闭；
交流过度，喜欢八卦，好事，话痨；极不敏感，反应迟钝；过于敏感，
反应过度。种种情况都会给人的生活、工作带来各种影响，如何用
道德引导的方式进行完善，使人得到更多的发展机会，这就体现了
教育者的仁爱之心和责任担当。

国内外很多心理学家都曾从事过"健全人格"的研究。各种研
究结论不尽相同，但总结起来，以下这些方面被认为是健全人格的
必备要素：（1）客观的自我认识、积极的自我态度，是指一个人具
有"自我认识"，且这种认识是全面的、丰富的；既不夸大也不缩
小自己的长处和短处；尽管认识到自己有长有短、有好有坏，但仍
然从总体上认可自己，接纳自己，对自己抱有希望。（2）客观的社
会知觉、建立适宜的人际关系的能力。人格健全者应能准确地从别
人的言语、行为中体察别人的思想、愿望和感受，了解别人对自己
的看法和态度；而且，其对别人的了解建立在事实依据上而不是主
观臆测；此外，其对人的态度特征和人际交往技能应有助于建立适

宜的人际关系。（3）生活的热情、有效解决问题的能力。心理健康的人应该热爱生活，有投身于工作事业和家庭的热情，要具有与自己年龄相适应的生活能力。（4）个性结构具有协调性。人格健全者应该有统一的人生观和世界观，需要、兴趣、动机、理想、信念和世界观之间应该能保持一种动态的协调、平衡，而且其认识、情感和行为之间也应该有协调性。[1]

西方的理论认为："尊重自己意味着：尽管有大大小小的缺点和错误，还是相信自己是有价值的，是值得被爱的。尊重自己意味着：无论外表如何，无论成功与否，无论其他人是否认可，都接受自己……只有当我们不因为我们所犯的这些错误而评判和贬低自己的时候，我们才能做到尊重自己。"[2]

然而，这种理论并不能保证一个人满足自己的自尊心。因为相信自己有价值，不只是一种自我感觉，也是一种社会感觉。当所有人都不认可自己的时候，还能相信自己有价值吗？不因错误而贬低自己，这当然也有一定道理；但当周边人都在谴责自己的时候，是不是要认真反省，自己是否真的做错了呢？还是顽固地拒绝反省，将错误进行到底？而用"仁义礼智"来提升自己的修养，构建自己的自尊，则可以确保相信自己有价值的同时，他人也相信自己有价值；也可以确保自己不在错误的道路上越走越远，用改正错误的方式赢得社会的认可，从而稳定自己的自尊心。

相比西方的人格修养理论，儒家经典开出的人格修养之方显得颇具优势。《荀子·不苟篇》指出："君子能亦好，不能亦好；小人

---

[1] 参见陈济川编《大学生心理健康教程》，厦门大学出版社，2013；罗永忠主编《心理学基础》，高等教育出版社，2012。

[2] 沃尔夫、默克勒：《自我情绪调控 ABC》，滕奕丹译，广东教育出版社，2007，第40页。

能亦丑，不能亦丑。君子能则宽容易直以开道人，不能则恭敬缚绌以畏事人；小人能则倨傲僻违以骄溢人，不能则妒嫉怨诽以倾覆人。"君子"愚则端悫而法"，小人"愚则毒贼而乱"。"能"与"不能"，"愚"与"不愚"，按照现代的说法，这是智商所决定的。在通常状况下，比较愚笨、能力较差的人很容易受到嘲弄。然而，与其认真辨析他人是否在嘲弄自己，从而决定自己的情绪是否发作，还不如弱化这种嘲弄的社会氛围，使"不能"者受到社会的保护，减少被嘲弄的机会。儒家对这一点的态度是明确的，他们认为，只要发挥自己的优势，则愚笨与"不能"都可以成为一种优点。如《论语》记载，孔子曰："刚毅木讷，近仁。"木讷者很容易坚持原则，如果是坚持仁义，那么木讷反而成了他的优势。愚笨者表现得比较诚实，如果自觉地守礼守法，那就成了"端悫而法"的君子。如果不能接受仁义的修养，则木讷、蠢笨者就会充满妒忌心、怨恨心、恶毒心、破坏心，变成真小人了。反过来，聪明、有能力的人，必须做到宽容、公正，亦即充分尊重并体谅他人，其聪明能干的特点就会成为社会所肯定的正能量；如果以聪明自恃，显得傲慢无礼，喜欢欺凌他人，则聪明能干者也就成了社会所不齿的小人。

（二）与情绪调控相关的经典论述

夫所以读书学问，本欲开心明目，利于行耳。未知养亲者，欲其观古人之先意承颜，怡声下气，不惮劬劳，以致甘腝，惕然惭惧，起而行之也；未知事君者，欲其观古人之守职无侵，见危授命，不忘诚谏，以利社稷，恻然自念，思欲效之也；素骄奢者，欲其观古人之恭俭节用，卑以自牧，礼为教本，敬者身基，瞿然自失，敛容抑志也；素鄙吝者，欲其观古人之贵义轻财，少私寡欲，忌盈恶满，赒穷恤匮，

赧然悔耻，积而能散也；素暴悍者，欲其观古人之小心黜己，
齿弊舌存，含垢藏疾，尊贤容众，苶然沮丧，若不胜衣也；
素怯懦者，欲其观古人之达生委命，强毅正直，立言必信，
求福不回，勃然奋厉，不可恐慑也：历兹以往，百行皆然。
纵不能淳，去泰去甚。学之所知，施无不达。（颜之推《颜
氏家训·勉学》）

　　吾人为学，最要虚心。尝见朋友中有美材者，往往恃
才傲物，动谓人不如已，见乡墨，则骂乡墨不通；见会墨，
则骂会墨不通。既骂房官，又骂主考，未入学者，则骂学
院。平心而论，己之所为诗文，实亦无胜人之处，不特无
胜人之处，而且有不堪对人之处。只为不肯反求诸己，便
都见得人家不是，既骂考官，又骂同考而先得者。傲气既
长，终不进功，所以潦倒一生，而无寸进也……故吾人用
功，力除傲气，力戒自满，毋为人所冷笑，乃有进步也。（曾
国藩《曾国藩家书》）

本节教学主旨是：驾驭好自己的情绪，不让它损害自己的人生；
化解负面情绪，并从源头上减少负面情绪的发生。

"情绪对我们的生活质量具有决定意义的影响。在生活中，我
们所关心的所有问题都有它们的影子——工作、友情、家庭以及我
们最亲密的各种关系。情绪可以救人一命，但同时又极富破坏性；
它会引导我们以现实、恰当的方法做事，但有时也会让我们做错事
而追悔莫及。"

"情绪会使我们忘记所有的知识。在心平气和时人人都有的常
识，在情绪化时都消失得无影无踪。一旦被某种不合时宜的情绪牢
牢控制住，我们就会情绪化地判断周围发生的事情，而忽略了自己

所有的常识。"① 在不受控制的情况下，情绪或发挥积极的作用，或发挥破坏性的作用，往往使人不自觉地受其操纵；有时甚至让人丧失所有的理智，把已经获得的知识忘得一干二净。在这种情况下，其破坏作用是不言而喻的。但是，诚如保罗·艾克曼《情绪的解析》一书说，任何人都不会想要彻底消灭自己所有的情绪，否则生活就会变得黯淡无光，不再丰富多彩、趣味盎然，甚至可能变得危险。

很多人都希望对自己情绪化的行为加以控制。他们求助于心理医生的原因之一，就是希望不再对某些事情产生过分的情绪反应。心理学家提出的对策是，要减少情绪化行为带来的损失，并积极地利用情绪波动，就要了解每种人类共有的情绪以及每个人独特的情绪诱因，了解这些诱因，找出对策，是顺其自然还是对其加以控制，或许就能够弱化情绪的影响。

戴尔·卡耐基是美国现代成人教育之父，美国著名的人际关系学大师，西方现代人际关系教育的奠基人。他在《人性的弱点》一书中大量分析人性中的弱点，认为了解人们通常的弱点，能使人的日常交往变得更为顺利；而了解自己的弱点，可以使自己扬长避短，建立美好的人生。当我们办事的时候针对这些弱点下手，就会事半功倍，顺利成功。

相形之下，在先秦儒家思想中，关于驾驭情绪的理论已经发展得很成熟了。例如《荀子·修身》篇在论述"治气养心之术"时就说：血气刚强，就用平心静气来调和；心机绵密，就用豁达坦率来改造；勇猛胆大，就要引导他走上正道；敏捷好动，就要用举止文雅来节制；心胸狭隘，就要用宽宏大量来开导；猥琐贪婪，就要用高尚的志气

---

① 参见保罗·艾克曼《情绪的解析》，杨旭译，南海出版公司，2008，"前言"和第 44 页。

来激发；平庸懒散，就要用良师益友来开示；事事无所谓、自暴自弃，就要用灾祸来警示；愚笨老实，就要用礼乐来调节，用思索来疏导。如此多的个性特点，其实也有统一的调节方法，最简捷的莫过于遵循礼义，接受老师的指点，专心致志地学习。如果能做到仁爱为心、忠信为怀、恭敬有礼，则可以"横行天下，虽困四夷，人莫不贵"。

（三）与人生定力相关的经典论述

凡观物有疑，中心不定，则外物不清。吾虑不清，则未可定然否也。冥冥而行者，见寝石以为伏虎也，见植林以为后人也，冥冥蔽其明也。醉者越百步之沟，以为跬步之浍也；俯而出城门，以为小之闺也，酒乱其神也……水动而景摇，人不以定美恶，水势玄也。瞽者仰视而不见星，人不以定有无，用精惑也。有人焉，以此时定物，则世之愚者也。彼愚者之定物，以疑决疑，决必不当。夫苟不当，安能无过乎？（《荀子·解蔽》）

有主则虚，虚谓邪不能入。无主则实，实谓物来夺之……大凡人心，不可二用，用于一事，则他事更不能入者，事为之主也。事为之主，尚无思虑纷扰之患，若主于敬，又焉有此患乎？所谓敬者，主一之谓敬。所谓一者，无适之谓一。（程颢、程颐《二程集》）

崇一问："寻常意思多忙。有事固忙，无事亦忙。何也？"先生曰："天地气机，元无一息之停。然有个主宰。故不先不后，不急不缓。虽千变万化，而主宰常定。人得此而生。若主宰定时，与天运一般不息。虽酬酢万变，常是从容自在。所谓'天君泰然，百体从令。'若无主宰，便只是这气奔放。如何不忙？"（王守仁《传习录》）

本节教学主旨：心态稳定则事业稳定，幸福稳定；有主见、有原则、有恒定的追求，则能避免随波逐流、神迷意乱、一事无成。

在古代，稳定的社会结构催生了明确的人生目标，这些目标比较单一，也没有更多目标的诱惑，实现目标的途径也比较明确单一，关键在于是否能够"立志"。但在现代生活中，立什么志，如何立志，如何实现自己的志向，都随着社会的变化发展而出现了新的问题。很多人不愿区分目标的好歹，甚至也不知道孰是孰非；追求目标时游移不定，没有定力，甚至没有目标，随波逐流；有的人有确定的目标，却又不知道如何正确地实现目标。这些问题，都是现代"立志"教育所要认真应对的。

要想较好地应对这些问题，就必须对当下或未来的社会结构、行业分工有较为明确的认识，在其中找到自己的位置，这样就不会没有目标，随波逐流。一旦选择了符合社会发展需求的职业，干好一行就是"有道"的表现，而从事不正当行业、用不正当方法经营自己的事业，就是"无道"的表现，终不能长久，也终会被社会淘汰。而通过"正道"实现自己的目标，则应当具备两大基础，一是行业技能的培养，二是个人素质的培养。前者包含各种知识技能，五花八门，丰富纷繁；后者则异曲同工，都要以一个人的道德素养为核心，但又必须和特定的行业结合起来，将道德素养转化为行业精神，才能让素质起到真正的作用，从而获得个人发展的机会。因此，学习知识技能、培养个人品质，也就产生了内在的需求，所谓的"志"也就有了内在的驱动力。

对于现代人而言，"志于道"就是要培养一种"有合理主见、有良好定力"的心理状态。一个人的内心世界就像一条接纳百川、不断奔流的大河，外部世界的信息就像风雨雷电、草木虫鱼的活动，无时无刻不在河流中激起波澜；而人的情绪、思想，也就像波浪一样翻滚起伏。如果一个人没有"主见"，那么就是一个没有自控能力的人。然而这种"主见"当然不能与他人或社会对立，否则在与他人或社会发生各种矛盾冲突时，会由于"固执己见"带来诸多的负面影响，因而这种"主见"必须是"仁义礼智"的主见。有了"仁义礼智"的主见，矛盾冲突的性质就发生了变化，在与他人或社会发生各种矛盾冲突时，反而会由于坚持自己的主张而得到他人及社会的认同、支持乃至帮助；更多的时候还会让自己的"主见"与社会环境高度融合，因而推动个人和周边环境的共同发展。如果说"有主见"主要是针对外部关系而言，那么"有定力"就是针对自己内心而言。"有定力"当然要"有主见"，但是"有主见"未必就"有定力"，诸如在现实情境中，本能、欲望、情绪都会"登台亮相"，对"主见"发动攻击，迫使一个人暂时放弃主见，因而产生行为失控问题，进而给生活带来负面影响。

综合古代的经验，一个人想做到"有主见""有定力"，就必须在面对利害、祸福、嗜好、欲望等本能的时候，做到"不动心、不痴迷、能驾驭"。不过，古代社会说的"不动心、不痴迷、能驾驭"，更多具有静态、消极的色彩；而现代社会则更需要动态、积极地"不动心、不痴迷、能驾驭"，在纷繁多变的事务中形成自己的处事原则。

（四）与人生幸福观相关的经典论述

曰："独乐乐，与人乐乐，孰乐？"曰："不若与人。"曰："与少乐乐，与众乐乐，孰乐？"曰："不若与众。""臣请为王言乐：今王鼓乐于此，百姓闻王钟鼓之声，管籥之音，举疾首蹙頞而相告曰：'吾王之好鼓乐，夫何使我至于此极也？父子不相见，兄弟妻子离散。'今王田猎于此，百姓闻王车马之音，见羽旄之美，举疾首蹙頞而相告曰：'吾王之好田猎，夫何使我至于此极也？父子不相见，兄弟妻子离散。'此无他，不与民同乐也。今王鼓乐于此，百姓闻王钟鼓之声，管籥之音，举欣欣然有喜色而相告曰：'吾王庶几无疾病与？何以能鼓乐也？'今王田猎于此，百姓闻王车马之音，见羽旄之美，举欣欣然有喜色而相告曰：'吾王庶几无疾病与？何以能田猎也？'此无他，与民同乐也。今王与百姓同乐，则王矣。"……齐宣王见孟子于雪宫。王曰："贤者亦有此乐乎？"孟子对曰："有。人不得，则非其上矣。不得而非其上者，非也；为民上而不与民同乐者，亦非也。乐民之乐者，民亦乐其乐；忧民之忧者，民亦忧其忧。乐以天下，忧以天下，然而不王者，未之有也。"（《孟子·梁惠王下》）

孟子曰："恻隐之心，人皆有之；羞恶之心，人皆有之；恭敬之心，人皆有之；是非之心，人皆有之。恻隐之心，仁也；羞恶之心，义也；恭敬之心，礼也；是非之心，智也。仁义礼智，非由外铄我也，我固有之也，弗思耳矣。故曰：'求则得之，舍则失之。'"（《孟子·告子上》）

孟子曰："君子有三乐，而王天下不与存焉。父母俱存，兄弟无故，一乐也。仰不愧于天，俯不怍于人，二乐也。得天下英才而教育之，三乐也。君子有三乐，而王天下不与存焉。"（《孟子·尽心上》）

孟子曰："广土众民，君子欲之，所乐不存焉。中天下而立，定四海之民，君子乐之，所性不存焉。君子所性，虽大行不加焉，虽穷居不损焉，分定故也。君子所性，仁义礼智根于心。其生色也，睟然见于面，盎于背，施于四体，四体不言而喻。"（《孟子·尽心上》）

本节教学主旨：追求积极的自由与快乐，建立正确的自由观、快乐观、幸福观；善于与人沟通、善于互助、善于协调，在良好的人际关系中寻找自由和快乐。

"个人主义"及"自由主义"是西方流行的观念，但西方哲学家并不都赞同"个人主义"的观点，如英国哲学家怀特海就指出，每个人都是经验的集合体，一方面是他人的经验帮助了我，形成了我自己的经验；另一方面是我的经验帮助了他人，形成了他人的经验。在这种情况下，关心他人、他人关心我，都不是不可能的，也就是说，利他主义并非不可能的。①

西方哲学家弗洛姆指出了"自由主义""个人主义"的要害：个人在孤立无援的状态下，容易被社会吞噬，为此产生焦虑不安的感觉，这种感觉会把自由带给个体的幸福感冲刷得荡然无存。在当下中国，这样的情绪也是普遍存在的，很多人觉得自己生活质量上升了，幸福指数反而下降了，不妨说就跟这种"个体的自由"存在密切关系。在人海茫茫之中，一个孤独、自由的个体就好比处身于惊涛骇浪之中，他的理性、能力、知识所构成的能量太过渺小，面对群体的力量，社会的洪流，几乎处于完全失效的状态，而全靠这一切支撑的欲望，又有多少实现的可能？

---

① 参见大卫·雷·格里芬《怀特海的另类后现代哲学》，周邦宪译，北京大学出版社，2013，第52页。

弗洛姆深信，一定有一种积极的自由状态存在，那就是自由而不孤独，有主见而又有批评能力，且不会充满怀疑，可以独立但依然是全人类完整的一部分。也就是说，可以实现自由、独立与社会化的高度统一。在这种状况下，他的自发性活动成为自我的自由活动，是出于自由意志的活动。如果一个人能依靠这种自发性活动来实现他自己，并使自己与世界建立关系，他便不再是一粒孤独的微尘了。一旦成为一个有组织的整体的一部分，他在其中占有适当的地位，他对自己及生命意义的怀疑也就一扫而空，并会发现自己是活泼而有创造性的个人，也体验到生命只有一个意义，那就是自发自动地生活。①

弗洛姆认为，所有生命的本质都是维护和肯定自身存在的，而满足这一需要，只能是发展他的力量，诸如创发性、爱的力量等；从这个意义上来说，发展人的潜能与道德是同义的，而成为一个有道德的人，是植根于人的本质需要的。由此，弗洛姆将道德称为"人对自身的责任"，是人听从自身召唤的体现，这一观点很像先秦儒家的"为仁由己""由仁义行"。而在行为的过程中，个人体会到他自身力量的展现与增长，必然会产生一种快乐的情感体验。而且这种服从于"理性权威"的行为是自愿的，与慑服、顺从外在权威的被迫状态显然不同。②这些理论，均可用于佐证儒学相关理论的优越性。

（五）与驾驭物质欲望相关的经典论述

君子有三戒：少之时，血气未定，戒之在色；及其壮也，

---

① 参见埃里希·弗罗姆《逃避自由》，刘林海译，国际文化出版公司，2007。
② 参见孔文清《弗洛姆自律道德研究》，上海人民出版社，2010，第164—167页。

血气方刚,戒之在斗;及其老也,血气既衰,戒之在得。(《论语·季氏》)

孟子曰:"人皆有所不忍,达之于其所忍,仁也;人皆有所不为,达之于其所为,义也。人能充无欲害人之心,而仁不可胜用也;人能充无穿逾之心,而义不可胜用也。人能充无受尔汝之实,无所往而不为义也。士未可以言而言,是以言餂之也;可以言而不言,是以不言餂之也,是皆穿逾之类也。"(《孟子·尽心下》)

《礼》云:"欲不可纵,志不可满。"宇宙可臻其极,情性不知其穷,唯在少欲知足,为立涯限尔。先祖靖侯戒子侄曰:"汝家书生门户,世无富贵;自今仕宦不可过二千石,婚姻勿贪势家。"吾终身服膺,以为名言也。(颜之推《颜氏家训·止足》)

坏名灾己,辱先丧家,其失尤大者五,宜深志之:其一,自求安逸,靡甘淡泊,苟利于己,不恤人言。其二,不知儒术,不悦古道。懵前经而不耻,论当世而解颐,身既寡知,恶人有学。其三,胜己者厌之,佞己者悦之。惟乐戏谈,莫思古道。闻人之善疾之,闻人之恶扬之,浸渍颇僻,销刻德义,簪裾徒在,厮养何殊。其四,崇好优游,耽嗜曲蘖,以衔杯为高致,以勤事为流俗,习之易荒,觉已难悔。其五,急于名宦,昵近权要。一资半级,虽或得之,众怒群猜,鲜有存者。兹五不是,甚于痤疽。(柳玭《诫子弟书》)

吾尝见朋友之中牢骚太甚者,其后必多抑塞……盖无故而怨天,则天必不许;无故而尤人,则人必不服,感应

之理，自然随之……凡遇牢骚欲发之时，则反躬自思，吾
果有何不足，而蓄此不平之气，猛然内省，决然去之。不
惟平心谦抑，可以早得科名，亦且养此和气，可以稍减病
患。（曾国藩《曾国藩家书》）

　　大抵胸中抑郁，怨天尤人，不特不可以涉世，亦非所
以养德，不待无以养德，亦非所以保身。中年以后，则肝
肾交受其病，盖郁而不畅则伤木，心火上烁则伤水。余今
日之目疾，及夜不成寐，其由来不外乎此。故于两弟时时
以平和二字相勖，幸勿视为老生常谈，至要至嘱！（曾国
藩《曾国藩家书》）①

　　本节教学主旨：善于驾驭自己的物质欲望，让它成就自己而不
是毁灭自己；避免物质欲望的煎熬、追求物质欲望的疯狂、因追求
物质欲望而与他人产生严重冲突。而"仁义礼智"不失为调节物质
欲望的良方。

　　第一，欲望对人的煎熬是确实存在的，它无时无刻不在折磨着
人的内心，比外在的打击更令人痛苦。叔本华说，意志创造了世界
却对人的自身无补，人们永远无法满足自己的欲望，永远受到欲望
的煎熬，而这是人生悲剧的根源。但是，夸大欲望的煎熬，却很容
易让人产生悲观厌世的感觉，从而陷入宗教的泥潭。正常的人对待
欲望，应当是敢于面对、又能有效面对。物质欲望的煎熬不可摆脱，
但却是可以缓解的，"仁义礼智"就是缓解煎熬感的良药，而放纵
自己对利益的追求，其结果是加重这种煎熬感。孔子说："放于利

---

　　① 曾国藩：《曾国藩家书》，大象出版社，2011，第20页。

而行，多怨。"不知道节制自己对利益的追求，碰壁的机会就会越来越多，其结果必然是"多怨"，产生太多的怨恨，太多的不良情绪，并且把这些怨恨发泄到周边人的身上，结果把周边人都当作假想敌，当作阻碍自己满足欲望的人，其结果是导致人际关系迅速恶化。人际关系恶化之后，本来可以满足的一些欲望，却有可能再也得不到满足，这样就会加重自己的怨气，形成恶性循环，最终完全孤立自己。与此同时，怨气冲天的状态，会使自己没有闲暇关注他人，关注生活，阻碍自己与他人沟通交流的通道，也使自己越来越难以感受生活的乐趣。

相反，"仁义礼智"可以极大地缓解欲望的煎熬感。"见利思义"的习惯性思维，会使他联想到"不义之财"带来的种种隐患，这不仅有现实中的隐患，也有"不可告人""加倍提防"等种种心理压力。更重要的是，超乎能力和条件而对自己提出要求，极大地违背了"仁""恕"之道，就像对别人提出过分要求一样，是非常"不仁"的表现。孔子说："富而可求也，虽执鞭之士，吾亦为之；如不可求，从吾所好。"正表明可求的时候去求，就是一种"仁"，而不可求的时候，就按照自己的惯性走好了。反过来说，面对欲望之时考虑到"仁义"，并不是单纯压制自己的欲望，而是为自己可能得到更多提供了机会。因为驾驭欲望极有利于修养的提升，会不断增加社会对自己的认可程度。得到满足时心安理得，得不到满足时也心安理得，而且还可以看到良好的前景。在这种情况下，煎熬感就会得到极大的缓解。

美国心理学家亚伯拉罕·马斯洛于1943年在《人类激励理论》论文中，把人的需求分成生理需求、安全需求、归属与爱的需求、尊重需求和自我实现的需求五类，依次由较低层次到较高层次排列。这种分类未必恰当，但能帮助我们审视"仁义礼智"的"人本"色彩。我们在正视"人"的需求的时候，必须关注一个人满足各种需求的前提。其一是个人必须通过群体满足他的需求。其二是他不得不尊重别人的需求，只顾自己、不顾他人死活，必然遭到"群起而攻之"，在这种情况下他的需求即便得到满足，也很快会被剥夺。荀子指出，"人生不能无群"，但每个人都有自己的欲求，都想满足自己的欲求，在没有一定秩序的情况下，就会出现"群而无分则乱"的情况。为此，人们不得不在"满足自我的需求"和"满足他人的需求"之间找到一个平衡点，因而就出现了一种不可回避的现象：自我与他人的关系是好还是坏，直接影响到自我需求的满足状况。

我们可以把自我与他人的关系分成三类：一是被排斥，更严重的是被惩罚、被毁灭；二是被孤立、被抛弃；三是被容纳、受欢迎。很显然，在第三种情况下，一个人能获得的经济利益更多，能满足的心理需求也更多。一个人是否受他人欢迎，当然会受到各种因素的影响，但按照通常的说法，人品的好坏，情商的高低，直接影响着一个人被社会接纳的程度。

在他人看来，能够做到仁义礼智的人，至少是一个对人无害的人，用不着高度防范和猜疑；也应当是一个对人有益的人，具有关爱他人、为人负责的心态，可以依赖、值得信任；也是一个言行举止得当、做事有分寸的人；更是一个有足够能力处理好人际关系的人。这样，具有仁义礼智的修养，就可以极大地提高他被社会接纳的程度。在充分得到社会接纳的情况下，个体的物质需求满足了（如工作稳定，收入不断增长）；个体的孤立感、无助感消除了（如领导信赖、同事关心、下属尊敬）；自我实现的需求也满足了（如职务上不断升迁、业务范围不断扩大）；借助于他人的帮助，他在社会上的自由度也提高了（帮助他的人越多，个人目标的实现就越容易）。

归根到底，在现代社会里，人的一切需求，都表现为社会需求，都需要通过社会分配得到满足，而"仁义礼智"体现了个人对社会环境的良好适应性，非常有利于个体的发展。

（六）与仁爱之心相关的经典论述

老氏只是要长生，节病易见。释氏于天理大本处见得些分数，然却认为己有，而以生为寄。故要见得父母未生时面目，既见，便不认作众人公共底，须要见得为己有，死后亦不失，而以父母所生之身为寄寓。譬以旧屋破倒，即自挑入新屋。故黄檗一僧有偈与其母云："先曾寄宿此婆家。"止以父母之身为寄宿处，其无情义绝灭天理可知！（《朱子语类》卷一百二十六）

释老称其有见，只是见得个空虚寂灭。真是虚，真是寂无处，不知他所谓见者见个甚底？莫亲于父子，却弃了父子；莫重于君臣，却绝了君臣；以至民生彝伦之间不可阙者，它一皆去之。所谓见者见个甚物？且如圣人"亲亲而仁民，仁民而爱物"；他却不亲亲，而划地要仁民爱物。爱物时，也则是食之有时，用之有节；见生不忍见死，闻声不忍食肉；如仲春之月，牺牲无用牝，不麛，不卵，不杀胎，不覆巢之类，如此而已。他则不食肉，不茹荤，以至投身施虎！此是何理！（《朱子语类》卷一百二十六）

本节教学主旨:认识儒家积极入世的爱、善观,避免宗教博爱、行善观对人产生误导。

在宗教与儒学理论中,"爱"与"善"都是常用的概念,两者很容易混淆,但实质上是不同的。儒学讲"仁者爱人",是从亲人、家庭出发,继而爱周边的人,爱全天下之人,爱万物,体现了一种循序渐进的过程,不能跳过前面的环节直接去爱万物。如孔子所说:"君子务本,本立而道生。孝弟也者,其为仁之本与?"儒学讲"仁者爱人",也不能仅停留于爱亲人与家庭,如孟子说:"凡有四端于我者,知皆扩而充之矣。"有了这种仁爱,就体现了儒家所说的"善"。也就是说,爱万物必然要以爱亲人、爱社会为前提,而爱亲人又必须突破自我自私的局限,以爱社会、爱万物为目标。但宗教则直接越过了前面的环节,直接讲爱万物,有了这种爱即谓之"善"。按理爱万物即必须爱人类,然而在宗教实践中,常常忽略了对人类应有的爱,并且提倡无原则、无是非的爱,从而使"爱人类之心"流于空泛,呈现了以"爱"的名义逃避人世责任的消极色彩。古人批评佛教为"无父无君之教",不是没道理的。从理论上看,宗教的"爱"有益于突破人类认识和行为的狭隘性;但从实践上看,宗教的爱与善往往混淆了社会上的是非观、善恶观,不但没有起到突破狭隘性的作用,反而误导了人类的认识和行为。

儒学相信人性的善,相信人类的自我改造与提升,其中存在这样一个思路:(1)我是人,必定要爱我的同类。(2)我不能不与他人相处,所以必定要相信我的同类。(3)欲同类之可信,必然要做到我自己值得他人相信,换一个角度来看,"自我"即别人眼中的"他人","他人"即"他人"眼中的"自我"。(4)同类与"我"之所以值得相信，是因为有德，肯为他人负责，有关爱同类的仁义精神。
（5）同类与"我"之所以会有德，是因为天性中包含有"善端"即
"道德的种子"，并且能通过后天的学习修养将它培育为自觉的道德
修养。（6）因为道德修养离不开学习、思考、践行，所以一定要热
爱人类的文化，密切关注群体的生存，承担社会的责任，积极处理
人与人的关系，明辨人世间的道理。这样一来，儒学就成为一种鼓
励人们积极入世的学问。

（七）针对道德培养的读书方式

因论先生之门，某人在涵养上用功，某人在识见上用
功。先生曰："专涵养者，日见其不足；专识见者，日见
其有余。日不足者，日有余矣。日有余者，日不足矣。"（王
守仁《传习录》）

凡授书不在徒多，但贵精熟，量其资禀，能二百字者
止可授以一百字，常使精神力量有余，则无厌苦之患，而
有自得之美。讽诵之际，务令专心一志，口诵心惟，字字
句句绌绎反复，抑扬其音节，宽虚其心意，久则义礼浃洽，
聪明日开矣。（王守仁《传习录》）

有一属官，因久听讲先生之学，曰："此学甚好，只
是簿书讼狱繁难，不得为学。"先生闻之，曰："我何尝教
尔离了簿书讼狱悬空去讲学？尔既有官司之事，便从官司
的事上为学，才是真格物。如问一词讼，不可因其应对无状，
起个怒心；不可因他言语圆转，生个喜心；不可恶其嘱托，
加意治之；不可因其请求，屈意从之；不可因自己事务烦
冗，随意苟且断之；不可因旁人谮毁罗织，随人意思处之。

这许多意思皆私，只尔自知，须精细省察克治，惟恐此心有一毫偏倚，杜人是非，这便是格物致知。簿书讼狱之间，无非实学。若离了事物为学，却是着空。"（王守仁《传习录》）

师者，所以传道受业解惑者也。道之未闻，业之未精，有惑而不能解，则非师矣。本无可师，强聚道路交臂之人曰师曰弟子云者，曾不如童子之师习其句读，巫医乐师百工之人授以艺术者之有其实也。传道受业解惑，既无所藉于师，则生不为之怜，死不为之丧，亦非过也。遂以为古之师弟子者皆然，而使师之为道，出于童子巫医乐师百工之下，则是为师者之罪也。（黄宗羲《续师说》）

盖自西汉以至于今，识字之儒，约有三途：曰义理之学，曰考据之学，曰词章之学，各执一途，互相诋毁。兄之私意，以为义理之学最大，义理明则躬行有要，而经济有本。词章之学，亦所以发挥义理者也。考据之学，吾无取焉矣。此三途者，皆从事经史，各有门径。吾以为欲读经史，但当研究义理，则心一而不纷。是故经则专守一经，史则专熟一代，此皆守约之道，确乎不可易者也。（曾国藩《曾国藩家书》）

本节教学主旨：培养道德素养的读书方式是"知行合一"，在知识的引导下从事实践，在实践中获得真知，循环互进，实现螺旋式上升，不提倡闭门读书、贪多务得，也与一般的知识教育不同。

贞观年间，唐太宗同中书令岑文本谈论学问，唐太宗说，人虽然被上天赋予了好的品性，但还必须博学，才能有所成就。岑文本以《礼记》中的"玉不琢不成器，人不学不知道"来回答，认为人必须运用知识来修养自己的情趣，使本性完善不变。由此可知，他们一致认为：学问在修养，修养即是在心地上用功，只有这样才能学无止境。

儒学教育与科举制度、从政实践、家族事务、家庭生活构成了一个庞大的体系。传统书院只是儒学教育众多环节中起核心纽带作用的一环，也是儒学教育区别于其他教育的标志。书院的建筑形式与一般的建筑明显不同，都有孔庙，用以祭祀先贤孔子等人。除此之外，它还有藏书的功能。书院日常的教学活动，主要就是讲学，这是一种以讨论、辩难为主，背诵经典和教师讲授为辅的教学活动。在背诵经典和教师讲授这一点上，儒学教育与知识教育有类似之处。但是，儒学教育并不一味追求知识的深广度，而是一边掌握知识、一边讨论这些道德知识的实践问题。这些道德知识让人联想到学习者的家庭生活、日常行为以及从政者的各种作为，促使他们不断反省、思考，并不断塑造他们在家庭及乡村生活中的形象，影响着他们日后的作为。众多的孝子、长者、清官，就是这样被塑造出来的。

（八）有关文学教育的经典论述

子曰："诵《诗》三百，授之以政，不达；使于四方，不能专对；虽多，亦奚以为？"（《论语·子路》）

子曰："小子何莫学夫诗？诗可以兴，可以观，可以群，可以怨。迩之事父，远之事君；多识于鸟兽草木之名。"（《论语·阳货》）

张载曰："求诗者贵平易，不要崎岖。盖诗人之情性，温厚平易老成，其志平易，故无艰险之言。大率所言皆目前事，而义理存乎其中。以平易求之，则思远以广，愈艰

险，则愈浅近矣。"（丘浚《大学衍义补》卷七十四）

读魏晋唐以来诸人文字，其放旷不羁，诚可喜，身心即时便得快活。但须思虑究竟是如何，果能终身为乐乎？果能不堕先业而泽及子孙乎？天地间人，各有职分。性分之所固有者，不可自泯也。职分之所当为者，不可荒慢也。人而慢人之职，虽曰饱食暖意，安乐终身，亦志士仁人之所不取也。故昔人谓之幸民。凡无检束、无法度、艳丽不羁诸文字，皆不可读，大能移人性情。圣人以义理诲人，力挽之不能回，而此等语一见之入骨髓，使人情志不可收拾。从善如登，从恶如崩，古语有之，可不慎乎！（许衡《语录》）

本节教学主旨：文学作品的阅读，目的在于培养、丰富人的道德情感。将文学熏陶与道德素养密切结合，通过文学熏陶，加深道德情感的强度、厚度，明确其方向，实现道德素养和人文素养合一的目标。

一般说来，个体道德情感具有两方面的属性，一是强度性，一是方向性。所谓道德情感的强度性，主要是指道德情感的体验是否强烈，道德情感的表现是否稳定。它包括两个方面：体验的强度与情感的深度。道德情感体验强弱的例子也是比比皆是。例如同样是对不幸者的同情，有人仅停留在怜悯的程度上，有人怜悯之外还加体恤，有人则深感痛惜；同样是义愤，有人微愠、有人恼怒、有人愤怒、有人震怒，如此等等。这些都属于道德情感体验强度的差异。

道德情感的深度，主要是指道德情感的稳定性与深沉性。在感情上朝三暮四的人，其基本的原因就是缺乏情感的深度。

道德情感还有一个方向性的问题，就是指个体道德情感的内容正当与不正当、道德与不道德。假如人们对道德必然性的认识是正确的，那么，其道德情感的性质也会是正确的；假如认识错了，道德情感的性质就很难正确。[①]哈奇森认为："我们受到本性的如此构造，一旦我们形成了某对象或事件的观念，就会对它们产生欲望或憎恶，所以我们的感情必定非常依赖于我们根据呈现于我们心灵的某种东西的品质、偏好或效果所形成的观念。"[②]换句话说，尽管我们的情感并非全部依赖于我们的观念而产生，但是，我们的看法和观念会影响我们所有的情感。因此，只要在我们的观念或看法上下功夫，我们是有能力对我们的情感进行调控的。正是这样，我们需要通过对理性的训练来探索道德情感的培养方法。[③]

儒家重视文学教育，旨在增强对道德有激励作用的情感，例如因道德引起的高兴感、幸福感；强化对不道德行为起抑制作用的情感，如因不道德而引起的内疚感、羞愧感等，这就体现了文学教育对情感的导向性。而文学作品所具有的舒缓、宣泄、转移情绪等作用，也有助于培养道德情感的强度、深度。这是儒学重视"诗教"的最根本原因。

（九）培养道德意志的体能训练

> 有狗彘之勇者，有贾盗之勇者，有小人之勇者，有士
> 君子之勇者：争饮食，无廉耻，不知是非，不辟死伤，不

---

① 参见何小平、戴木才、章小谦主编《道德哲学与道德教育》，江西高校出版社，2010，第132—133页。

② 转引自李家莲《论弗兰西斯·哈奇森的情感正义观》，《道德与文明》2015年第3期。

③ 参见弗兰西斯·哈奇森《论激情和感情的本性与表现，以及对道德感官的阐明》，戴茂堂、李家莲、赵红梅译，浙江大学出版社，2009，第65页。

畏众强，惶惶然唯利饮食之见，是狗彘之勇也。为事利，争货财，无辞让，果敢而振，猛贪而戾，惶惶然唯利之见，是贾盗之勇也。轻死而暴，是小人之勇也。义之所在，不倾于权，不顾其利，举国而与之不为改视，重死持义而不桡，是士君子之勇也。（《荀子·荣辱》）

学拳宜在静处用功，不可向人前卖弄精神，夸张技艺，方能鞭策着里。《论语》云："百工居肆，以成其事，君子学以致其道。"信然乎……学拳脚与手合，手与眼合，眼与心合，心与神合，神与气合，气与身合，再无不捷妙灵和处……学拳宜以德行为先，凡事恭敬谦逊，不与人争，方是正人君子……学拳宜以涵养为本，举动间要心平气和，善气迎人，方免灾殃……学拳宜作正大事情，不可恃艺为非，以致损行败德，辱身丧命……学拳宜专心致志，殚心竭力，方能日进一日。若浮光掠影，扬扬自然，视为已成，而不知早见弃于大雅也。子曰："其为人也，发愤忘食，乐以忘忧，不知老之将至云尔。"深味哉！（徐震编《苌氏武技书·初学条目》）

本节教学主旨：阐明经典教育与体能训练的关系，吸收传统武术中重礼、重仁义的精神，增强道德认识，锻炼道德意志，防止将体育变为单纯的技能训练。

"'艺无德不立'，这是历代武林宗师挂在口边的一句至理名言，也是儒家仁学伦理的具体体现……历代大师在择徒授艺之际，从来都要从天质、根骨和德性上苛求，要求承传人习练武艺时首先要有高尚的武德……少林《剑经拳法备要》强调'道勿滥传'，应传'贤

良之人'。《峨嵋枪法·戒谨篇》说：'不知者不与言，不仁者不与
传。谈元授道，贵乎择人。'《永春白鹤拳·拳谱》说：'不信者不教，
无礼者不教。'《昆吾剑箴言》更具体规定了十种人不传：'人品不
端者不传；不忠孝者不传；人无恒者不传；不知珍贵者不传；文武
不就者不传；借此求财者不传；俗气入骨者不传；市井人不传；拳
脚行不传。何也？恐有玷昆吾之高尚也。'没有合适的传人，甚至
'宁可失传，也不轻传'。可见武林人置武德于首位，态度极为鲜明。
也正是这个缘故，学艺就是求道，艺人至境即道之所在。拳与道合，
艺与心合，最后达到拳道合一，拳心合一，这是武德的最高境界。
历史上，不少武林人士习武重道，立身正直，堪称师表。""尊师、
谦和、忍让，这是儒家人伦规范下所形成的武林各门派共同遵奉的
又一道德标准……《少林戒约》说：'平日对待师长，宜敬谨从事，
勿得有违抗傲慢之行为'，'一日为师，终身为父'。尊师早已成为
武林的传统。在为人处世方面，武林则遵循"见利思义""舍己从人"，
儒家要义，提倡谦和忍让。《少林戒约》讲：'对待侪辈，须和顺温良，
诚信勿欺。'《永春白鹤拳·懔十戒》强调处世做人'戒私斗、戒好胜、
戒好名、戒好利、戒骄、戒诈戒浮夸逞能、戒弄虚作假、戒挑拨离
间、戒为非作歹'等等。"见义勇为是中国传统武德之一，孔子讲：'仁
者必有勇'（《论语·宪问》），品格正直、疾恶如仇，具有崇高牺牲
精神的人，必然在危急时刻敢于挺身而出。"①

　　"仁义礼智"是连接练武者与社会的精神纽带，社会通过这根"脐
带"，源源不断地向练武者输送精神营养，成为他们追求精进的强

---

　　① 江百龙主编《武术理论基础》，人民体育出版社，1995，第64—65页。

大动力。然而现代的体育教学，却几乎没有输送这种精神营养。对于家庭、企业、团体而言，一个人喜欢体育活动，顶多算一种比较健康的兴趣爱好，但对家庭、企业、团体谈不上有多大益处，也就没有必要给予过多的关注和肯定。古代的练武者，因为"孝悌忠信"的陶染，可能变得对家庭更有责任感，挑起的担子更多，可是现代的体育爱好者，却很难想到因为爱好体育而更爱自己的职业，或者承担更多的责任。由此一来，一个人在学校中接受了一二十年的体育训练，可是到了社会上，就很容易失去兴趣，不再坚持下去了。故而看来，在体育教学中渗透儒家经典教育是很有必要的。

（十）陶冶道德情操的音乐教育

> 夫乐者、乐也，人情之所必不免也，故人不能无乐。乐则必发于声音，形于动静，而人之道，声音、动静，性术之变尽是矣。故人不能不乐，乐则不能无形，形而不为道，则不能无乱。先王恶其乱也，故制《雅》《颂》之声以道之，使其声足以乐而不流，使其文足以辨而不諰，使其曲直、繁省、廉肉、节奏足以感动人之善心，使夫邪污之气无由得接焉。是先王立乐之方也，而墨子非之，奈何！故乐在宗庙之中，君臣上下同听之，则莫不和敬；闺门之内，父子兄弟同听之，则莫不和亲；乡里族长之中，长少同听之，则莫不和顺。故乐者，审一以定和者也，比物以饰节者也，合奏以成文者也，足以率一道，足以治万变。是先王立乐之术也，而墨子非之，奈何！（《荀子·乐论》）

> 圣人一生实事，俱播在乐中。所以有德者闻之，便知他尽善、尽美，与尽美未尽善处。若后世作乐，只是做些

词调，于民俗风化绝无关涉，何以化民善俗！今要民俗反朴还淳，取今之戏子，将妖淫词调俱去了，只取忠臣、孝子故事，使愚俗百姓人人易晓，无意中感激他良知起来，却于风化有益。（王守仁《传习录》）

本节教学主旨：将儒学精神灌注在艺术教育之中，防止将艺术教育变为单纯的技能培训，增强艺术学习者的道德文化素养。

论者指出，目前我国艺术教育存在着"四化"问题：第一，艺术教育技能化，即培养出来的多是些懂得专业技法的"匠人"，而绝不会是具有健全的审美心理结构的"文化人"或者"大师"；第二，艺术教育德育化，也就是将某种道德伦理意识强加给某一艺术形象，或者艺术形象自身具有的丰富性与其被强行赋予的伦理意义的单一性相矛盾，使艺术教育成为狭隘的道德说教；第三，艺术教育机械化，上课时采用说教式和填鸭式教学，本来应当是生动有趣的艺术课堂因此而机械、呆板、僵死、毫无生气，更谈不上调动学生的积极性与培养浓厚的兴趣；第四，艺术教育边缘化。[1]

音乐的作用体现在许多方面，第一种是强化政治的作用，即让人"志意得广""容貌得庄""进退得齐""出所以征诛也，入所以揖让也"，在统治者的指挥下形成秩序井然、号令一致的状态。现代社会的"国歌""军歌"之类的音乐，皆有荀子所说的这种作用。荀子强调，这一类音乐的特征是中正和平、庄重肃穆，"乐中平则民和而不流，乐肃庄则民齐而不乱"。第二种是教化作用，即通过音乐引导人们的七情六欲。如果没有引导，就会出现乱象，"夫民

---

① 参见岳友熙《论中国艺术教育存在的问题与出路》，《甘肃社会科学》2007 年第 6 期。

有好恶之情而无喜怒之应则乱"。假如人们发泄、表现各种情绪，而统治者一概置之不理，就会导致社会混乱。对音乐中表现的各种情感欲望，有疏有堵，宣泄与抑制相结合，总的原理是"以道制欲"，只有这样才能做到"乐而不乱"；如果一味放纵情欲，就会变为"以欲忘道，则惑而不乐"。例如音乐中表现的悲伤之情、庄严肃穆或快乐之情，这都是正常的、必要的、允许的，若表现"使人之心淫"的"郑、卫之音"，则是不允许的。从日常生活和历史经验来看，"乐极生悲"的例子可谓是屡见不鲜，不仅是历代统治者因为沉湎于歌儿舞女而亡国的事例很多，普通人纵情声色，也难免伤害身体，破财亡家，同样没有好处。因此，在这种音乐教化理论中，巩固上层建筑的政治伦理目标和教导百姓的人文关怀目标是可以达成一致的。第三种是配合各种礼仪的音乐，如婚礼、丧礼、祭礼中使用的音乐等。这些礼仪不仅对于统治者来说有重要的意义，对于普通百姓而言也是特别重要的。而在礼仪活动中使用的音乐，也是需要加以引导的，引导的目的在于通过与情境相宜的音乐节奏，起到"贵贱明，隆杀辨，和乐而不流，弟长而无遗，安燕而不乱"的作用，亦即使礼仪的特征鲜明、繁简合度，参加礼仪活动的人等级分明、秩序井然，这样才能使礼仪活动不至于乱套。总之，在各种礼仪活动中使用的音乐，有利于强化礼仪的社会功能。

从艺术的特性来看，它无疑离不开"功利性""社会性""艺术性""感性""人性"这五个方面的内容。从荀子所论来看，儒家的音乐教育是通过音乐的社会功能实现它的"功利性"，也就是说，用于政治、用于教化、用于礼仪这些社会活动，音乐就满足了人们对它的"功利需求"。如果音乐不能用于这些社会活动，只停留在自娱自乐的小天地中，它就不能体现"功利性"，就会受到社会的排斥。

二、经典与现代人的处世之道

（十一）礼仪规范与道德素养

礼起于何也？曰：人生而有欲，欲而不得，则不能无求；求而无度量分界，则不能不争；争则乱，乱则穷。先王恶其乱也，故制礼义以分之，以养人之欲，给人之求，使欲必不穷乎物，物必不屈于欲。两者相持而长，是礼之所起也。故礼者，养也……故人苟生之为见，若者必死；苟利之为见，若者必害；苟怠惰偷懦之为安，若者必危；苟情说之为乐，若者必灭。故人一之于礼义，则两得之矣；一之于情性，则两丧之矣。（《荀子·礼论》）

欲恶同物，欲多而物寡，寡则必争矣。故百技所成，所以养一人也。而能不能兼技，人不能兼官，离居不相待则穷，群居而无分则争……民下违上，少陵长，不以德为政，如是，则老弱有失养之忧，而壮者有分争之祸矣。事业所恶也，功利所好也，职业无分，如是，则人有树事之患，而有争功之祸矣。男女之合，夫妇之分，婚姻娉内送逆无礼，如是，则人有失合之忧，而有争色之祸矣。故知者为之分也……礼者，贵贱有等，长幼有差，贫富轻重皆有称者也。（《荀子·富国》）

府县及乡士夫一切庆问之礼皆不可废，此非以为媚。府县，吾父母官也。乡士夫，吾斯文骨肉也。于此不用其情,恶乎用其情?但近世欲以此为干求之资,故不事干求者,遂并其礼而废之。夫我不加礼于人,往往不自觉。人不加礼于我,我心若之何哉?此强恕而行之道也。(欧阳德《家书钞》)

《六经》皆载道之书,而《礼》其节目也。当时举一礼必有一仪,要皆官司所传,历世所行,人人得而知之,非圣人所独行者。大而类禋巡狩,皆为实治;小而进退揖让,皆为实行也。(黄宗羲《学礼质疑序》)

本节教学主旨:经典中的"礼"与社会生活中的种种规则、规范密切相关,必须深刻领悟"礼"的精神,用"礼"来规范自己的行为,协调群体活动,辅助各种社会管理。

五四以来,我国的"礼"文化实际上是靠惯性运行,并没有从国家层面予以足够的重视。近二三十年来,由于社会发展变化很快,就出现了很多"无礼""越礼""乱礼"的现象。第一种是"无礼",例如大量的企业、公司和社会团体,根本无所谓"文化建设",也谈不上"礼"文化的建设。这不仅使社会缺乏对它们的道德约束作用,它们自身也得不到伦理道德的有力支撑。现在有很多人说,一个没有文化的企业,是一个"愚蠢"的企业,是一个没有希望的企业,是一个没有血液的企业,是一个管理不成熟的企业,等等。诸如此类的说法,都反映了建设企业文化的重要性,而企业文化的很大成分就反映在它的"礼"文化上。除了企业,还有很多社会领域也处于"无礼"状态,严重影响了民众的生活。另外,诸如"中国人素质不高"的批评,很大程度上也是针对各种"无礼"的行为。如果能在各种场合做到"守礼",则社会风气面貌会大为改观。第二种是"越礼",即无视各种礼仪的特定含义和级别区分,随心所欲地举行各种礼仪，等等，这种行为，大大损害了国家的形象。这一层面需用法律来维护，国家礼仪是一种民族道德的象征，其权威性不容置疑，不可随意亵渎。第三种是"乱礼"，即无视"礼"的各种含义，随意改变其程序和性质。在民间生活中，甚至出现了恶搞婚礼、恶搞丧礼等现象，令人啼笑皆非，这一层面需用社会舆论来监督。

儒家文化对"礼"的重视，不是没有道理的。"礼"是将道德精神渗透到社会生活各个层面的主要途径之一，没有"礼"，很多道德精神就无从贯彻，无法产生深刻的影响，而且，在社会生活中，很多方面要靠"礼"来约束，单纯的法律解决不了这些问题。因此，在现代儒学教育中，对"礼"的教育必须予以重视。

在现代儒学教育中，不仅要讲礼、论礼、议礼，学会从"礼"的角度看待社会道德问题，还要从事必备的礼仪实践教育，练习一些基本礼仪，如祭祀先贤之礼、成人之礼、尊师之礼、仪容服饰举止之礼、言谈之礼；目的在于让学生培养"敬""尊重"的感情，懂得"礼"的重要作用，习惯于用"礼"来约束自己的行为，习惯于"循礼"而为。一个懂礼、守礼的人，不但可以让他人感到愉悦，改善人际关系，也可以让自己在社会中获益良多。

（十二）经典与交际之道

孔子曰："益者三友，损者三友。友直，友谅，友多闻，益矣。友便辟，友善柔，友便佞，损矣。"（《论语·季氏》）

子曰："群居终日，言不及义，好行小慧，难矣哉！"（《论语·卫灵公》）

子曰："三人行，必有我师焉：择其善者而从之，其不善者而改之。"（《论语·述而》）

子贡问友。子曰："忠告而善道之，不可则止，毋自辱焉。"（《论语·颜渊》）

孟子曰："不挟长，不挟贵，不挟兄弟而友。友也者，友其德也，不可以有挟也。"（《孟子·万章下》）

今鲁处卑而不贪乎尊，辞实而不贪乎多，行廉不为苟得，道义不为苟合，不尽人之欢，不竭人之忠，以全其交，君之道义，殊于世俗，国免于公患。（《吕氏春秋》）

君子于有丧者之侧，不能赙焉，则不问其所费。于有病者之侧，不能馈焉，则不问其所欲。有客不能馆，则不问其所舍。故君子之接如水，小人之接如醴。君子淡以成，小人甘以坏。（《礼记·表记》）

天子有争臣七人，虽无道，不失其天下；诸侯有争臣五人，虽无道，不失其国；大夫有争臣三人，虽无道，不失其家；士有争友，则身不离于令名；父有争子，则身不陷于不义。故当不义，则子不可以不争于父，臣不可以不争于君。（《孝经》）

程子曰："近世浅薄，以相欢狎为相与，以无圭角为相欢爱，如此者安能久。若要久，须是恭敬。君臣朋友，皆当以敬为主也。"（程颢、程颐《二程集》）

修身诚意以待之，亲己与否，在人而已，不可巧言令色，曲从苟合，以求人之比己也。于乡党亲戚于众人，莫不皆然。

能攻人实病者，至难也；能受人实攻者，为尤难。人能攻我实病，我能受人实攻，朋友之义，其庶几乎！不然，

　　其不相陷而为小人者，几希矣。(胡宏《知言》)

　　本节教学主旨：将交友和人生各种交往原则建立在道德的基础之上，既有利于融洽人际关系，又可以在交友中与他人互补提升、共同发展。

　　古代的五伦关系中有"朋友有信"这一条。但在现代人际关系中，朋友关系显然只是各种人际关系中的一部分，大量的关系不能算是朋友关系。处理这些关系的原则是"交往有信"，这是人与人之间相互信赖的基础，互相欺骗、倾轧，不守信用，不但会造成社会风气的败坏，也会使个体失去生存的根基，遭到社会的强烈排斥。

　　"儒家的交友之道有利于消解生人社会中人们孤立无援的心理痛苦和寂寞，有利于促进人的心灵和谐。之所以人们热衷于在虚拟社会中寻找知音，是因为现实中人们的冷漠无情所导致的。人是群居动物，寻找朋友是出于本性的人心需要，而现实的空虚极易引发人们内心的不和谐，致使现代社会心理疾病日愈严重。因此我们在构建和谐的人居环境的同时构建和谐的人际关系，有利于驱除笼罩在人们心头孤独的阴霾，使人们在愉快的现实交往中增添和乐的情绪。"①

　　儒家的交友之道也是一种"双向互动"的关系。即每个人都是道德行为的实施者，也是道德行为的观察者；既善于分析他人的道德行为，也善于反省自己的道德行为。假如做不到这一点，就不能构成正常的伦理关系。例如在管理者和被管理者之间，一味指责管理者不关心自己，却从不反省自己是否服从、是否配合管理者完成

_____

　　① 范赟：《儒学和平思想研究》，南京出版社，2008，第204页。

了工作任务；或者一味指责被管理者消极怠工、不服从管理，却从不反省自己是否关心过管理者、自己的管理是否科学合理。这样就无法形成正常的关系，也称不上是"管理有仁"或"职业有序"。

总结起来，通过学习经典，将各种人际交往原则建立在道德的基础之上，可以起到"一石数鸟"的作用：通过交友消解自己的孤独感，产生与群体融洽无间的感觉；通过交友建立道德经商之道，建立合乎正道的职业关系；通过交友的实践，提升自己的道德素养。

（十三）现代家庭关系与经典论述

孟子曰："中也养不中，才也养不才，故人乐有贤父兄也。如中也弃不中，才也弃不才，则贤不肖之相去，其间不能以寸。"（《孟子·离娄下》）

孟子曰："世俗所谓不孝者五：惰其四支，不顾父母之养，一不孝也；博弈好饮酒，不顾父母之养，二不孝也；好货财，私妻子，不顾父母之养，三不孝也；从耳目之欲，以为父母戮，四不孝也；好勇斗很，以危父母，五不孝也。"（《孟子·离娄下》）

心平愉，则色不及佣而可以养目，声不及佣而可以养耳，蔬食菜羹而可以养口，粗布之衣、粗纻之履而可以养体……故无万物之美而可以养乐，无势列之位而可以养名。（《荀子·正名》）

见善，修然必以自存也；见不善，愀然必以自省也。善在身，介然必以自好也；不善在身，菑然必以自恶也。故非我而当者，吾师也；是我而当者，吾友也；谄谀我者，吾贼也。故君子隆师而亲友，以致恶其贼。好善无厌，受谏而能诚，虽欲无进，得乎哉！小人反是，致乱而恶人之非己也，致不肖而欲人之贤己也，心如虎狼，行如禽兽而又恶人之贼己也。谄谀者亲，谏争者疏，修正为笑，至忠为贼，虽欲无灭亡，得乎哉？（《荀子·修身》）

　　上智不教而成，下愚虽教无益，中庸之人，不教不知也。古者，圣王有胎教之法……凡庶纵不能尔，当及婴稚，识人颜色，知人喜怒，便加教诲，使为则为，使止则止。比及数岁，可省笞罚。父母威严而有慈，则子女畏慎而生孝矣。吾见世间，无教而有爱，每不能然；饮食运为，恣其所欲，宜诫翻奖，应呵反笑，至有识知，谓法当尔。骄慢已习，方复制之，捶挞至死而无威，忿怒日隆而增怨，逮于成长，终为败德。孔子云"少成若天性，习惯如自然"是也。俗谚曰："教妇初来，教儿婴孩。"诚哉斯语！（颜之推《颜氏家训·教子》）

　　婚姻素对，靖侯成规。近世嫁娶，遂有卖女纳财，买妇输绢，比量父祖，计较锱铢，责多还少，市井无异。或猥婿在门，或傲妇擅室，贪荣求利，反招羞耻，可不慎欤！（颜之推《颜氏家训·治家》）

　　横渠先生曰："世学不讲，男女从幼便骄惰坏了，到长益凶狠。只为未尝为子弟之事，则于其亲已有物我，不肯屈下，病根常在，又随所居而长，至死只依旧。为子弟，则不能安洒扫应对；在朋友，则不能下朋友；有官长，则不能下官长；为宰相，则不能下天下之贤。甚则至于徇私意，义理都丧，也只为病根不去，随所居所接而长。"（朱

熹、吕祖谦编《近思录》）

父之爱子，自是至情，然天理亦自有个中和处，过即是私意。人于此处多认做天理当忧，则一向忧苦，不知已是"有所忧患，不得其正"。大抵七情所感，多只是过，少不及者。才过便非心之本体，必须调停适中始得。就如父母之丧，人子岂不欲一哭便死，方快于心？然却曰"毁不灭性"。非圣人强制之也，天理本体，自有分限，不可过也。（王守仁《传习录》）

今教童子，惟当以孝弟忠信礼义廉耻为专务。其栽培涵养之方，则宜诱之歌诗以发其志意，导之习礼以肃其威仪，讽之读书以开其知觉……大抵童子之情，乐嬉游而惮拘检，如草木之始萌芽，舒畅之则条达，摧挠之则衰痿……故凡诱之歌诗者，非但发其志意而已，亦所以泄其跳号呼啸于泳歌，宣其幽抑结滞于音节也。导之习礼者，非但肃其威仪而已，亦所以周旋揖让而动荡其血脉，拜起屈伸而固束其筋骸也。讽之读书者，非但开其知觉而已，亦所以沉潜反复而存其心，抑扬讽诵以宣其志也。凡此皆所以顺导其志意，调理其性情，潜消其鄙吝，默化其粗顽，日使之渐于礼义而不苦其难，入于中和而不知其故，是盖先王立教之微意也。若近世之训蒙稚者，日惟督以句读课仿，责其检束而不知导之以礼，求其聪明而不知养之以善，鞭挞绳缚，若待拘囚。彼视学舍如囹狱而不肯入，视师长如寇仇而不欲见，窥避掩覆以遂其嬉游，设诈饰诡以肆其顽鄙，偷薄庸劣，日趋下流。是盖驱之于恶而求其为善也，

何可得乎！（王守仁《传习录》）

本节教学主旨：努力创造良好的家庭氛围，学会用仁义礼智教导子女，可以避免夫妻、父母与子女的关系蜕变为纯粹的经济利益关系，甚至因矛盾不可调和而走向崩溃，进而使家庭成员获得更多的发展机会。总之，仁义礼智是家庭稳定之本，是家庭成员综合发展之本。

在古代社会里，对少年儿童的教育相对比较简单和粗放，一般就是强调子女对父母的孝道，强调子女要勤俭持家等。这些观念有不少已经过时，不足为训。但在商业化、科技化、信息化的现代社会，教育孩子已经成为困扰众多学校和无数家庭的棘手问题。一方面，孩子的压力越来越重，在长期的中小学读书生涯中几乎变得了无生趣；另一方面，老师和家长的担子也越来越重，却反而感觉到教育越来越没有效果，诸如孩子不听话、诱惑太多、要面对的问题太多等等。破解这一难题，当然有赖于教育体制的改革，但这是一个缓慢推进的过程，不能一蹴而就。

对于现代社会而言，子女教育的问题其实主要集中在两个方面：（1）生存的压力。（2）欲望的诱惑。

对于第一个问题，我们认为要学会"合理地施加压力"。首先，孩子总要长大的，也不可能不面对未来的压力，为此，让他逐步懂得未来的压力是必要的。关键在于施加压力必须掌控在一个合理的范围之内，不需要成天用"不好好读书，将来就没饭吃"这样的话来吓唬他。可以想象，一个成天被吓唬的孩子，他的心理状态是何等的扭曲？其次，成天用就业压力来教育孩子好好读书，对未来的就业未必有好处，甚至完全是"南辕北辙"。也许现在吃香的专业，明年就不吃香了；也许现在所学的知识，不久之后就老化了。在日新月异的变化之中，这是一种常态。

如果对于社会的未来走向稍作思考，便能明白如何合理地给孩子施加压力。有很多当下存在的职业，在未来社会也是需要的，但适应这些职业，关键还在于培养一个人的职业素养。职业技能是不断更新的，现在的知识技能教育，只是创造了一些基础，很多职业技能还要靠成人之后的不断学习来补充。再往上推，是不是各种职业都有一种通用的、普适的职业素养？这其实就是人的道德素养。学会用"仁义礼智"培养孩子，就为他将来就业创造了"第一桶金"。而且道德素养的提升，会有效地激发孩子的学习动力。相形之下，只知道向孩子拼命灌输知识，而不注重他的道德素养，不仅会导致他学习兴趣下降，而且会导致他将来很难适应社会，而所学的知识，也多半"还给了老师"。

对于第二个问题，家长首先要学会掌控好自己的欲望。人生的欲望很多，可以满足的却不多，而自身的条件，就决定了各种欲望被满足的程度。在条件不具备的时候，过多的欲望会摧毁自己的精神世界，成为一种煎熬。而在条件具备的时候，欲望稍微淡薄一点，反而对自己更有好处，不会总是患得患失。在这一点上，"仁义礼智"的修养对人很有好处。对于孩子来说，如果家长不会驾驭自己的欲望，不仅会让孩子无端地承受很多煎熬，而且还无法教导孩子正确面对自己的欲望。

不少家庭矛盾因"三比"而起：人家的丈夫或妻子比我家的更会挣钱；人家的丈夫或妻子比我家的更有能力或品德更好；人家的孩子比我家的更会读书、更有出息。比来比去，弄得夫妻双方和孩子都恼火不堪，家庭矛盾频发，最终恶性循环，导致家境每况愈下。如果用"仁义礼智"的标准去衡量，这首先是不爱护家人的表现，也反映出自己没有尽责任去提升家人的价值，缺乏反省，缺乏睿智，对家庭生活有百害而无一利。因此，"三比"还不如"三省"：我既然有了这个家庭，那么家庭中所有成员都是需要我关心爱护的，我有没有把他们当家人来看，努力发现他们的优点和价值？这是第一个反省。既然需要我关心，那我有没有为他们的个人发展提供帮助？这是第二个反省。既然需要我努力提升他们的价值，那我有没有想方设法让他们获得发展的空间？这是第三个反省。这些反省，都属于"仁义礼智"的内容。有了这些反省，就不会一味抱怨或指责家人了，也能促进家庭和谐，保持家庭境况不会恶化。《传习录》记载，有乡下父子二人诉讼，请王阳明先生判案。王阳明开导了一番，话还未讲完，父子二人抱头痛哭，相互牵挽着离去了。学生柴鸣治进来问道，先生，您说了什么就使父子二人很快悔悟了呢？王阳明说，我对他们说，虞舜是世上最不孝顺的儿子，他的父亲瞽叟是世上最慈祥的父亲。柴鸣治感到十分惊讶，询问原因。王阳明说，舜常常自以为是最不孝的，因此他能孝；瞽叟常常自以为是最慈祥的，因此他不能慈爱。瞽叟只记着舜是他拉扯养大的，而如今舜为什么不能让他感到快乐？他不清楚他的心已被后妻迷惑而改变了，还自以为能慈爱，因此他就更不能慈爱了。舜总是记着小时候父亲是多么爱他，而如今之所以不爱了，只因为自己不能尽孝。舜每天想着自己不能尽孝之处，因此他就更加孝顺。等到瞽叟高兴时，他只不过是恢复了心中原本就有的慈爱而已。所以，后世之人都称舜是一个古往今来的大孝子，瞽叟也就变成了一个慈祥的父亲，这种相互反省有助于家庭和谐。

总之，一个家庭的稳定，需要两个基础：经济基础与精神基础。精神基础是不可缺乏的，它需要最基本的关爱之心，也需要家庭成员基本的责任感，家庭内部形成的良好习惯。其一，合理分担家庭事务，培养家庭成员的责任心。其二，学会在处理经济利益中培养仁义之心。透明的经济关系，不仅有利于家庭关系的改善，也有利于防范家庭成员追逐不良的利益。学会妥善地处理经济问题，而不是一味争夺经济利益。其三，遵守家庭成员之间互相关心、问候的基本礼仪，并形成行为习惯，为家庭成员的互相沟通创造基础。其四，关注家庭成员各自的社会关系，保持应有的尊重与交往。其五，教育家庭成员，不管经济状况如何，人总是第一位的，每一个人健康的身心发展，是家庭最大、最长久的利益。其六，当工作、生活中产生不良情绪时，应主动坦言产生这些不良情绪的原因，以寻求帮助，促进自我反思，而不是将情绪发泄到家庭成员身上。

如果说夫妻关系中存在交易关系，那么这种交易的最佳原则还是"见利思义"，也就是想得到对方物质利益的时候，最好把对方的人品、人格也当作利益来衡量。好的人品对于未来生活的意义至关重要，它隐含的物质利益是难以一一计算的。

只强调自己的价值，忽视对方的价值，很容易引起夫妻关系的失衡。儒学教育可以让夫妻双方懂得如何提升自己的价值。"仁义礼智"可以起到增值作用：年轻貌美是有价值的，但人品好能增值，反之则大打折扣；会挣钱是有价值的，而懂得善待家人就更有价值，反之挣了钱也只是吃力不讨好。而"仁义礼智"让人懂得，越能发现对方在道德人品上的价值，就越能借助于道德人品提升自身的价值。这一点对于夫妻而言，意义十分重大：家庭经济增长更快，事业前景更好，子女的素质更优良，得到亲朋的支持更多。所谓的"家和万事兴"，其原理也就在于此。

（十四）经典中有关乡村生活的论述

周公曰："呜呼！君子所其无逸。先知稼穑之艰难乃逸，则知小人之依。相小人，厥父母勤劳稼穑，厥子乃不知稼穑之艰难，乃逸，乃谚，既诞，否则侮厥父母曰：'昔之人无闻知！'"（《尚书·无逸》）

《语》曰："力能胜贫，谨能胜祸。"盖言勤力可以不贫，谨身可以避祸……《淮南子》曰："圣人不耻身之贱也，愧道之不行也；不忧命之长短，而忧百姓之穷。是故禹为治水，以身解于阳盱之河；汤由苦旱，以身祷于桑林之祭。""神农憔悴，尧瘦癯，舜黎黑，禹胼胝。由此观之，则圣人之忧劳百姓亦甚矣。故自天子以下，至于庶人，四肢不勤，思虑不用，而事治求赡者，未之闻也。"（贾思勰《齐民要术·序》）

夫财货之生，既艰难矣，用之又无节；凡人之性，好懒惰矣，率之又不笃；加以政令失所，水旱为灾，一谷不登，胔腐相继。古今同患，所不能止也，嗟乎！且饥者有过甚之愿，渴者有兼量之情。既饱而后轻食，既暖而后轻衣。或由年谷丰穰，而忽于蓄积；或由布帛优赡，而轻于施与。穷窘之来，所由有渐。故《管子》曰："桀有天下，而用不足；汤有七十二里，而用有余。天非独为汤雨菽、粟也。"盖言用之以节。（贾思勰《齐民要术·序》）

今以卿士庶人，思不逮乎雨旸，趾不举乎疆场，祁寒暑雨人受之，水旱螟虫人忧之，东阡西陌弗之辨，秋秅菽麦不知别，以至良顽勤惰异其情，壮老强羸异其力，劬动休乐异其时，均弗之识也。燕息深居，坐资岁入，几不知稼穑为何事，面目黧黑、手足胼胝为何人。习逸生骄，习骄生罔，淫侈之端日日以起，乖义已甚。（张履祥《杨园先生全集》卷之十九《赁耕末议》）

本节教学主旨：乡村生活的优点在于能够使人切身感受人与自然的关系；尊重自然，锻炼体力，在劳动中培养与他人合作的精神。重视这一点并注重乡村生活的锻炼，可以提升自己的道德素养。

在乡村生活中，人与大自然亲密接触。这种亲密接触，使人们积累了丰富的关于天文、地理、气象、动植物的感性知识；这些知识成为人们知识结构中不可缺少的一部分。而且直观的大自然环境，还能形成立体的、全方位的影响，使人们正确认识到自身在天地自然当中的定位。大自然的景观，例如烂漫的山花、金秋的原野等，不断给人灌注生命的原动力，从而使人感受到生命的活力；而雄伟的大自然，又经常使人感受到自身的渺小、人力的有限；种种复杂的感受，使人产生了一种正常的心态结构，这是形成健全人格的一个重要因素。相反，从小就生活在城市的小孩，总觉得城市的一切景观都是由人所摆布的，天地自然对人类的影响微乎其微；这种错觉，很容易导致人的狂妄自大、傲慢无知，认为人可以左右自然界的一切，因而会对其日后的所作所为产生不良的影响。

体力劳动在乡村中是必需的，它对于培养一个人的意志力、耐受力有极大的好处，甚至是不可缺乏的。在农村生活过的人就知道，青少年时期是体能锻炼的最佳时期，这个时期得到较好的锻炼，能够受用终身；错过了这一锻炼机会，成年之后，就会畏首畏尾、萎靡不振，遇事不敢作为。劳动给人的良好影响还在于可以培养以劳动求生存的正确理念，使人感觉到不劳动而依靠他人生活是可耻的，因为这样等于在剥削别人的劳动。人们常说，农村出来的孩子比较勤奋，比较踏实，比较节俭，就是这个道理。

乡村生活的明显特征还在于在劳动中形成了亲密的协作关系和人际关系。乡村的劳动，往往不能靠单干，如农忙时的互助、大型水利工程的建设、抗衡天灾人祸等等，都需要人们共同协作。这种共同协作，给人留下了深刻印象，让人感到他人的存在对自己是有重要意义的，因而心理上对他人的接纳感、亲密感就大为强化。而在城市里，流水化的作业，相对隔绝的工作环境，却让人感受不到他人存在的意义，甚至让人感到恶性竞争或"他人即地狱"的关系，在这种情况下，如何让他去培养和谐的人际关系？除此之外，在农村中人们居住在同一个村落里，日常的劳作，日常的交往，所作所为，无不呈现在其他人的视野中，挂在人们的嘴上，无形当中形成了一种"社会评价机制"，好的行为得到肯定，不良的行为受到议论甚至唾骂，这对于一个人道德品质的形成具有重要的意义。

（十五）经典论追求个人利益的原则

　　夫义者，利之足也；贪者，怨之本也。废义则利不立，厚贪则怨生……今君杀而赖其富，贪且反义。贪则民怨，反义则富不为赖。赖富而民怨，乱国而身殆，惧为诸侯载，不可常也。（《国语·晋语》）

　　子曰："放于利而行，多怨。"（《论语·里仁》）

杨子取为我，拔一毛而利天下，不为也。墨子兼爱，摩顶放踵利天下，为之。子莫执中，执中为近之，执中无权，犹执一也。(《孟子·尽心上》)

为人臣者怀利以事其君，为人子者怀利以事其父，为人弟者怀利以事其兄。是君臣、父子、兄弟终去仁义，怀利以相接，然而不亡者，未之有也……为人臣者怀仁义以事其君，为人子者怀仁义以事其父，为人弟者怀仁义以事其兄，是君臣、父子、兄弟去利，怀仁义以相接也。然而不王者，未之有也。(《孟子·告子下》)

人之情，食欲有刍豢，衣欲有文绣，行欲有舆马，又欲夫余财蓄积之富也，然而穷年累世不知不足，是人之情也。今人之生也，方知蓄鸡狗猪彘，又蓄牛羊，然而食不敢有酒肉；余刀布，有囷窌，然而衣不敢有丝帛；约者有筐箧之藏，然而行不敢有舆马。是何也？非不欲也，几不长虑顾后而恐无以继之故也……今夫偷生浅知之属，曾此而不知也，粮食大侈，不顾其后，俄则屈安穷矣。是其所以不免于冻饿，操瓢囊为沟壑中瘠者也。(《荀子·荣辱》)

杨朱曰：丰屋，美服，厚味，姣色。有此四者，何求于外？有此而求外者，无厌之性。无厌之性，阴阳之蠹也。忠不足以安君，适足以危身；义不足以利物，适足以害生。安上不由于忠，而忠名灭焉；利物不由于义，而义名绝焉。君臣皆安，物我兼利，古之道也。(《列子·杨朱》)

问："程子言'义安处便为利'，只是当然而然，便安否？"曰："是。也只万物各得其分，便是利。君得其为君，臣得其为臣，父得其为父，子得其为子，何利如之！此'利'字，即《易》所谓'利者义之和'……截然不可犯，似不和；分别后，万物各得其所，便是和。不和生于不义，义则和而无不利矣。"（《朱子语类》卷九十六）

本节教学主旨：让个人素养和个人利益相得益彰，以便在良好的群体关系中获得个体的最大满足，而不是让它们形成冲突，阻碍个体获得满足。

儒家提倡仁义，主张重义轻利，从根本上肯定了人类的最大利益，所以不存在否定人类利益的问题，反过来说，它更能从整体的角度保护人们的利益。而且，它不提倡利益纷争，故而在很多时间把许多不必要的利益纷争，或者是无关紧要的纷争消弭于无形。但是，如果因"重义轻利"而忽视了个体的利益需求，这一理论就走向了它的反面，也违背了"仁义礼智"的根本原则。因此，我们必须充分借鉴西方人本主义、功利主义思想的合理之处，以求我们在提倡"重义轻利"时保持在合理的"度"，同时还可以与时俱进地看待人们的利益需求，防止"重义轻利"观的僵化。

（十六）经典论经商之道

士大夫务节死制，然而兵劲。百吏畏法循绳，然后国常不乱。商贾敦悫无诈则商旅安，货通财，而国求给矣。百工忠信而不楛，则器用巧便而财不匮矣。农夫朴力而寡能，则上不失天时，下不失地利，中得人和，而百事不废。是之谓政令行，风俗美。（《荀子·王霸》）

今治生不待危身取给，则贤人勉焉。是故本富为上，末富次之，奸富最下……皆非有爵邑奉禄、弄法犯奸而富，尽椎埋去就，与时俯仰，获其赢利，以末致财，用本守之，以武一切，用文持之，变化有概，故足术也。（司马迁《史记·货殖列传》）

君子固欲人之善，而天下不能无不善者以害吾之善；固欲人之仁，而天下不能无不仁者以害吾之仁。有不仁、不善为吾之害，而不有以禁之、治之、去之，则善者不可以伸，仁者不可以遂。是其去不仁乃所以为仁，去不善乃所以为善也。（陆九渊《与辛幼安》）

天下之士多出于商，则纤啬之风日益甚。然而睦姻任恤之风，往往难见于士大夫，而转见于商贾，何也？则以天下之势偏重在商，凡豪杰有智略之人多出焉。其业则商贾也，其人则豪杰也。为豪杰则洞悉天下之物情，故能为人所不为，不忍人所忍。是故为士者转益纤啬，为商者转敦古谊。此又世道风俗之大较也。（沈垚《费席山先生七十双寿序》）

斗智斗力之强，则有因强而大兴，亦有因强而大败。古来如李斯、曹操、董卓、杨素，其智力皆横绝一世，而其祸败亦迥异寻常；近世如陆、何、萧、陈皆予知自雄，而俱不保其终。故吾辈在自修处求强则可，在胜人处求强则不可。若专在胜人处求强，其能强到底与否，尚未可知，即使终身强横安稳，亦君子所不屑道也。（曾国藩《曾国藩家书》）

教学主旨：吸收传统的儒商精神，提倡诚信与仁义的经商之道，造就现代社会的商业精神，在传统文化与现代市场经济之间找到平衡点。

当下流行一种观念：人们在从事经济活动时，追求利润的最大化是无可非议的。而在民族传统中，人们把追求个人利益看作是小人的行为，君子只能看重"义"。在改革开放和市场化过程中，我们在与西方国家进行经济交流时，因"义"而失"利"的事例很多，教训也不少，只重视"义"而忽视市场经济规律性，不利于建立新的"义利"关系。甚至有些人公开声称："是儒家提倡的重义轻利，阻碍了我国经济的发展。"然而，颇具讽刺意味的是，人们一方面抨击"重义轻利"，一方面又认为"诚信"是人们履行合同、契约的信任前提，孔子所讲的"言而有信""敬事而信"就是要求人们说话要诚实可信，认真而诚实地对待事情和工作，信实无欺。这种观念显得颇为奇怪：现代经济活动不能讲"重义轻利"，但却要讲"诚信"，那么"诚信"算不算"义"呢？如果"诚信"也算"义"，那么批评"重义轻利"的做法就是错误的；如果"诚信"不算"义"，那么它和别的不义行为有什么区别呢？孔子曾说："言必信，行必果，硁硁然小人哉！"可知"信"必须以"仁义"为根本，缺乏"仁义"的支撑，它就有可能变味。因为"信"只关注两人之间的一种承诺，并不关注这种承诺是仁义的还是不仁不义的。对于一个大奸大恶者，你能相信他的承诺吗？他既然已经做到了无恶不作，还会在乎讲不讲诚信？同理，一个以污染环境、垄断市场、牟取暴利为事的企业，再讲"诚信"，也不能改变其本质；一个以兜售伪劣产品为主的公司，再讲"诚信"，也不会把质量好的产品卖给你。总之，经典给我们的启示是：在现代社会追求经济利益，一定要建立在"有道"的基础之上。

（十七）有关职业精神的经典论述

　　夫贵为天子，富有天下，是人情之所同欲也。然则从人之欲则势不能容，物不能赡也。故先王案为之制礼义以分之，使有贵贱之等，长幼之差，知愚、能不能之分，皆使人载其事而各得其宜……故仁人在上，则农以力尽田，贾以察尽财，百工以巧尽械器，士大夫以上至于公侯，莫不以仁厚知能尽官职，夫是之谓至平。故或禄天下而不自以为多，或监门、御旅、抱关、击柝而不自以为寡。（《荀子·荣辱》）

士闻见博学意察，而不为君臣者，与功而不与分焉。贾知贾之贵贱，日至于市，而不为官贾者，与功而不与分焉。工治容貌功能，日至于市，而不为官工者，与功而不与分焉……是故非诚贾不得食于贾，非诚工不得食于工，非诚农不得食于农，非信士不得立于朝。（《管子·乘马》）

商务者，儒生不屑以为意，防士而兼商，有背谋道不谋食之明训也。然此不惟中国防之，西人亦何独不然。官自官，士自士，商自商，仕宦而货殖者有常刑。富商虽挟敌国之赀，不少假以名位……惟此凡言农务蚕务牧务渔务，皆非谓身为之，但当精察其理，以为民导耳。（谭嗣同《思纬壹壹台短书》）

本节教学主旨：仁义礼智有益于职业，可以培养敬业精神，促进个人发展。每个人都应当借此在各种行业中找到人生定位，找到安身立命的场所和未来发展的道路。

在现代社会里，必须强调合理的行业布局和行业竞争，并明辨职业的正当与否。在古代社会里，农业是主要的职业，围绕农业自然形成了行业布局，行业脱离农业生产的状况也并不严重。但在现代社会里，显然必须促进行业布局的合理化，打击非法的行业，同时也要鼓励人们从事正当职业，在此前提之下爱岗敬业，这是现代家庭赖以存在的基础，也是现代社会赖以稳定发展的基础。

"仁义礼智"的教育，有助于培养从业者的社会责任意识。其一，一个人从事一门职业，掌握一种技术，可以获得相应的地位和财富。而他是否承担了社会责任，承担了多少责任，就会对他所获得的财富、地位形成增值或减值作用。如果他完全不顾社会责任，就得不到好的评价，如果实施损害社会的行为，则会遭到众人的唾弃，最终陷入孤立乃至四面树敌的困境，导致失去已有的财富和地位。其二，个人幸福是由物质上的满足与精神上的满足构成的，后者对幸福的作用力更大。而精神上的满足，主要来自社会，并且以承担社会责任为基础；放弃社会责任就会陷入精神上的孤立。为此，学会承担社会责任，是从事现代职业技术活动的基础。其三，家庭责任与社会责任是统一的。每个人都承担应有的社会责任，其结果是减轻每个人的家庭责任；每个人都不愿意承担社会责任，其结果是让家庭背上沉重乃至无限的责任。互相损害的行为，最终会使每一个家庭受害。

"仁义礼智"的教育，可以让从事各种职业的人回归到人的本位，享受到做人的快乐，而不是做一部单纯的劳动机器。法国思想家卢梭在《爱弥儿》一书中提出，职业技术教育不是为了职业培训，而是为了培养人的个性。职业教育当然要进行职业训练，然而纯粹的职业训练只能使学生具有更多的技能，但不会使他们产生对各自职业的情感和道德，久而久之，就会产生职业厌倦感，因而也很难进一步做好职业上的事。而"仁义礼智"的教育，首先会培养职业人的关爱之心和社会责任感，从而得到来自社会的种种鼓励，激发他的工作热情和兴趣，进而继续钻研职业技术，在职业上获得更大的发展。对于客户而言，他们具有良好的服务态度；对于同事而言，他们具有良好的协作精神和亲和力；对于企业而言，这样的职业人有助于提高企业的效益，提升企业的竞争力。

"仁义礼智"的教育，可以帮助从事职业技术的人建立人文关怀的理念，让产品变得更加人性化，因而更受欢迎，而自己也能从中获得利益。如美国工程院院士萨尔文迪在谈论工效学时说："你不能指望某种设计的系统能全球通用，这是不好的工效学理念，我们不这么做。我们教育和实践好的工效学理念，好的工效学理念是要了解不同国家、不同民族人们的认知特性情况、生理特性情况和社会特性情况，然后针对他们进行系统设计，使系统适应他们。因此不同地方的系统可能完全不同，而不是只有一种。我们必须尊重每一个国家的文化，他们喜欢什么，不喜欢什么。不可能完全一样……工效学研究在设计产品和服务时以人为本。以人为本的设计可以使中国的产品和服务在国际上增加市场力度。"[1]诚然，没有人文关怀，就不可能去深入了解人们的特性，也就不可能设计出让人们喜爱的产品。对一个科技工作者来说，丰富的人文情怀对他的职业发展是有极大帮助的。

（十八）与技术伦理相关的经典论述

子曰："工欲善其事，必先利其器。"（《论语·卫灵公》）

智，譬则巧也；圣，譬则力也。由射于百步之外也，其至，

---

[1] 凤凰卫视编著《世纪大讲堂　经济卷》，辽宁人民出版社，2007，第196—200页。

尔力也；其中，非尔力也。(《孟子·万章下》)

矢人岂不仁于函人哉？矢人唯恐不伤人，函人唯恐伤人。巫匠亦然，故术不可不慎也。(《孟子·公孙丑上》)

故通于天地者，德也；行于万物者，道也；上治人者，事也；能有所艺者，技也。技兼于事，事兼于义，义兼于德，德兼于道，道兼于天。故曰：古之畜天下者，无欲而天下足，无为而万物化，渊静而百姓定。(《庄子·天地》)

夫富民者，以农桑为本，以游业为末；百工者，以致用为本，以巧饰为末；商贾者，以通货为本，以鬻奇为末：三者守本离末则民富，离本守末则民贫，贫则阨而忘善，富则乐而可教。教训者，以道义为本，以巧辩为末；辞语者，以信顺为本，以诡丽为末；列士者以孝悌为本，以交游为末；孝悌者，以致养为本，以华观为末；人臣者，以忠正为本，以媚爱为末：五者守本离末则仁义兴，离本守末则道德崩。慎本略末犹可也，舍本务末则恶矣。(王符《潜夫论·务本》)

本节教学主旨：在科技迅猛发展的现代，必须强调科技的人文价值，强调科技伦理。科学技术的伦理精神在于为社会负责，尽力避免在技术开发过程中损害人及人类生活，由此也可以明确各种科学技术与它的社会价值。

在古代社会里，农业生产的技术一直很少发展，其组织形式也少有变化，因此无须刻意强调关于职业和技术方面的伦理。但在现代社会，层出不穷的科技几乎成为"第一生产力"，翻新出奇的职业、行业也不断涌现，它们创造了无穷的财富，但是也引发了巨大的问题，而相关的道德问题就是科技缺乏人文关怀精神，缺乏伦理的约束。

现代社会离不开科技，但科技的发展无论如何也不能走上反人类的歪路。为此一切的科技研究与应用行为，必须接受仁义的统驭，仁义同样可以作为最高的科技道德。只有牢固树立仁义的科技道德，才能促使广大科技工作者明辨科技的道德性，制定相应的规范，调整人们的科技研发与应用行为。

（十九）经典论述与各类管理

子曰："夫仁者，己欲立而立人，己欲达而达人。能近取譬，可谓仁之方也已。"（《论语·雍也》）

子曰："躬自厚而薄责于人，则远怨矣。"（《论语·卫灵公》）

君子所以异于人者，以其存心也。君子以仁存心，以礼存心。仁者爱人，有礼者敬人。爱人者人恒爱之，敬人者人恒敬之。有人于此，其待我以横逆，则君子必自反也：我必不仁也，必无礼也，此物奚宜至哉？其自反而仁矣，自反而有礼矣，其横逆由是也，君子必自反也：我必不忠。自反而忠矣，其横逆由是也，君子曰："此亦妄人也已矣。如此则与禽兽奚择哉，于禽兽又何难焉？"（《孟子·离娄下》）

故古之圣王之治天下也，其所差论以自左右羽翼者皆良，外为之人，助之视听者众。故与人谋事，先人得之，与人举事，先人成之。光誉令闻，先人发之。唯信身而从事，故利若此。古者有语焉曰："一目之视也，不若二目之明也；一耳之听也，不若二耳之聪也；一手之操也，不若二手之疆也。"夫唯能信身而从事，故利若此。是故古之圣王之治天下也，千里之外有贤人焉，其乡里之人未之均闻见也，

圣王得而赏之；千里之外有暴人焉，其乡里之人未之均闻见也，圣王得而罚之。(《墨子·尚同》)

凡奸人之所以起者，以上之不贵义，不敬义也。夫义者，所以限禁人之为恶与奸者也。今上不贵义，不敬义，如是，则下之人百姓皆有弃义之志，而有趋奸之心矣，此奸人之所以起也。且上者，下之师也，夫下之和上，譬之犹响之应声，影之像形也。故为人上者不可不顺也。(《荀子·强国》)

凡人责人处急，责己处缓；爱己则急，爱人则缓。若拽转头来，便自道理流行。(《朱子语类》卷六十三)

每事须要成人之事，在己者虽不得可也。今人只是成己，虽稍知自克，终不能克也。只要成己事，他人之事虽坏了不恤也。己欲立而立人，己欲达而达人，成己便成物，圣人所为又全别。(许衡《语录》)

人所以千病万病，只为有己。为有己，故计较万端。惟欲己富，惟欲己贵，惟欲己安，惟欲己乐，惟欲己生，惟欲己寿。而人之贫贱、危苦、死亡，一切不恤。由是生意不属，天理灭绝。虽曰有人之形，其实与禽兽奚以异？若能克去有己之病，廓然大公，富贵贫贱，安乐生寿，皆与人共之，则生意贯彻，彼此各得分愿，而天理之盛，便是与万物为一体矣。(薛瑄《读书录》)

又况名者，由人创造，上以制其下，而不能不奉之，则数千年来，三纲五伦之惨祸烈毒，由是酷焉矣。君以名桎臣，官以名轭民，父以名压子，夫以名困妻，兄弟朋友各挟一名以相抗拒，而仁尚有少存焉者得乎？……如曰

"仁"，则共名也，君父以责臣子，臣子亦可反之君父……而其以教专让于人，而甘自居无为教之民矣。嗟乎！因卫教而立名，不谓名之弊乃累教如此也！（谭嗣同《仁学》）

本节教学主旨：管理涉及的内容十分广泛，如行政管理、企业管理以及各种社会管理等。管理是成人与成己的统一，是提高他人修养与提高自我修养的统一，在道德引领的过程中起到凝聚人心、增强管理能力的作用。

对于企业的管理，有两种泾渭分明的理论：一种是企业管理以提高经济效率为目标，努力做到低成本、高收入。但仅仅依赖精密的管理体制和强大的监督机制，并不能将人管好，因为在这种情况下，人通常会产生强烈的抵触情绪，进而想方设法逃避管理，破坏管理，使这种管理失效。有了儒学思想的明确引导，就可以让管理者从迷茫的境况中摆脱出来。对于很多乐意学习、积极提高自身修养的管理者来说，儒学理论指出了一个明确的方向：即以"仁义礼智"为中心提高自身的道德素养，以"管理的智慧"为中心提高管理的技术水平，从而构建起一个有利于全面吸纳知识的修养体系。在这个结构分明、层次井然的知识体系里，有什么，缺什么，什么需要强化，什么需要拒斥，就很清晰地显现出来了。在学习有主脑的情况下，不需要逮住什么就学什么，也不会胡乱学习一通，结果是更加困惑了。此外，对于建立团体文化、企业文化等，儒学理论也可以帮助人们明确目标：文化是一种品牌，是一种包装，但单纯作为品牌和包装，显然只是空洞的形式；它必须真正浸润到所有员工和下属的心灵世界当中，扩散到这个团体和企业所接触的社会环境当中，才具有真正的意义，才能起到实在的作用。

迷信权力是管理者之大忌，也是违背仁义原则的集中体现，与儒家所批评的"霸道""暴政"具有相似的性质。迷信权力便会缺乏对人的尊重，而不尊重人，也就不能吸纳他人的意见，因而很容易在妄尊自大的心态中从"知"的状态滑落到"愚"的状态。同时，迷信权力还会刻意喜好他人对自己的追捧，放纵自己对利益的追逐之心。在喜欢追捧权力的社会风气中，管理者尤其需要学习儒家经典，养成正确对待权力的习惯，保持清醒的头脑。

管理者都期望能获得一个良好的管理局面，但良好的管理局面极大地有赖于管理者的智慧与能力。获取智慧的方式有二：一是喜欢听取他人的意见，闻过则改。二是以仁义为怀，就会感觉到自己的不足，因而产生学习的动力；而且会习惯于明辨是非，将门类繁多的知识整理成一个明确的体系。

（二十）经典论述中的自然与人

> 不违农时，谷不可胜食也；数罟不入洿池，鱼鳖不可胜食也；斧斤以时入山林，材木不可胜用也。谷与鱼鳖不可胜食，材木不可胜用，是使民养生丧死无憾也。养生丧死无憾，王道之始也。（《孟子·梁惠王上》）

> 然则何以知天之欲义而恶不义？曰：天下有义则生，无义则死。有义则富，无义则贫。有义则治，无义则乱。然则天欲其生而恶其死，欲其富而恶其贫，欲其治而恶其乱。此我所以知天欲义而恶不义也……然则禹汤文武，其得赏何以也？子墨子言曰："其事上尊天，中事鬼神，下爱人。故天意曰：'此之我所爱，兼而爱之；我所利，兼而利之。爱人者此为博焉，利人者此为厚焉。'故使贵为天子，

富有天下，业延万世。子孙传称其善，方施天下。至今称之，谓之圣王。"然则桀纣幽厉，其得罚何以也。子墨子言曰："其事上诟天，中诬鬼神，下贼人，故天意曰：'此之我所爱，别而恶之；我所利，交而贼之。恶人者，此为之博也；贱人者，此为之厚也。'故使不得终其寿，不殁其世，至今毁之，谓之暴王。"（《墨子·天志上》）

本节教学主旨：概论自然界与人的协调关系、社会与人的协调关系、天性与社会性的协调统一。这三方面的协调，属于人类生存的最高法则。

时至今日，核武器的威胁，无法分解和净化的污染物如白色垃圾、工业废水等对环境的破坏，直接影响人类健康的劣质食品、日用品等的出现，形成对人类未来的巨大挑战。人类胆敢破坏天地生养万物的规律和法则，受到惩罚的最终还是自己。因此，必须尊重天地自然，保护环境，尊重自然规律。

在这方面，科学技术应当受到一定程度的约束。迄今为止，很多科学技术是"有缺陷的技术"。天地创造的万物，对人类有利也有害，而人类已经适应了这种天然的利害。通过科学技术制造的东西，对人类也有利有害，为此，科技伦理的出发点，就应当在科技给人带来利益的同时，不断消除科技带给人的害处；否则，人类创造的科技，最终会成为反噬人类的恶魔。总之，人类必须管好自己的社会，否则就会在万物竞争的状态中被淘汰出局。政治作为人类自我管理的最高层面，必须均衡考虑各种社会秩序，例如军事、经济、科技等，都必须接受政治的驾驭。也正是这一点，决定了现代政治的合法性。

自然界赋予人的天性必须得到尊重，同时又受到约束。

首先，假如自然造就的人不能得到尊重，那么人类社会就可以被机器人取代，这样也就不是人类社会了。同样，无论科学多么发达，技术多么进步，管理多么细密，人都不能成为科学技术及管理的"奴隶"，不能成为被格式化的组件。换言之，只要人类社会存在，人性就永远有得到尊重的权利。

论者指出："西方马克思主义者强烈地反对技术的逻辑即工具理性成为整个人类社会的逻辑，因为如此的话，人的生命、价值与尊严就消失殆尽了，人成为'客观规律'的奴隶，为消费而消费，为生产而生产，那么人的存在还有什么意义呢？实际上正是因为技术的进步使人道主义思潮得以出现，但技术及工具理性主义的泛滥则导致人道主义遭到灭顶之灾，西方马克思主义者以人道主义的立场捍卫人的尊严，把人看作目的而不是手段。"①

其次，《荀子·礼论》指出："使欲必不穷乎物，物必不屈于欲。两者相持而长，是礼之所起也。"②欲望是人的天性，它必须得到尊重；但欲望又是无限的，与有限的物质生产会构成矛盾。故而荀子指出，必须以礼制来约束人的欲望。假如没有约束，整个社会秩序将会遭到破坏。在现代社会里，人们被满足的欲望更多，但这只是放宽了对欲望限制的尺度，欲望依然还要受到约束。这样，就使人们对欲望的约束，呈现一个历史的发展过程。

---

① 肖永辉：《马克思哲学的新世界观与价值观导论》，吉林大学出版社，2013，第327页。
② 王先谦撰，沈啸寰、王星贤点校《荀子集解》，中华书局，1988，第346页。

结论

中国传统书院最早出现于唐代时期，是官方创立的藏书、刻书机构；宋代时期著名理学家朱熹确立了书院制度，出现了名扬天下的四大书院；元代时期书院在地理分布上由南向北扩张，书院得到进一步推广；明代书院影响力辐射至周边东亚国家，进一步扩大儒家文化的影响力；清代书院的数量达到顶峰，遍及全国。而后清朝光绪年间书院改制，科举制度被废除，儒家文化受到西方文化的强烈冲击，失去其主流地位，书院由此失去了赖以生存的环境，逐渐被边缘化。现代社会，随着经济发展，人们的民族自信心逐步增强，以儒家文化为核心的传统文化又得以恢复生机。在这样的时代背景下，作为儒家文化教育机构的书院也迎来了新的发展机遇。然而，书院虽然能恢复其建筑，其作为教育机构的职能却被现代教育体系完全取代。书院以何种方式融入现代社会将会是一个大问题。

本书从文化遗产保存与文化资源活用的角度，分析研究中国传统书院的产业化发展方向。就书院目前情况而言，在文化遗产保存方面，历经时代变迁，保存下来的书院数量较少，而且这些被保存下来的书院大多也只是在建筑上进行复原，并没有被当作儒家文化遗产看待，书院的儒家文化精神难以传承。书院在文化资源的活用方面，基本上也只有观光游览一项，对儒家文化资源的开发利用存在严重不足。因此，书院的产业化发展方向就是要将书院的文化遗产保存和文化资源活用结合起来，共同推进。书院的产业化发展第一步是要明确书院的儒家文化遗产属性，保护第一而后合理利用。书院的产业化发展第二步是挖掘书院儒家文化遗产中可以被现代社会接受的儒家文化内涵，将其作为书院产业化发展的文化资源加以开发活用。具体研究结果如下：

　　书院是一种儒家文化遗产。文化遗产是在历史、艺术、科学、人类学等方面有着重大意义的纪念文物、建筑物、文化遗迹，或者可移动的工艺品、文献等实物以及文学、表演艺术、习俗等人类精神财富，包括物质文化遗产和非物质文化遗产。书院是中国古代独特的文化教育组织，拥有悠久的历史，积淀了深厚的书院文化，在人才培养、学术创新、思想传播、社会教化等方面发挥了重要作用，对儒家文化的传承发扬起到举足轻重的作用。参照《世界遗产名录》入选的标准，中国传统书院至少符合六条标准中的四条标准。中国已经认定的《世界遗产名录》项目共计56项，其中有5项包含着儒家文化及书院相关的子项目。2019年韩国的书院以"韩国新儒家书院"申遗成功，9座朝鲜王朝时期的书院获得了联合国教科文组织的认可。而韩国的书院制度是明朝时期从中国传承过去的，韩国的书院有自身特色，但从源头上说，是和中国书院一脉相承的。

目前为止，中国书院未作为一个独立的名称存在于文化遗产名单里，这是令人十分遗憾的事情。因此，书院想要实现更好的未来发展，首先就是要将现存的传统书院看作一个整体，明确书院的儒家文化遗产属性，争取将其单独划分为一个类别列入世界及中国文化遗产名录中，这有助于更好地对书院进行保存、传承与活用。

书院儒家文化遗产可以转换为文化资源进行产业化开发活用。文化资源是一种社会资源，是人类社会经过长时间积累形成的文化、知识中能够被传承下来，可资利用的那部分内容与形式。文化资源是人类劳动创造的物质成果及其转化的一部分，它们作为人类社会共同拥有的一种社会资源，能够被重新加以开发和利用，并且创造出社会财富。随着社会经济的发展，人们的精神需求日益增加，传统文化被当作一种资源不断地供给人们精神需要和物质需要。人们对文化遗产的认知方式也发生了改变，不再是一味地静态保护，而是希望文化遗产与我们的现实生活产生联系，更好地传承下去，这就为书院儒家文化遗产的再次利用提供了条件。书院作为传播儒家文化的教育机构，是一种儒家文化遗产，其中的历史、文化、艺术价值可以在现代社会被重新认知，成为可以创造出经济效益与社会效益的一种文化资源。将书院儒家文化遗产转化为文化资源进行开发活用，就不再仅仅把书院儒家文化遗产作为古代教育制度的一个静态的"化石"，而是让其重新焕发生命力，在如今社会依然"活着"，融入现代人的社会生活中，真正实现书院文化的现代传承。

书院是综合性文化遗产。目前而言，各个国家对文化遗产的划分方式不尽相同，一般按照联合国教科文组织（UNESCO）的划分方式，分为物质文化遗产和非物质文化遗产。然而，物质文化遗产与非物质文化遗产的区别是相对的，非物质文化遗产中有物质的因素，物质文化遗产中也有非物质的、精神的、价值的因素。物质文化遗产更加强调实物保护的层面，而非物质文化遗产更为强调知识技能及精神的意义和价值。书院作为中国古代的文化教育机构，以儒家思想文化为教学活动的主要内容，书院的物质文化遗产属性与非物质文化遗产属性很难截然分开。因此，书院是一种综合性文化遗产，既包含着物质文化遗产，又包含着非物质文化遗产，前者如书院建筑物、碑刻、文献典籍等，后者如书院教育制度、儒家名人故事等。如果仅仅考虑到书院儒家文化遗产中"物质"的一面，那么对书院的保护就会局限于书院建筑修复层面，缺乏对书院文化精神传承重要性的认识；如果仅仅考虑到书院儒家文化遗产中"非物质"的一面，那么属于书院的独特建筑风格以及文献典籍则不会被重视，没有物质作为基础，对书院文化精神的传承更是无从说起。书院是一个整体，其中的物质文化遗产和非物质文化遗产不应该被生硬地区分开来，书院是一种包含"物质"与"非物质"的综合性文化遗产。

书院是综合型文化资源。书院是一种包含着"物质"与"非物质"的综合性儒家文化遗产，其中蕴含着无形文化资源"书"和有形文化资源"院"。书院作为古代文化教育机构，各类教学活动、学术交流都是围绕"书"而展开的，各类建筑、园林则是"院"的物质表现形式，"书"与"院"成为一个整体，由多种文化因素构成。书院文化资源中的历史价值、艺术价值、文化价值也都是融合在一起，如碑刻、文献典籍、教育制度、文人建筑等，并可以借此创造出经济价值。因此，书院融合了多种文化因素与价值，是一种综合型文化资源。在文化资源的开发过程中，人们往往会把分散的文化资源整合起来，实行综合开发。通过将一定区域内的文化资源作为一个整体和系统进行开发利用，对系统内各种文化资源进行识别与选择、使其通过某种方式互相衔接和有机融合，最终形成资源共享和协同发展，从而实现文化资源效益的最大化和利用率的最优化，这也是未来文化资源开发的一种趋势。因此，书院无形文化资源"书"与有形文化资源"院"也不应该割裂开来，而应该以综合型文化资源方式看待书院，从而实现书院旅游观光和文化教育活动等方面的综合发展。

通过对书院的现状进行分析，可以发现大量书院已经消失在历史中，有幸留存下来的书院不足历史记载中的十分之一。现存的书院可以大致分为 5 个类型，包括综合发展类型、文物保护单位类型、现代教育场所类型、旅游观光景点类型、另作他用类型。从综合性文化遗产方面考虑，大部分现存的书院虽然对书院的主要建筑物进行了修复，但在文化教育活动方面却十分缺乏。这也就意味着，书院对于物质文化遗产保护相对更加注重，但是对于非物质文化遗产部分的保护却存在严重不足。从综合型文化资源方面考虑，书院的文化资源开发利用程度十分不足，大部分仅仅停留在旅游观览层面，部分书院虽然也开展了少量的文化活动，却因为现代教育与儒家教育内容的差异，难以形成社会影响力。

书院在现代社会面临的困境主要有以下几个方面原因：一是由于社会环境剧变带来的儒家文化断层，儒家文化不再成为社会的主流文化，而书院又是以儒家文化为主要教学内容的文化教育机构，这样一来，书院赖以生存的"土壤"被破坏，书院教育也被现代教育彻底取代。二是因为地区经济发展不平衡，经济欠发达地区的人们文化遗产保护意识明显不足，而大量书院又处于远离闹市的山川田野间，由此造成了对书院建筑的大量毁坏。三是现存的书院间缺乏一个统一的行政管理机构，书院的旅游、文化活动、学术交流等都缺乏统筹规划，书院间难以形成合力，共同发展，个别书院一枝独秀，其他书院暗淡无光，由此造成书院形象模糊，整体认知度不高的局面。四是书院管理者的发展思维存在局限，千年古书院文化与景观的双重魅力没有充分发挥出来，对社会大众而言，吸引力非常单一。

在明确书院综合性文化遗产属性以及综合型文化资源属性的基础上，针对书院在现代社会面临的种种困境，通过 SWOT 分析，详细了解书院产业化发展过程中存在的优势与劣势，机遇与威胁。从发挥优势、改进劣势、抓住机遇、消除威胁四个方面考虑，制定书院产业化发展的总体原则，即保护第一原则、统筹管理原则、综合发展原则、与时俱进原则。而后根据这四条总体原则制定书院产业化发展的相关方案，即从建筑修复、文物利用、学术交流、国学教育、文化旅游、大众传播六个方面，结合问卷调查数据，提出具体的解决方案。作为综合性文化遗产的书院，如果想将儒家文化传承下去，则需要在现代社会中找到自身的定位，以传统文化教育机构的身份，以儒家文化人文道德教育的优势，使其成为现代教育体制的补充部分。作为综合型文化资源的书院，如果想更充分地利用其儒家文化资源，则需要积极联动其他书院，互相配合协同，实现学术、教育、旅游等多方面综合发展，并借助大众传播的力量进一步扩大知名度。

书院教育内容的现代传播。书院文化的现代传播，可以分成教育形式的传播、教育内容的传播两大类。教育内容的传播直接与儒学经典在当下的传播有关，问题重大，涉及面广，本书仅以书院教育内容在现代教育体系中的传播为例进行分析。

在教育形式上，现代教育体系本来应当对古代书院教育有较好的传承，但事实上现代教育以小学、中学、大学为层次，以分科教学为内容，以班级教学为组织形式，以各级考试为学历标志，与书院教育形式几乎完全不同。当然，教育形式上的"断裂"还不是最重要的，关键在于教育内容的继承方面做得还不够。通过调研，可以发现现代中小学教育中涉及古代文化的内容不少，尤其是语文学科，但总体上的教学宗旨和具体的课堂教学目标与书院的教学目标差异很大，也没有贯彻现代新课标中要求语文教育强化传统德育的目标。简而言之，现代语文教育以文学教育为主，以语言文字能力的训练为主，而入选语文教材的经典文本，其德育精神得不到重视，常常与纯知识体系的学习混淆为一。

现代语文教育不重视传统经典教育的现状，导致近二三十年出现了规模庞大、涉及面广的"读经运动"。"读经运动"引起了很多反响，正面的评价和负面的评价兼有；在这些评价之中，不难看出"读经"是必要的，但如何选经、如何将经典用于现代社会，却没有给出科学合理以及具体的答案。因此，想实现书院教育内容的现代传播，必须做到"选经""解经""用经"三合一的"现代化"。深度切入现代社会且涉及众多方面的问题，是经典教育与当下社会需求结合起来的必由之径，也是检验经典是否还有现代价值、是否还需要在现代社会持续发挥作用的试金石。

附录

《中国传统书院文化产业发展问卷调查表》

　　您好，本问卷是关于书院文化认知度以及吸引力的调查，为书院文化产业发展的可行性提供分析依据。本问卷实行匿名制，所有数据只用于统计分析，请您放心填写。所有题目的选项无对错之分，按照您的实际情况填写即可。填写本问卷预计花费5分钟左右的时间，非常感谢您能在百忙之中抽出时间给予帮助！

　　1.您的性别：

　　○男　○女

　　2.您的年龄段：

　　○18岁以下　　○18~25　　○26~30　　○31~40

　　○41~50　　○51~60　　○60以上

　　3.您的受教育程度：

　　○初中学历及以下　　○高中

　　○专科　　○本科　　○研究生及以上

　　4.您目前从事的职业：

　　○全日制学生　　○生产人员　　○销售人员

○市场／公关人员　　○客服人员　　○行政／后勤人员

○人力资源　　○财务／审计人员　　○文职／办事人员

○技术／研发人员　　○管理人员　　○教师　　○顾问／咨询

○专业人士（如会计师、律师、建筑师、医护人员、记者等）

○其他

5. 您是否了解书院以及书院文化？

○完全不了解　　○不太了解　　○一般

○有些了解　　○非常了解

6. 您知道以下哪些书院？

□岳麓书院　　□白鹿洞书院　　□嵩阳书院

□应天书院　　□石鼓书院　　□东林书院

□鹅湖书院　　□其他书院 ＿＿＿＿＿＿＿＿＿＿＿

□都不了解

7. 您是从什么途径了解到书院及书院文化？

□报纸杂志　　□相关书籍　　□广播　　□电视

□网络媒体　　□亲朋好友推荐　　□景区宣传内容

□其他 ＿＿＿＿＿＿＿＿＿＿

8. 您是否去过书院？

○去过　　○没去过　　○想去，还没有机会去

9. 您一般是出于什么原因参观书院？

○旅游观光　　○学校组织学习　　○学术研究

○参加文化活动　　○其他 ＿＿＿＿＿＿＿＿＿＿

10. 您觉得书院的文化氛围是否符合您的预期？

○非常不满意　　○2　　○3　　○4　　○5　　○6

○7　　○8　　○9　　○非常满意

11. 您觉得书院的各类交通设施方便吗？（包括公共交通设施和停车场等）

○非常不方便　　○2　　○3　　○4　　○非常方便

12. 如果书院推出相关文化纪念品，您是否愿意购买？

○愿意　　○有可能会　　○不愿意

13. 您希望书院文化纪念品的购买价格是多少？

○20元以下　　○20~50元　　○50~100元　　○100~200元

○200~500元　　○500元以上

14. 您觉得书院文化纪念品哪种特点更重要？［矩阵量表题］*

	1	2	3	4	5
文化内涵	○	○	○	○	○
价格因素	○	○	○	○	○
创意程度	○	○	○	○	○
实用价值	○	○	○	○	○
美观精致	○	○	○	○	○

15. 以下书院文化纪念品类，您更喜欢哪种类型？［排序题，请在中括号内依次填入数字］*请您按照个人的喜好顺序进行排列。

［　］文具用品（笔记本、书签、明信片等）

［　］生活用品（手机壳、陶瓷杯、雨伞、抱枕等）

［　］艺术装饰（摆件、画扇、镇纸、笔墨纸砚等）

［　］服装配饰（学子服、发冠、发簪、书包等）

［　］古书典籍（四书五经、名篇卷轴、碑刻拓印等）

16. 如果有空闲时间的话，您是否愿意去书院参观？

○不愿意　　○2　　○3　　○4　　○愿意

17. 在参观书院的过程中，您会更关注书院文化的哪些方面？

□自然环境　　□建筑风格　　□碑林石刻　　□历史渊源

□名人轶事　　□文化内涵　　□其他 _____

18. 如果书院举办以下文化活动，您会对哪些有兴趣？

□国学文化教育　　□书法绘画展览　　□中式乐器表演

□名家大师讲座　　□节日庆典活动　　□传统礼仪学习

□古代学习生活体验　　□其他 _____

19. 在日常生活中，您能经常看见书院文化相关的信息吗？

○从来没见过　　○2　　○3　　○4　　○5　　○6

○7　　○8　　○9　　○能经常看到

20. 您是否愿意主动去了解书院文化？

○愿意　　○不愿意　　○不会主动了解，但别人介绍会听

21. 您怎么看待书院未来的发展前景？

○完全不看好　　○2　　○3　　○4　　○5　　○6

○7　　○8　　○9　　○非常看好

问卷说明：

通过互联网发放关于"中国传统书院文化产业发展"的问卷调查表，从2019年11月5日到2019年11月10日，一共收集到483位网民的问卷。问卷内容以书院的认知度、吸引力、未来发展三个方面为评价项目，细分为多个指标，设计了21个和书院文化产业发展相关的问题，详细内容如附表1所示。研究方法则是采用分类别统计和交叉分析的方法，以此判断书院文化产业化发展的可

能性，以及寻求未来的发展方向。

附表1 问卷调查表评价项目及指标

评价项目	指标	详细内容	测量方式	问题数目
认知度	书院文化	了解程度	五级量表	4
	认知度排名	具体书院排名	多选题	
	了解方式	信息媒介排名	多选题	
	信息接触频率	程度测量	10级量表	
吸引力	参观意愿	是否去过	单选题	3
		参观意向	5级量表	
		参观原因	多选题	
	满意程度	文化氛围的预期值	10级量表	2
		交通设施的便利性	5级量表	
	影响参观的因素	具体项目排名	多选题	1
未来发展	购买意愿	购买意向	单选题	4
		价格因素	区间值单选	
		影响因素	矩阵量表	
		产品类型	综合排序	
	文化活动	具体活动列举	多选题	1
	未来期许值	了解意愿	单选题	2
		期许值	10级量表	
人口统计学特征	性别、年龄、职业、学历			4
合计	21